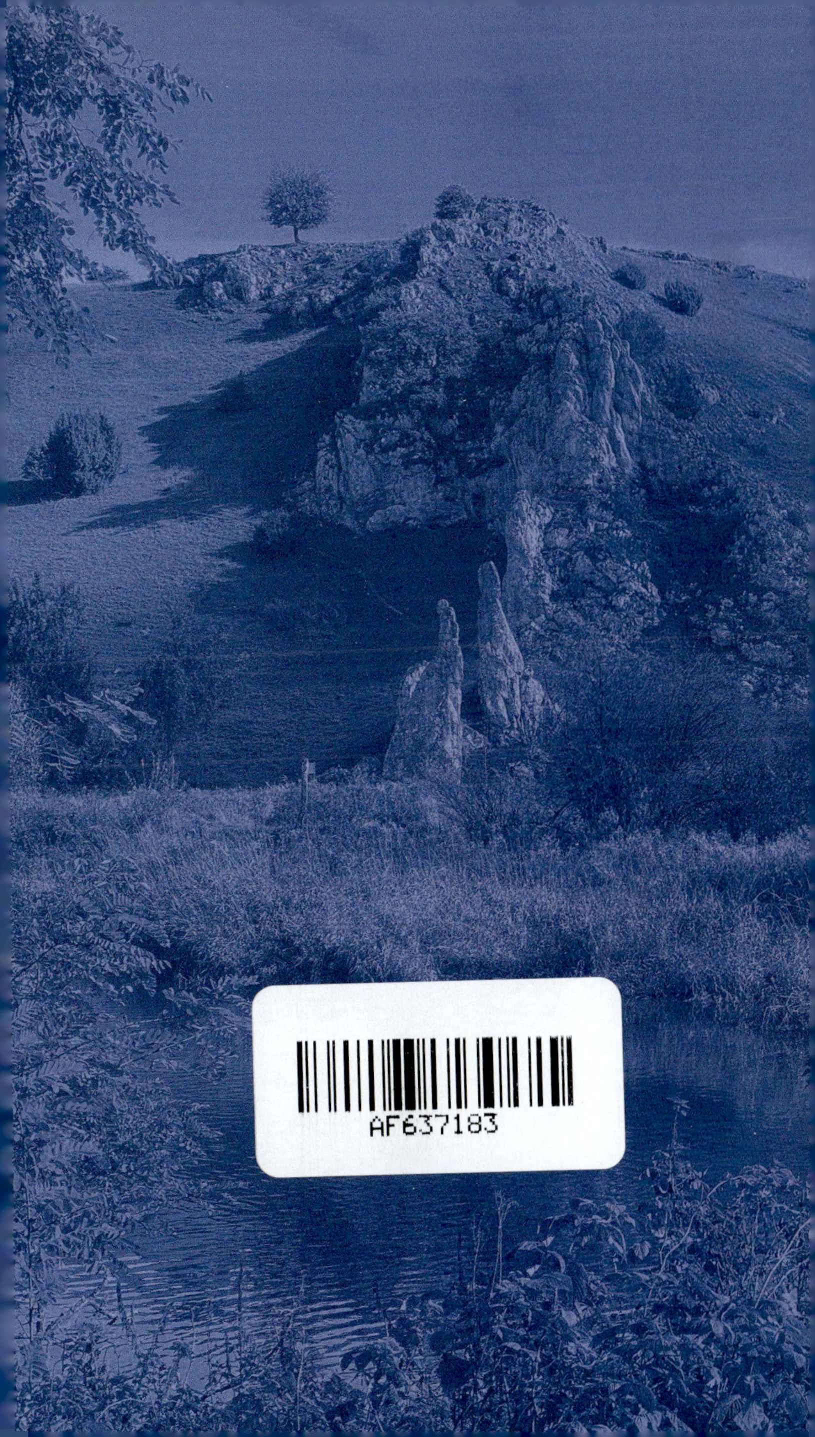

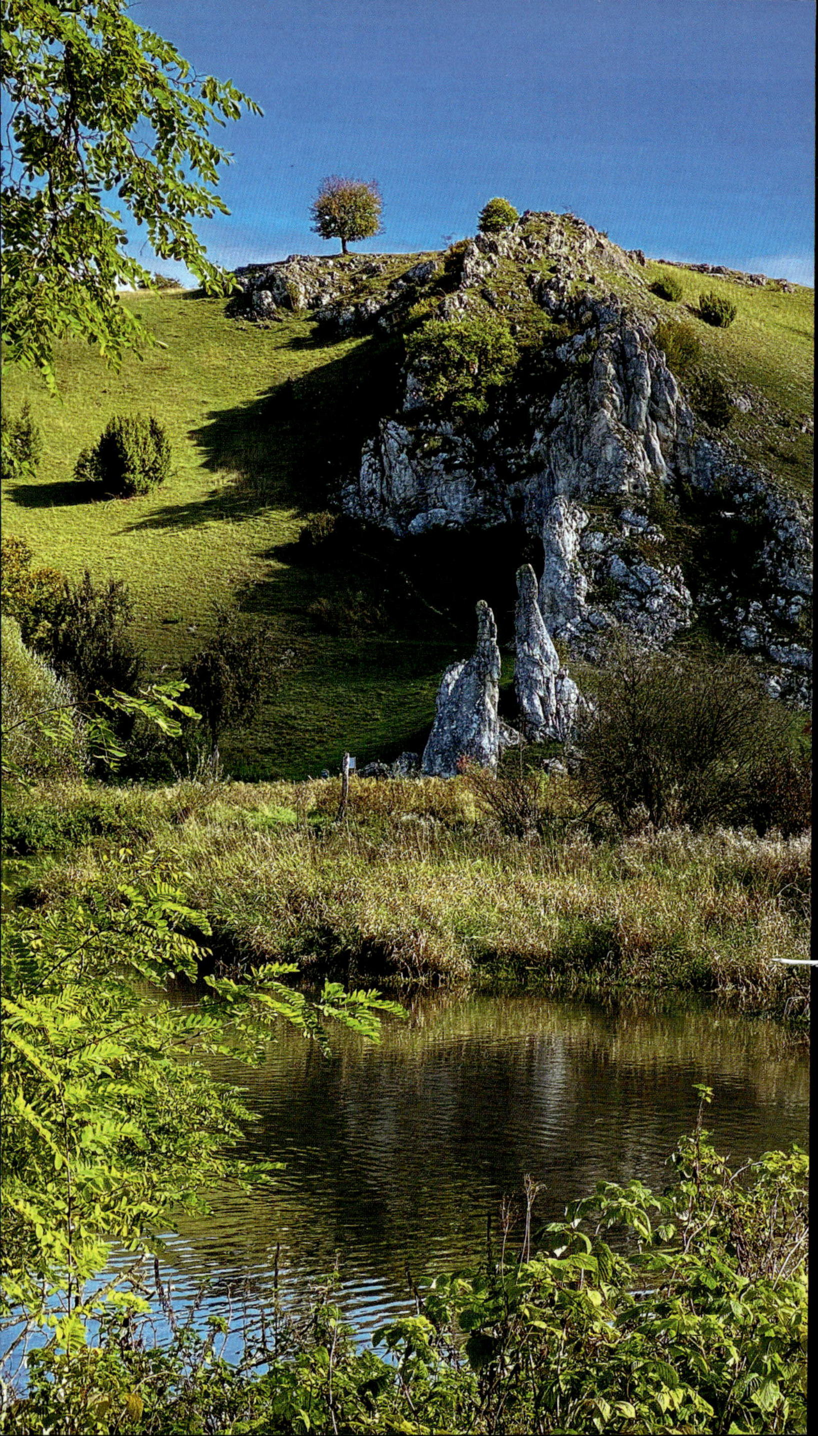

SUSI REISER

Der Albschäferweg und seine Zeitspuren

Wandern in der **Heidenheimer Brenzregion**

verlag regionalkultur

Vorwort

Herzlich willkommen auf dem Albschäferweg oder zumindest bei der Vorbereitung darauf. Dieser Wanderführer gibt zu Beginn interessante Informationen über die Landschaft, die Schwäbische Alb mit ihrer besonderen Geologie und über die Geschichte der Schäferei in der Heidenheimer Brenzregion. Es folgen die Geschichte über die Entstehung dieses 158 km langen Wanderwegs sowie ganz praktische Tipps für die Wanderung.

Zusätzlich zum 10-Tages-Rundwanderweg sind Tagestouren am Albschäferweg, die sogenannten Albschäfer-Zeitspuren zu Themen aus Urzeit, Eiszeit und Kultur, beschrieben und es gibt die Möglichkeit, Abschnitte in zwei oder drei Tagen, also z. B. am Wochenende, zu wandern. So wird jeder seine passende Strecke finden. Die 24 Wanderungen sind jeweils mit ihrer Strecke zum Nachwandern und interessanten Fakten über die Besonderheiten am Wegesrand beschrieben. Praktische Übersichten über Foto- und Aussichtspunkte, Übernachtungs- und Versorgungsmöglichkeiten sowie Karten und ansprechende Fotos machen die Touren schmackhaft.

Abgerundet wird dieses Buch durch ganz persönliche Einblicke ins Leben der Schäferinnen und Schäfer der Region. Sie stellen sich vor, geben Geschichten aus ihrem Alltag und

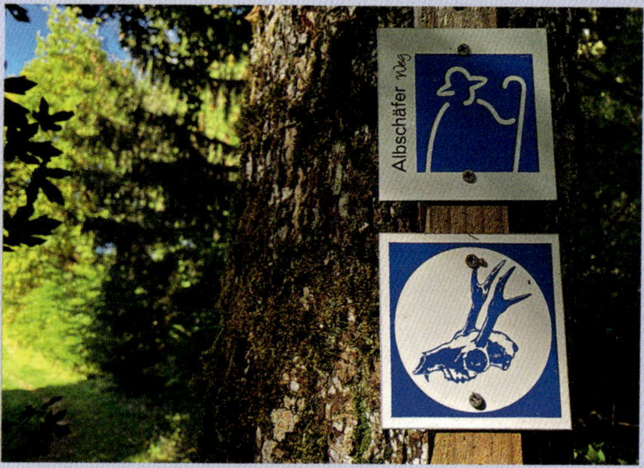

Diese Markierung mit Schäfersymbol lotst über den 158 Kilometer langen Wanderweg.

◄ (vorige Doppelseite) Markante Felsen »Steinerne Jungfrauen«, sowie die Brenz im Eselsburger Tal.

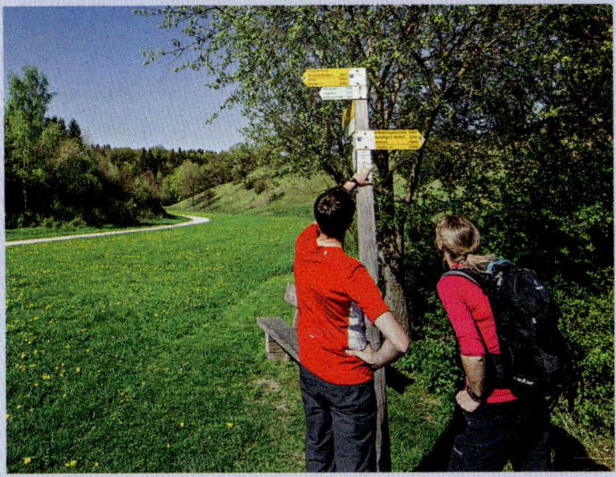

Der Albschäferweg ist hervorragend ausgeschildert. Verirren (fast) unmöglich....

über ihre Motivation preis und machen auf ihre schwierige Situation aufmerksam.

Es wünschen eine wunderbare Zeit mit herrlichen Eindrücken Ihre Autorin Susi Reiser, das Tourismusteam des Landkreises Heidenheim, die verantwortlichen Wegewarte und Vertreter des Schwäbischen Albvereins und weitere Wegepaten, die sich mit Herzblut um die Pflege der Wanderwege kümmern.

Susi Reiser

Seit 2017 ist sie zertifizierte Wanderführerin des Deutschen Wanderverbands, hat als Jakobswegpilgerin und Streckenwanderin so einige Kilometer unter die Wanderschuhe gebracht und ihre Vorliebe für ihre Wahlheimat, die Schwäbische Alb, entdeckt. Warum in die Ferne schweifen? Zusammen mit ihrem Mann Frank stöbert sie für ihren Heimat-Verliebt Podcast das Besondere in Baden-Württemberg auf und gibt Tipps zur Freizeitgestaltung vor der Haustür.

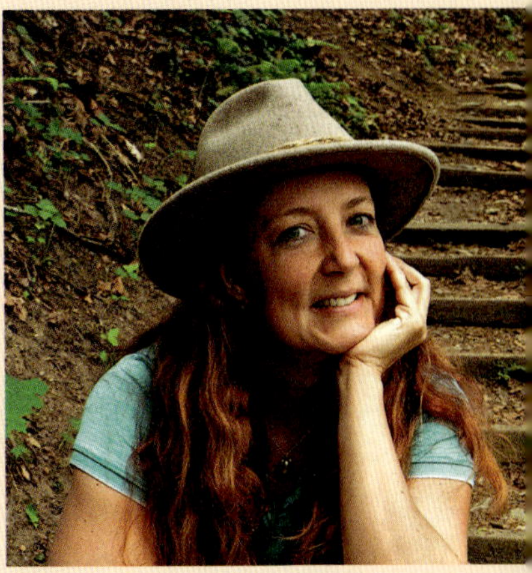

www.heimat-verliebt.de

Heidenheimer Brenzregion – ein Teil des UNESCO Global Geopark Schwäbische Alb

Im Nordosten der Schwäbischen Alb, dem Mittelgebirge, welches einst aus den Ablagerungen des Jurameers entstand, liegt die Heidenheimer Brenzregion bzw. der Landkreis Heidenheim mit der Stadt Heidenheim im Herzen. Zur Region gehören neben dem Brenztal das Lonetal, das Eselsburger Tal und das Wental – allesamt mit imposanten Jurafelsen gespickt –, die Gerstetter Alb mit ihren fossilen Überresten der Urmeere, der Albuch mit seinem Meteorkrater in Steinheim und das Härtsfeld. Der hohe Waldanteil und die Vielzahl der Wacholderheiden prägen das Landschaftsbild. Der Fluss Brenz in seinem ursprünglichen und heutigen Verlauf formte die Landschaft und zog bestimmte Industriezweige an, die bis heute geblieben und weltweit bekannt geworden sind.

Durch den hohen Kalkgehalt des Juragesteins und die Auswaschungen über die Jahrmillionen bildete sich unter unseren Füßen ein gigantisches Höhlennetz, welches teilweise zu besichtigen ist. Auch Höhlenportale treffen wir an und können uns in die Zeit vor ca. 40 000 Jahren zurückversetzen, als nach dem Neandertaler der anatomisch moderne Mensch die Region besiedelt hatte und die ersten Kunstwerke der Menschheit schuf. Dank dieser gefundenen Schätze zählt ein Teil des Lonetals seit 2017 zum UNESCO-Welterbe »Höhlen und Eiszeitkunst der Schwäbischen Alb«. Die Spuren, die der Mensch in den folgenden Epochen hinterlassen hat, werden bei den Wanderungen unser ständiger Begleiter sein.

Um dieses besondere geologische, archäologische sowie kulturhistorische Erbe bewusst und erlebbar für die Bevölkerung und für Gäste zu machen, gründete sich die Organisation Geopark Schwäbische Alb. Seit 2015 zählt die Schwäbische Alb zu den globalen UNESCO Geoparks und es wurden sogenannte Geopark-Infostellen geschaffen, die Wissenswertes über spezielle Themen vermitteln.

Nicht alle Auswaschungen aus dem Karstgestein blieben unterirdisch. Zum Teil kam es zu Erdfällen und an anderen Stellen wurden Mulden ausgewaschen. Diese nennt man

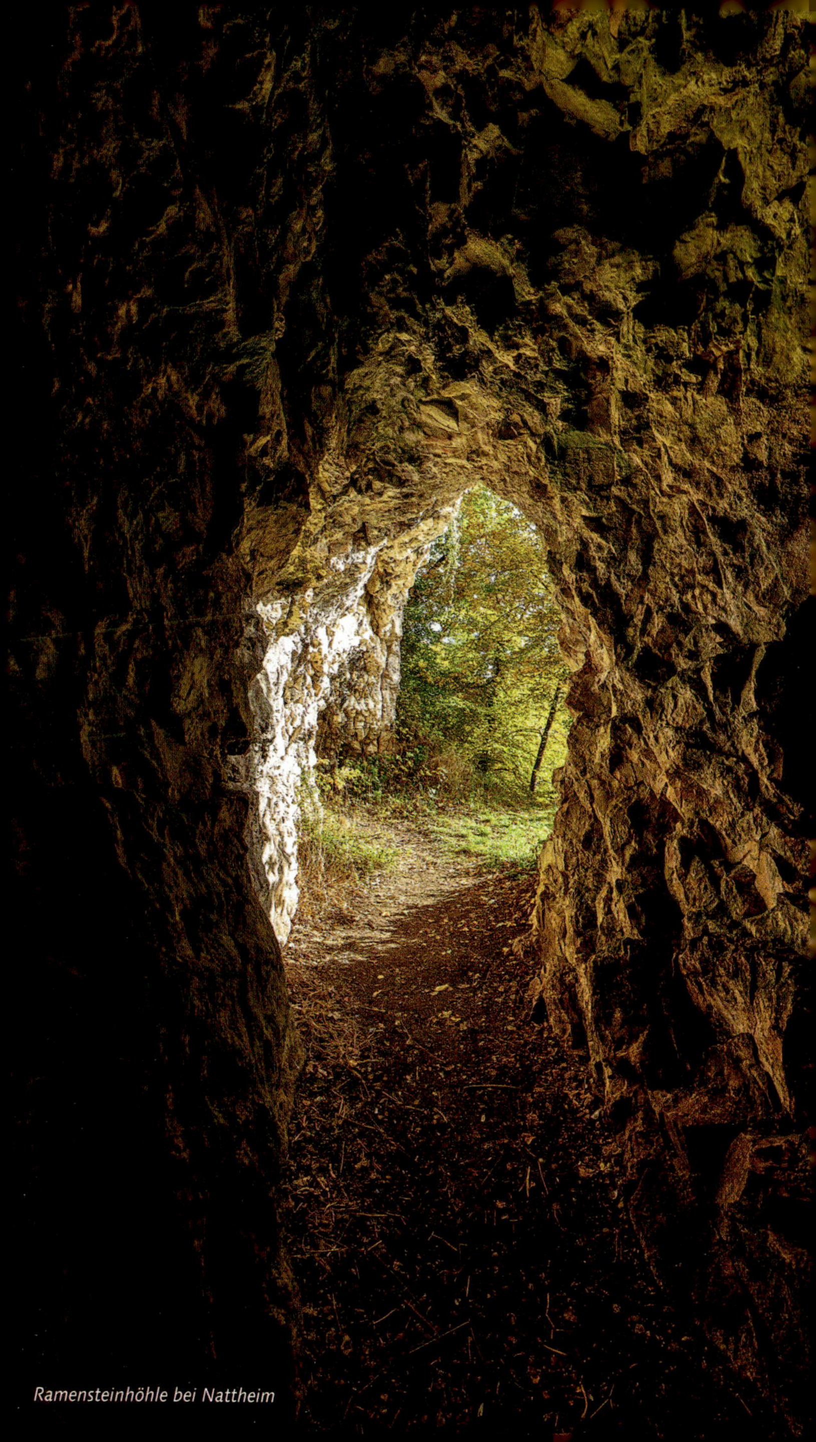

Ramensteinhöhle bei Nattheim

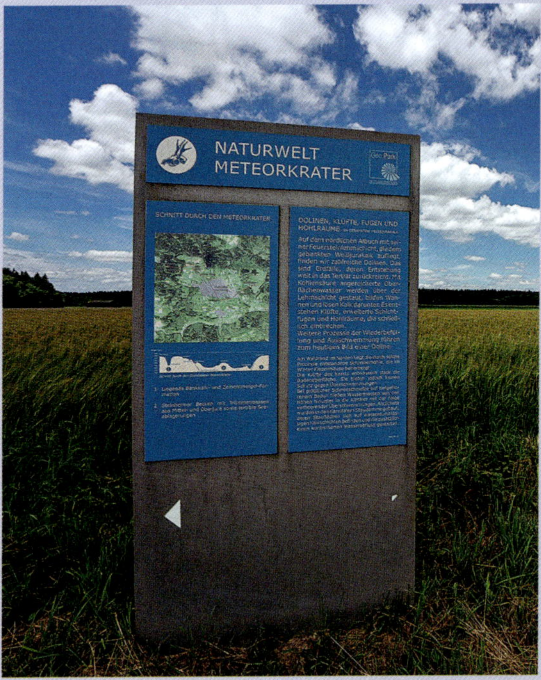

Am Rande des Meteorkraters wandert man auf den Etappen 4 und 5.

Dolinen. Setzte sich eine Lehmschicht an deren Boden ab, so konnte sich Wasser ansammeln. Diese entstandenen Hülben dienten vielerorts als einzige Wasserquelle für die Versorgung des Viehs. Heute, wo die Wasserversorgung auf den wasserarmen Hochflächen technisiert wurde, sind die Hülben wertvolle Biotope und Lebensraum für Insekten und Amphibien.

Kulturlandschaft Wacholderheide: Arme Böden – reiches Leben

Wacholderheiden entstanden in den letzten Jahrhunderten durch eine intensive Beweidung mit Schafen und Ziegen. Dem eh schon kalkhaltigen und trockenen Untergrund wurden durch die ständige Beweidung immer mehr Nährstoffe entzogen und so entstanden Halbtrockenrasen, sogenannte Heidelandschaften. Im Landkreis Heidenheim gibt es etwa 1400 Hektar solcher Flächen. Bewachsen sind diese mit Wacholderbüschen und seltenen, sogar gefährdeten Pflanzenarten, die Trockenheit und Nährstoffarmut lieben. Schafe und Ziegen fressen nur zarte, saftige Triebe. Rosettenpflanzen, stachelige, bittere und giftige Pflanzen verschmähen sie. So blieben auf den Magerrasen Wacholderbüsche mit ihren spitzen wachsüberzogenen kleinen Nadeln stehen, ebenso die für die Schwäbische Alb typische Silberdistel, Katzenpfötchen, Enzianarten, Thymian, der einen hohen Gehalt an ätherischen Ölen aufweist, sowie die giftige Küchenschelle und Zypressenwolfsmilch. Auch eine besondere Fauna ist der Heide zu verdanken. Die steinigen und

Küchenschelle (links)

Zypressenwolfsmilch (rechts)

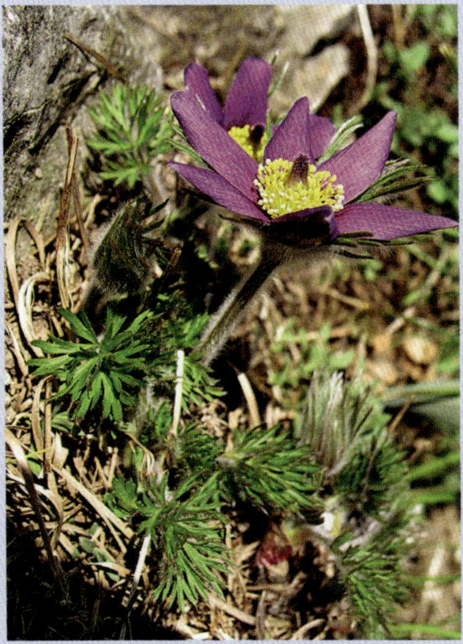

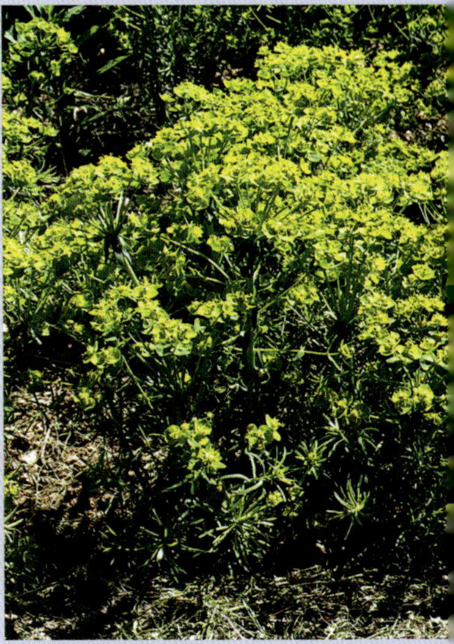

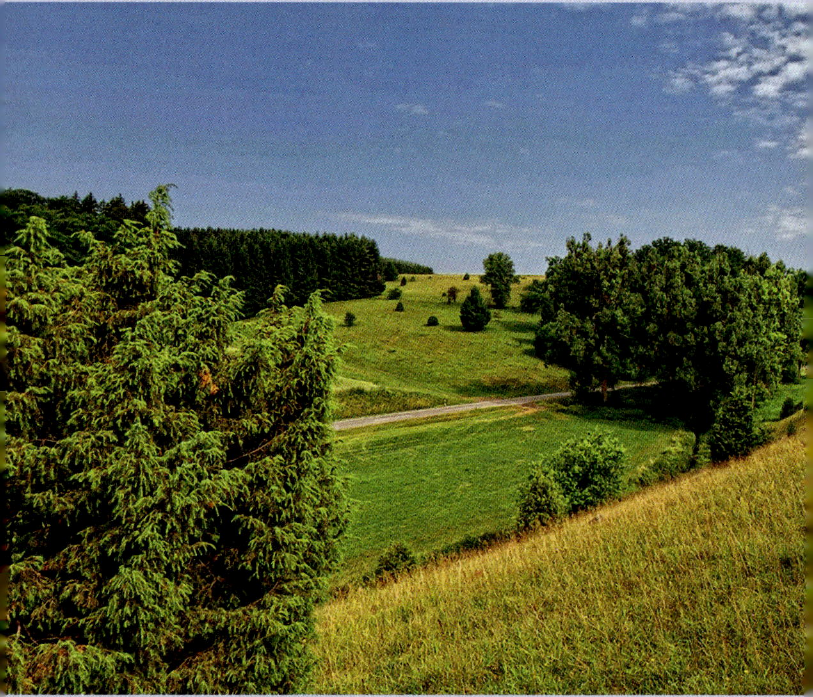

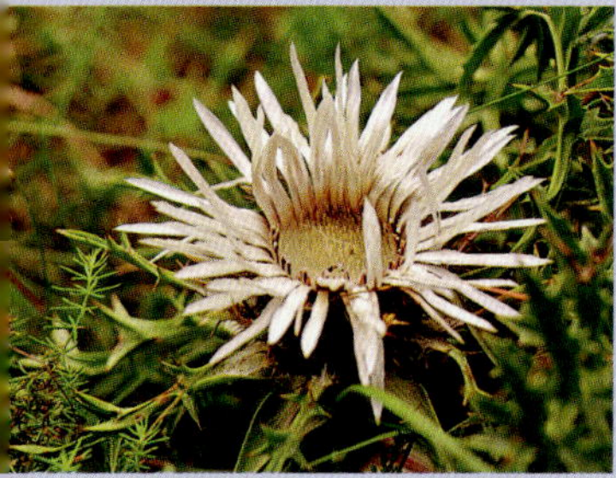

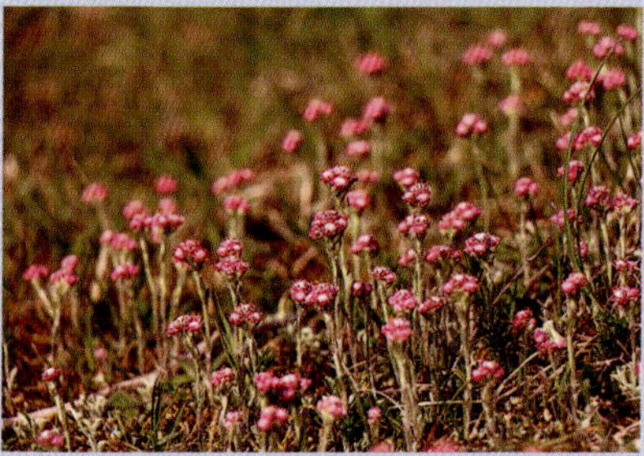

Wacholderheide bei Gerstetten (oben)

Silberdistel und Katzenpfötchen (unten)

durch die Schaftritte kahlen Stellen werden z. B. von Heidegrashüpfern, bodenbewohnenden Wildbienenarten und dem Schwarzfleckigen Ameisen-Bläuling bewohnt. Dieses Nahrungsangebot zieht wiederum Vögel und Reptilien an. Charakteristisch sind Zauneidechse, Schlingnatter, Dorngrasmücke, Turmfalke und der Neuntöter.

Geht die Beweidung durch Schafe zurück, verbuschen die Flächen und wichtiger Lebensraum sowie Kulturland-

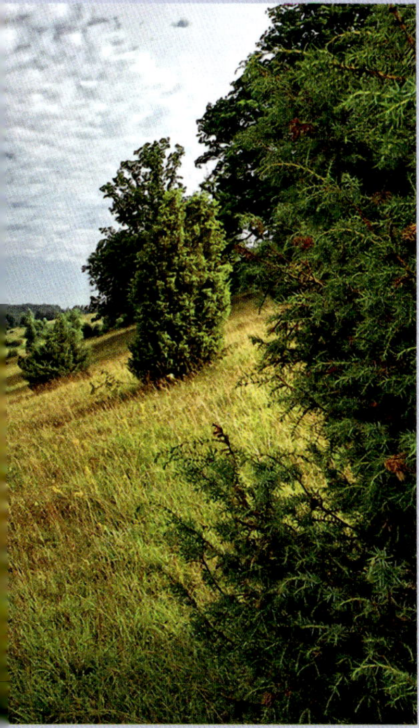

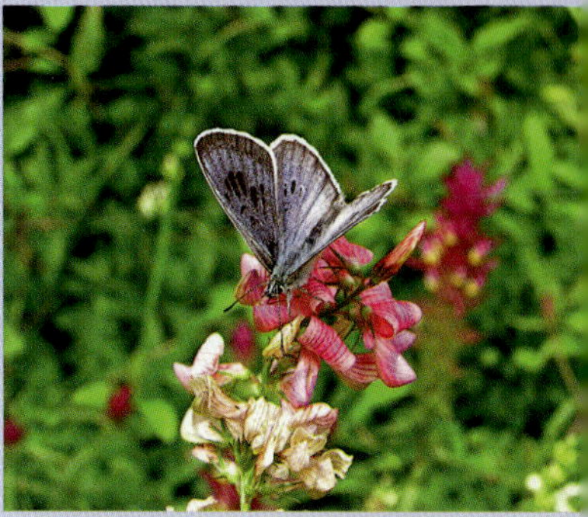

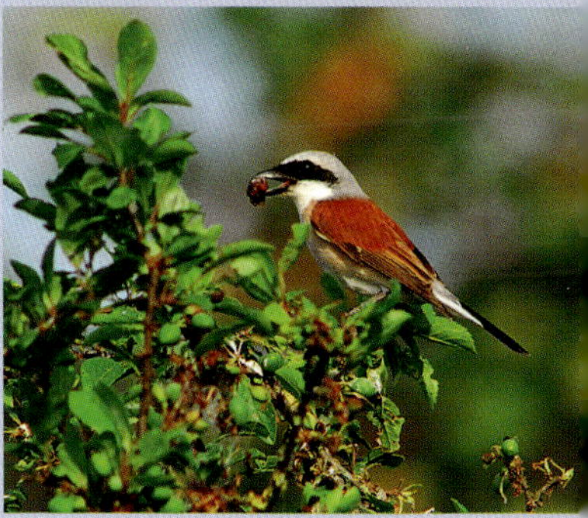

schaft gehen verloren. Deshalb sind die Hüteschäfereien in der Landschaftspflege ein wichtiger Dienstleister. Um die Förderung und das Management der Pflege kümmert sich im Landkreis Heidenheim der Landschaftserhaltungsverband Heidenheim e.V., der hierbei von vielen Naturschutzgruppen unterstützt wird.

Schwarzfleckiger Ameisenbläuling (oben)

Neuntöter (unten)

Geschichte der Schäferei

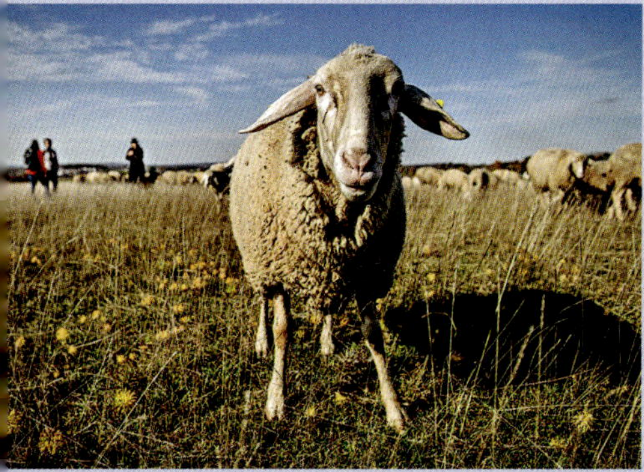

Schafe sind neugierig, wollen aber beim Fressen nicht gestört werden.

Baden-Württemberg ist ein Schäferland, die Schwäbische Alb eine Schäferregion und im Landkreis Heidenheim ist die uralte Tradition des Schafehütens noch fest verankert.

Bis ins Mittelalter dienten Schafe hauptsächlich zur bäuerlichen Selbstversorgung. Im Mittelalter erlangte das Schaf dann als Wolle- und Fleischlieferant zunehmende Bedeutung, zudem war der Schafdung für die Landwirtschaft sehr wertvoll. Die Geschichte der Schafhaltung nahm im ehemaligen Württemberg einen besonderen Verlauf, denn bis zu Beginn des 19. Jahrhunderts war eine hoheitliche Konzession erforderlich, um Schafe zu halten. Das herrschaftliche Recht, nicht nur eigene Flächen zu beweiden, sondern auch die der Untertanen, förderte die landestypische Wanderschafhaltung. Zu den Besonderheiten zählte auch die Zunft der Schäfer. Das Hüten einer Herde durch einen nicht gelernten Schäfer war verboten.

Durch die Öffnung der Schafhaltung für Privatschäfer und die Intensivierung der Acker-, Wiesen- und Forstwirtschaft verstärkten sich die Nutzungskonflikte und die Schäfer wurden auf ungünstige Standorte zurückgedrängt. Die Entstehung der ökologisch wertvollen Landschaftsform der Wacholderheiden ist mit dem hohen Beweidungsdruck der letzten Jahrhunderte eng verknüpft.

In der ersten Hälfte des 19. Jahrhunderts erlebte die Schafhaltung auf der Schwäbischen Alb ihre Blütezeit, die »Zeit des goldenen Vlies« brach an. Neben der Eisenverarbeitung und Papiererzeugung zählten die Tuchherstellung und der Handel zu den wichtigsten Erwerbszweigen. Die hohe Wollqualität war den Zuchtbemühungen von Herzog Karl Eugen zu verdanken. Wollmarkt und Export sowie die Wanderschäferei hatten Hochkonjunktur, bis sich die Lage aufgrund der Einfuhr billiger Wolle aus Australien ab 1850 verschlechterte. Fortan stand die Fleischproduktion im Vordergrund. Von einem Schafbestand von rund 1 Mio. Schafen 1850 verringerte sich der Bestand in Baden-Württemberg auf ca. 250 000 im Jahr 2010.

Im Zuge dieser Veränderungen stiegen immer mehr Betriebe auf Koppelhaltung um und die Zahl der Wander- und Hüteschäfer verringerte sich. Tatsächlich wäre dieser Berufszweig so gut wie ausgestorben, wenn da nicht die Landschaftspflege wäre. Und die ist immens wichtig für den Naturschutz und den Erhalt unserer Kulturlandschaft. Um dies offiziell anzuerkennen, wurde die süddeutsche Wander- und Hüteschäferei 2020 zum Immateriellen Kulturerbe der UNESCO ernannt.

In keiner deutschen Region gibt es noch so viele Berufsschäferinnen und -schäfer, die mit den Herden umherwandern, wie auf der Schwäbischen Alb und besonders entlang des Albschäferwegs. Insbesondere durch junge Schäferinnen und Schäfer gibt es wieder Hoffnung, dass die Tradition fortgeführt wird. Wie das in zehn Jahren aussehen wird, weiß jedoch niemand. Machen wir uns bewusst, dass allein durch Würdigung, Anerkennung und gute Worte die Schäferei, insbesondere die Hüte- und Wanderschäferei, nicht überleben kann.

Schäferin Valerie Stegmayer

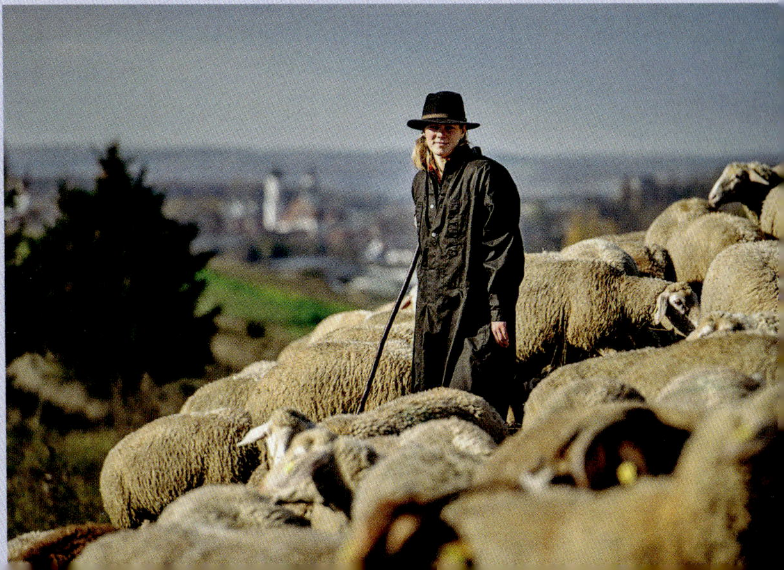

Der Albschäferweg und seine Zeitspuren

Der 158 km lange Albschäferweg führt durch den Landkreis Heidenheim und wurde dem Berufsstand der Schäfer gewidmet. Wer auf ihm wandert und die mit Wacholderheiden durchzogene Landschaft genießt, sollte sich bewusst machen, welch großen Anteil die Hüte- und Wanderschäfer daran haben. Wer ihnen nicht begegnet, um mit ihnen ins Gespräch zu kommen, kann ihre Geschichten im Buch nachlesen.

Aus einem bereits 2006 angelegten Schäferwanderweg entwickelte der Landkreis Heidenheim in Zusammenarbeit mit seinen Städten, Gemeinden und dem Schwäbischen Albverein sowie mit finanzieller Förderung der EU und des Landes den jetzigen Albschäferweg. 2015 folgte die

Naturnahe Trails wechseln sich mit anderen Wegtypen ab.

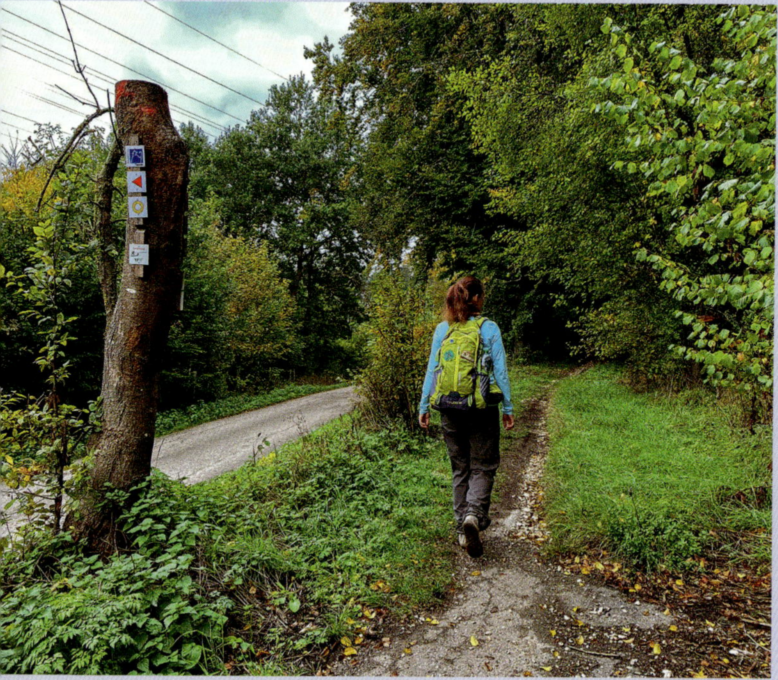

erste Zertifizierung als Qualitätswanderweg »Wanderbares Deutschland« durch den Deutschen Wanderverband. Kriterien wie Abwechslung, ein großer Anteil an naturnahen Wegen, lückenlose Ausschilderung in beide Richtungen und Einkehrmöglichkeiten müssen dafür gewährleistet sein. Eine Rezertifizierung erfolgte zuletzt Anfang 2021. Ausgeschildert ist der Weg, der über viele Wacholderheiden, vorbei an Schafhöfen, durch Wälder und über Wiesen von Giengen durch das Brenztal, über die Gerstetter Alb ins Steinheimer Becken und über Heidenheim aufs Härtsfeld führt, durch die gelben Wegweiser des Schwäbischen Albvereins und den stilisierten weißen Schäfer auf blauem Grund.

Da ein 10-Tages-Rundwanderweg nicht für jeden machbar ist, wurden zusätzlich Tagesrundtouren mit Längen zwischen 6 und 20 km ausgeschildert. Diese Albschäfer-Zeitspuren sind auf den grünen Wegweisern mit einem Z auf orangefarbenem Grund gekennzeichnet, der Wegverlauf ist mit einem gelben Ring auf weißem Grund markiert. Sie beschäftigen sich mit einem kulturhistorischen oder geologischen Thema. Wegabschnitte der meisten Zeitspuren verlaufen auf dem Albschäferweg und über Wanderwege des Schwäbischen Albvereins zurück.

Um die Pflege des Weges und die Erhaltung des Albschäferweges kümmert sich ein Kompetenzteam der Touristikabteilung des Landkreises Heidenheim gemeinsam mit Städten und Gemeinden sowie den Wegewarten der Ortsgruppen des Schwäbischen Albvereins und weiteren Wegepaten. Sollten Schilder und Markierungen verloren gegangen oder Wege zugewachsen sein, freut man sich über Hinweise unter info@albschaeferweg.de oder unter (0 73 21) 3 21 25 93. Auf der Website www.albschaeferweg.de sind Wegsperrungen (z. B. aufgrund von Forstarbeiten) vermerkt; dies sollte vor jeder Wanderung geprüft werden.

Praktische Tipps für Wanderer

Zur Vorbereitung einer Wanderung auf dem Albschäferweg lohnt sich die Lektüre dieses Buches sowie das Studieren der Website www.albschaeferweg.de. Zu jeder Etappe werden Übernachtungsmöglichkeiten wie Pensionen, Hotels und auch Schäferkarren und Zeltmöglichkeiten empfohlen, die mit etwas Vorlauf gebucht werden sollten. Einige Gastronomen organisieren einen Transportservice oder geben Tipps. Natürlich kann man sich den Weg auch selbst einteilen und die Etappen kürzen, Zwischenstopps einlegen oder mehrere Etappen miteinander verbinden. Jeder sollte die Wanderung nach seiner Kondition und den individuellen Vorlieben für Erkundungen am Wegesrand gestalten.

Da es nicht auf jedem Streckenabschnitt und an jedem Wochentag die Möglichkeit gibt, einzukehren oder einzukaufen, empfiehlt sich etwas Vorausschau und Planung, um nicht von unstillbarem Hunger übermannt zu werden.

Prinzipiell ist der Wanderweg zu jeder Jahreszeit begehbar, nur matschige und feuchte Phasen empfehlen sich wegen der vielen Naturwege nicht. Im Winter kann es ebenso herrlich sein wie im Sommer. Und damit die Landschaft und Natur für jeden folgenden Wanderer ebenso wunderbar bleibt, gilt es, sich immer an die ausgeschriebenen Wege zu halten, nur an dafür ausgewiesenen Stellen Feuer zu machen, alle Pflanzen, Steine und Pilze an ihrem Platz zu lassen und jegliche Abfälle wieder mitzunehmen. Dabei darf auch der Müll unachtsamer anderer Wanderer eingesammelt und ordnungsgemäß entsorgt werden. Darüber freuen sich auch die Schäfer. Hundekot ist stets aufzuheben, die Hunde sind an der Leine zu führen und grundsätzlich sollte im weiten Bogen um die Herden gewandert werden. Also bitte niemals durch eine Herde gehen, auch wenn der Wanderweg es vorsieht.

Stehen keine Bäume zur Verfügung, markieren den Weg Holzpfosten mit Schildern.

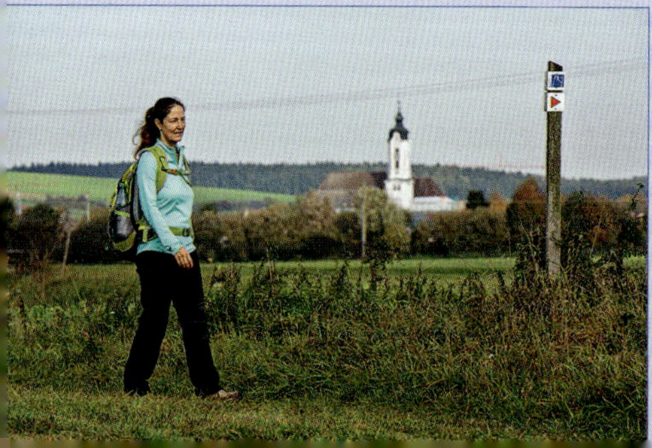

Das Schuhwerk sollte immer fest und geschlossen sein, für eventuelle Wetterumschwünge und Höhlenbesuche empfiehlt es sich, wärmere Kleidung einzupacken, und auch Regen- sowie Sonnenschutz gehören in den Rucksack. Wanderstöcke sind an einigen Wegpassagen hilfreich, doch nicht zwingend notwendig.

Wer seine komplette Ausstattung für die 10 Tage nicht tragen möchte, der kann sich von Taxi-Unternehmen unterstützen und das Gepäck transportieren lassen. Ganz komfortabel ist die Wanderreise mit Ostertag Reisen aus Nattheim. Das Reiseunternehmen koordiniert die Übernachtungen und übernimmt den Gepäcktransport.

Zum Start des kompletten Albschäferwegs empfiehlt sich der Bahnhof in Giengen an der Brenz. Hier kann man mit Bus und Bahn anreisen oder sein Fahrzeug kostenfrei parken. Zu jeder Zeitspur sind im Buch Parkmöglichkeiten angegeben. Wer mit dem ÖPNV anreisen möchte, findet ausführliche und aktuelle Hinweise auf der Website zum Albschäferweg unter Info & Service – FAQ. Ausgewählte Abschnitte lassen sich als 2- oder 3-Tagestouren als Rundweg wandern. Diese sind auf den letzten Seiten des Buches beschrieben.

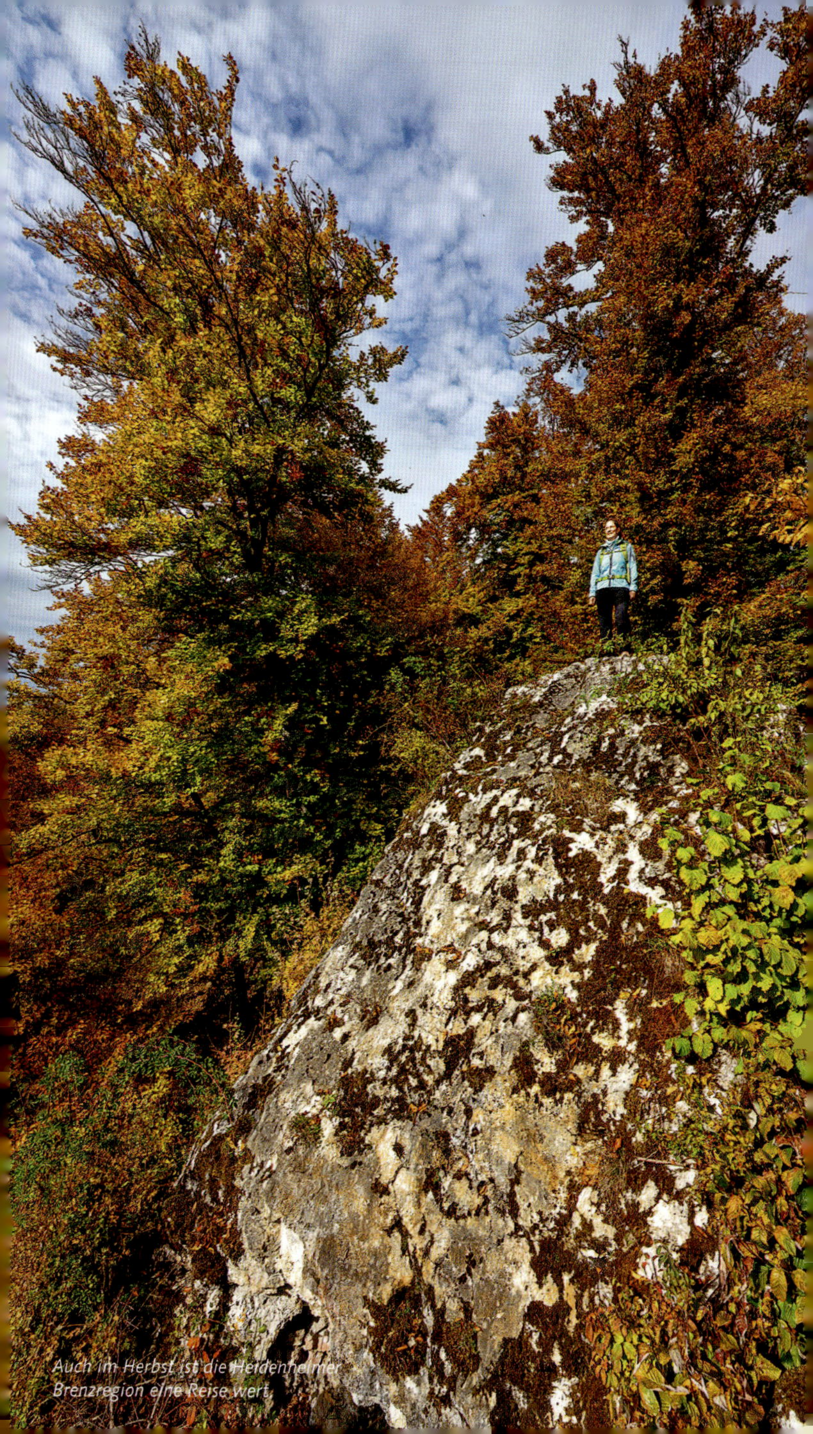

Auch im Herbst ist die Heidenheimer Brenzregion eine Reise wert

Der Weg ist komplett ausgeschildert, sodass man keine Wanderkarte benötigt. Wer auf der sicheren Seite sein möchte, kann entweder GPX-Tracks herunterladen, mit einer Wander-App starten oder sich die Wanderkarte zum Albschäferweg und dem weiteren Wanderwegenetz vom Landkreis Heidenheim besorgen. Auf folgenden Wanderkarten des LGL (Landesamt für Geoinformation und Landentwicklung) ist der Albschäferweg ebenso eingezeichnet: W231 Heidenheim a.d. Brenz, W230 und W232.

GPX-DATEN

Die GPX-Dateien zu den Touren dieses Führers finden Sie auf https://verlag-regionalkultur.de – die Daten sind den jeweiligen Touren zugeordnet.

Weitere Informationen und Auskünfte

Landratsamt Heidenheim
Freizeit und Tourismus
Felsenstraße 36
89518 Heidenheim
(0 73 21) 3 21 25 93
info@heidenheimer-brenzregion.de
www.heidenheimer-brenzregion.de
www.albschaeferweg.de

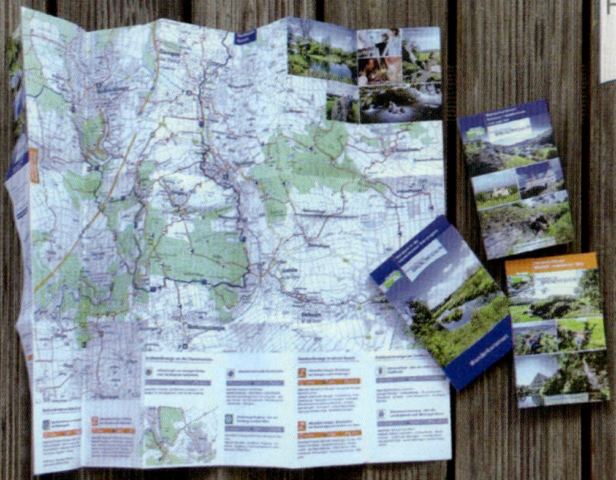

ISBN 978-3-00-068905-5

Die Touren

Albschäferweg-Etappen

Albschäfer-Zeitspuren

Wochenendtouren

Zeichen und Kürzel

- Dauer
- Strecke
- Höhe aufsteigend/absteigend
- Schwierigkeitsgrad
- Zuweg und bei Zeitspuren ÖPNV/Parken
- Wegverlauf
- Fotospots
- Internetseiten
- Übernachtungsmöglichkeiten
- Verpflegung unterwegs

B Bäckerei
E Einkehrmöglichkeiten
L Lebensmittelgeschäft
M Metzgerei
S Supermarkt

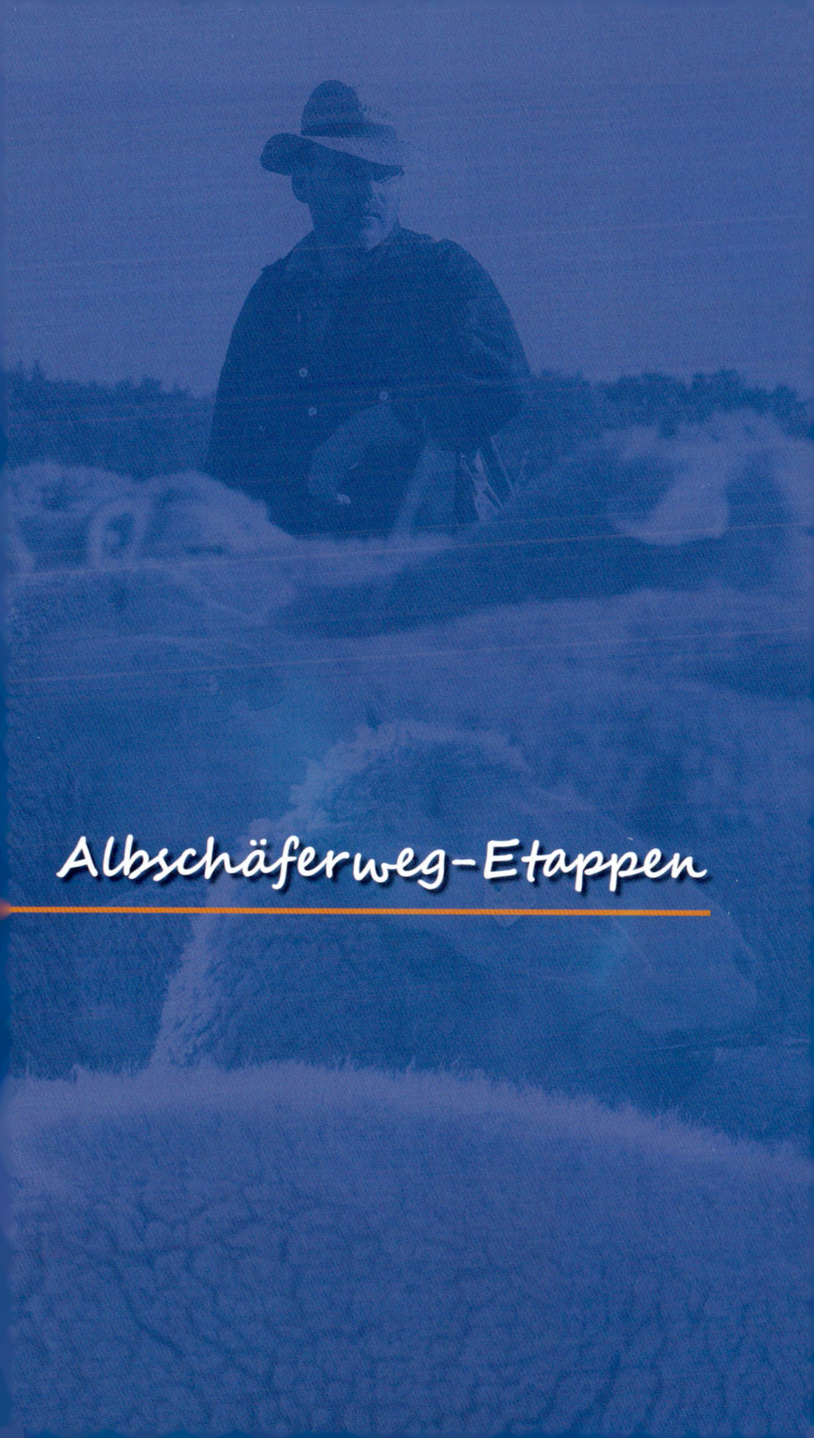

Albschäferweg-Etappen

Giengen an der Brenz bis Stetten ob Lontal 1

Bedeutende Frauen und naturreiche Brenzabschnitte

4½ Std.

17 km

▲ 201 ▼ 149 hm

Mittelschwere Wanderung mit einigen Aufs und Abs in den ersten beiden Dritteln, dann gemütliches Wandern durch den Wald

Vom Bhf. Giengen bis zum Etappenstart 0,5 km

Giengen-Spitalkirche – Ruine Güssenburg – Hermaringen – Bergenweiler – Panoramastein – Stetten

Bruckersberg, Ruine Güssenburg, Brenzrenaturierung mit Brenzturm, Aussicht auf Schloss Brenz, Galluskirche & Schloss Burgberg, Blick vom Panoramastein, Waldheide Dexelberg, Pfarrkirche Mariä Himmelfahrt und Schloss Stetten

Von der Stadt der Teddybären wandern wir in die Natur, entlang der Brenzauen und über die Brenzberge. Der Bruckersberg treibt uns die Schweißperlen auf die Nase, dicht gefolgt vom Schlossberg mit der Ruine Güssenburg. Über wunderschöne Heidelandschaften gelangen wir zur Mündung der Hürbe in die Brenz. Brenzberge, Brenzturm und Panoramastein bieten herrliche Aussichtsmöglichkeiten. Über Waldheide und durch dichte Wälder erreichen wir Stetten ob Lontal, den Sitz der Württemberger Ritter.

Die Etappe 1 des Albschäferwegs beginnt in Giengen an der Brenz an der **Spitalkirche** ❶. Hier können wir uns auf einer Übersichtstafel den Wegverlauf anschauen. Von der Spitalkirche gehen wir über die Brenzbrücke, queren die Straße und folgen dem Weg durch eine Bahnunterführung hindurch. Schon werden wir mit einem idyllischen Pfad hoch zum **Bruckersberg** verwöhnt und treffen auf die erste **Schäferstele**, die von der Geschichte der **Filzfabrik** erzählt. Ein kurzer Abstecher zur Giengener **Steinbruchhöhle** lohnt sich, denn man hat von hier einen tollen Ausblick auf die Stadt. Unterhalb der Hangkante und über Wege nicht erreichbar, liegen die Felsschutzdächer Spital-

Zahlreiche Wanderkarten geben einen Überblick und Infos.

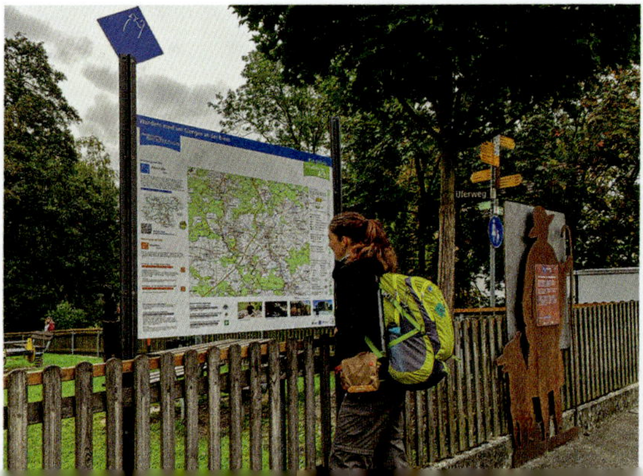

Drei wichtige Frauen aus Giengen an der Brenz

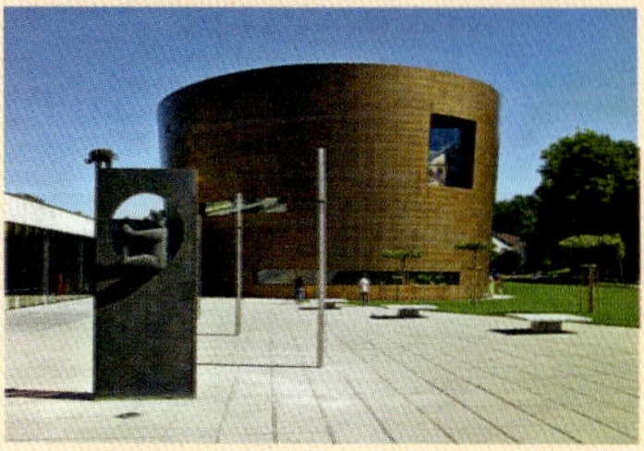

Steiff Museum

Giengen an der Brenz ist weltweit bekannt als Stadt der Teddybären. Das hat sie im Wesentlichen Margarete Steiff (*1847) zu verdanken, die im Jahre 1879 Nadelkissen in der Form von Stoffelefanten nähte. Trotz ihrer Einschränkungen, die sie von einer Erkrankung an Kinderlähmung im Alter von drei Jahren zurückbehielt, lernte sie nähen und ihre Stofftiere wurden rasch sehr beliebt. Innerhalb von sechs Jahren verkaufte sie 5000 Stoffelefanten, die als Spielzeug genutzt wurden, und so stand der Wandel von der kleinen Hausschneiderei zur »Filzsachen- und Spielwarenfabrik« ins Haus. 1880 gilt als das Gründungsjahr der Stofftierfabrik Margarete Steiff GmbH, in der heute noch produziert wird. Der uns bekannte gegliederte Plüschbär ist eine Entwicklung ihres Neffen aus dem Jahr 1902. Dieser fand in den USA unter dem Namen »Teddy« reißenden Absatz und prägt die deutsche Sprache bis heute. Margarete verstarb 1909, doch in Giengen und auf der ganzen Welt lebt sie weiter. Im Steiff Museum taucht man im wahrsten Sinne des Wortes in die Unternehmensgeschichte und einen Zoo aus Stofftieren ein.

Der in den Gründungsjahren eingesetzte Filz kam quasi von vor der Haustür. Hans Hähnle gründete als 20-Jähriger 1858 die Württembergische Wollfilzmanufaktur und verarbeitete dort die Wolle der heimischen Schafe. Zielstrebig entwickelte er das Unternehmen und den Einsatzbereich von Filz weiter. Für den heute für viele technische Anwendungen hergestellten Wollfilz der Vereinigten Filzfabriken AG wird die Wolle importiert. Unterstützt wurde der Unternehmensgründer von seiner Frau Lina (*1851). Beiden lag das Wohl ihrer Mitarbeiter sehr am Herzen und so gründeten sie unter anderem eine Kinderkrippe. Lina Hähnle verbindet man vor allem mit dem Vogelschutz. Aus dem 1899 von ihr gegründeten Bund für Vogelschutz ging der heutige NABU (Naturschutzbund Deutschland) hervor.

Als dritte bedeutende Frau aus Giengen sei Maria Gräfin von Linden (*1869 auf Schloss Burgberg) zu nennen. Sie kämpfte für ihre Bildung und war die erste Studentin an der Eberhard-Karls-Universität Tübingen und von ganz Württemberg. Nach ihrer Dissertation arbeitete sie in der Wissenschaft, forschte an der Bekämpfung von Tuberkulose und Krebs und ihr Name steht für die Entdeckung der antiseptischen Wirkung von Kupfer. Die Firma Paul Hartmann in Heidenheim nutzte diese Errungenschaft zur Herstellung von sterilem Verband- und Nahtmaterial.

höhle, Klingenfels und Bärenfelsgrotte. Sie wurden 1954 von **Gustav Riek**, der 1931 schon die Ausgrabungen in der Vogelherdhöhle im Lonetal leitete, ausgegraben. Artefakte wie typische Geräte der Altsteinzeit und der Mittelsteinzeit konnten geborgen werden.

Der Weg nach Hermaringen verläuft parallel zur Hangkante, passiert ein idyllisches Picknickplätzen mit Ausblick ins Brenztal und auf den gegenüberliegenden **Benzenberg** (Infos hierzu bei der Zeitspur Brenzberge). Leicht bergab kommen wir Richtung Bundesstraße, gehen auf einem Wiesenpfad hinter der Anlage mit Regensammelbecken **2** herum und queren danach nach rechts die Bundesstraße B 492 über eine Brücke. An der Obstbaumwiese gehen wir rechts auf dem Asphaltsträßchen und kurz danach am Waldrand links hinauf über Waldpfade zum **Schlossberg**. An der **Ruine Güssenburg** **3** haben wir eine schöne **Aussicht ins Brenztal** und über die weiten Heideflächen der Brenzberge.

Hinter der Ruine gehen wir leicht bergab an der nächsten **Schäferstele** mit ihrer Geschichte zur Landschaftspflege vorbei. Vor dem Parkplatz des Hermaringer Sportgeländes, wo man eine gute Einkehrmöglichkeit, das Hermaringer Sportheim, findet, gehen wir auf dem Schotterweg nach rechts und biegen bald nach links auf die Heide ab. Wir

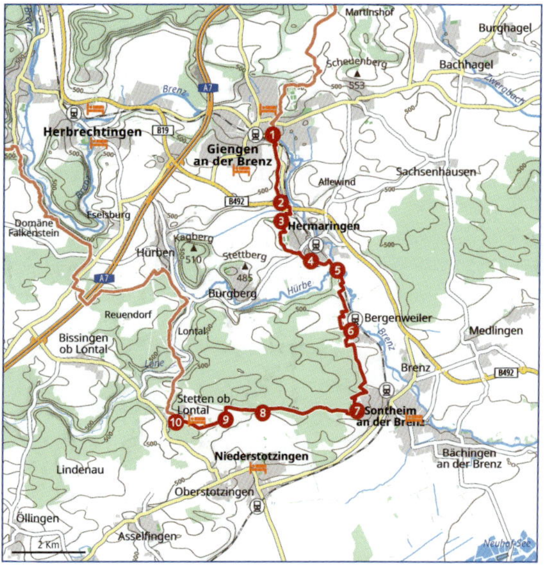

VERPFLEGUNG

Giengen (S, B, M, E), Hermaringen (S, Sportgaststätte), Sontheim an der Brenz (S, B, M, E), Niederstotzingen (S, B, M, E), Stetten, Archäopark Vogelherd (Parkcafé und Grillstelle)

Ruine Güssenburg

Die ehemalige Burg war Sitz der Herren von Güssen und stammt vermutlich aus dem 14. Jahrhundert, wobei der Name Gusse bereits 1171 in zwei Urkunden von Kaiser Friedrich I. auftauchte. Eindeutig überliefert ist, dass die Burg während des »Städtekrieg« zwischen Ulm, Giengen und Lauingen zerstört und nicht mehr aufgebaut wurde. Schon 1709 erwarb die Gemeinde Hermaringen die Ruine.

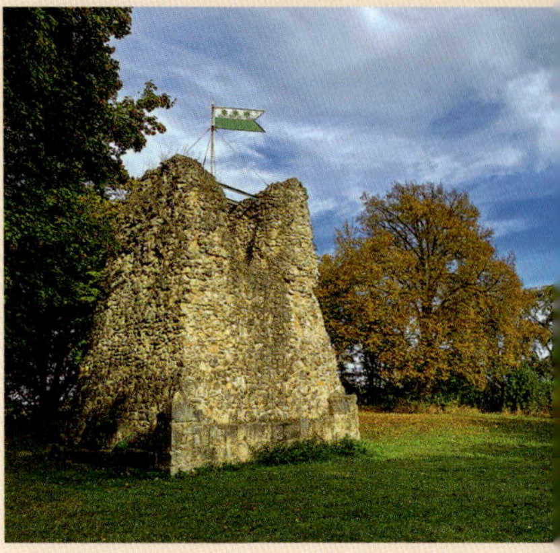

Turm der einstigen Güssenburg

gehen bis zum Zaun eines alten Steinbruchs, am eingezäunten Gelände entlang bergab und am Ende links auf ein Asphaltsträßchen.

Das Sträßchen führt uns an die Heusteigstraße, welche wir passieren. Auf der anderen Straßenseite gehen wir auf einem schmalen Pfad bergauf und halten uns gleich wieder rechts, um über die wundervolle Heide auf dem **Hirschberg** ❹ zu gehen. Es erwartet uns eine **Albliege** zum Rasten. Von hier haben wir eine tolle Aussicht auf **Schloss Burgberg**, den Geburtsort von Maria von Linden, und die andere Talseite des **Umlaufberges**, welcher aus dem Schloss-, dem Stett- und dem Kagberg besteht. Entstanden ist dieser, als die Brenz noch in einer etwa 10 km langen Schleife durch den »Vorderen See« nach Hürben und durch den »Hinteren See« zurück ins Brenztal floss. Mit der Zeit lagerte sich Schutt an und die Brenz wurde unterhalb des Schlossbergs mit der Güssenburg abgeschnitten. Im neuen geradlinigeren Flusslauf entstand dadurch ein ungewöhnlich starkes Gefälle. Dieses machte sich das **Wasserkraftwerk** in Hermaringen zunutze (Infos hierzu bei der Zeitspur Brenzberge).

Der Pfad bringt uns auf einen Teerweg und an eine Gabelung, an welcher wir uns rechts halten und zum Bahndamm kommen, wo wir rechts abbiegen. Wir erreichen die **Hürbe** und an der kleinen Holzbrücke die Mündung in die **Brenz**. Durch die **Renaturierung der Brenz** wurde hier eine traumhafte Flusslandschaft geschaffen.

Renaturierung der Brenz

In den 1960er Jahren wurde die Brenz begradigt und tiefergelegt. Landgewinnung und Hochwasserschutz standen im Fokus, Lebensräume von Pflanzen und Tieren wurden dagegen zerstört. Zum Beispiel rückte der Storch auf die Rote Liste der vom Aussterben bedrohten Arten. 50 Jahre später die Kehrtwende: Von 2010 bis 2014 wurden vom Land Baden-Württemberg insgesamt sieben Abschnitte an der Brenz zwischen Herbrechtingen und Sontheim renaturiert. Für die rund 9 Mio. Euro teuren Maßnahmen, wie Verbreiterung des Flussbetts, Wiedererschließung von Alt- und Seitenarmen, Schaffung von Flachwasserzonen und Steilwänden, gab es Fördermittel der EU. Den Anstoß dafür gab die im Jahr 2000 erlassene Wasserrahmenrichtlinie, mit der gefordert wird, dass alle Fließgewässer in einem guten ökologischen und chemischen Zustand zu sein haben.

Die neu geschaffenen Räume werden nicht nur von Tieren und Pflanzen gern angenommen – die Störche kamen zurück –, sondern auch von uns Menschen. Bei Hermaringen laden Bänke und ein Weidenzelt zum Verweilen ein, der Brenzturm bietet einen schönen Ausblick und der direkte Zugang zur Brenz ermöglicht eine herrliche Erfrischung. Im weiteren Verlauf lohnt sich ein Abstecher zum Brenz-Lernort in Bergenweiler. Hier wurde ein Rastplatz mit Wasserspielplatz angelegt, wo man sich spielerisch über die Nutzung der Wasserkraft zur Energiegewinnung bilden kann.

Auf der anderen Seite des Hürbebrückchens geht es auf einem Spurweg bis zum **Brenzturm** 5, einem hölzernen Beobachtungsturm. Dahinter liegt das **Naturschutzgebiet Ravensburg**, welches streng geschützt ist und als Brutplatz für Reiher dient. Hinter dem Turm gehen wir hoch zur Hangkante und von dort nach links bis zur Unterführung. Wer es bequemer mag, bleibt unten auf dem Spurweg, bei dem es sich gleichzeitig um den beliebten Brenz-Radweg handelt. Wir wandern unter der Bahnunterführung durch und müssen ein paar Meter Acht geben, denn die Straße kann gut befahren sein. Schon nach ein paar Schritten führt der Albschäferweg nach links auf die Wiese, unterhalb der Hangkante hoch und bald nach rechts weiter bergan Richtung Waldeck.

Dort kommen wir an eine Eiche mit Pausenbank und sehen schon den Ortseingang von **Bergenweiler** 6. Hier angelangt, wenden wir uns rechts, vorbei am Friedhof und auf einem Wiesenweg wieder links. Die Dorfstraße muss

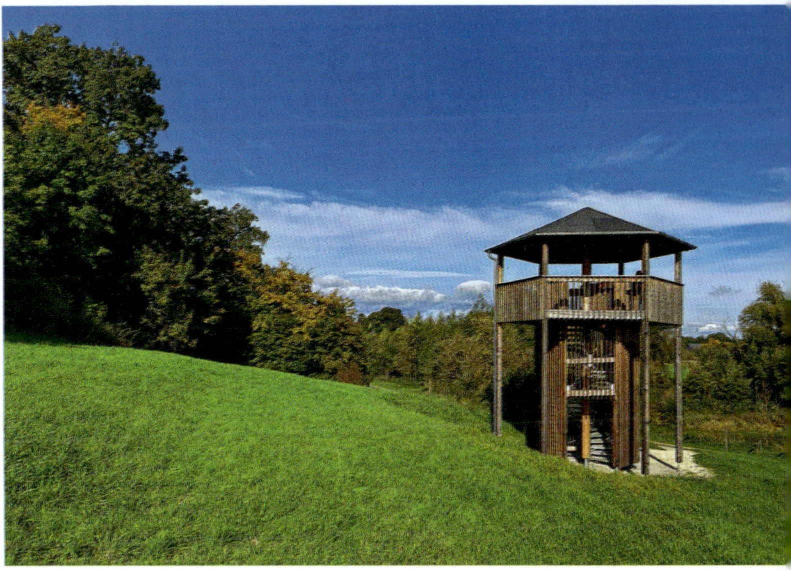

Brenzturm zum Überblicken der renaturierten Brenz

passiert werden und auf der anderen Seite gehen wir erst rechts, halten uns dann jedoch links. Auf schönen Wiesenwegen und Pfaden gehen wir um den Ort herum und haben einen wundervollen Weitblick bis ins Donautal, leider auch zu den **Kühltürmen des RWE Kernkraftwerks Gundremmingen**. Dieses soll nach der im Sommer 2011 verabschiedeten 13. Atomgesetz-Novelle Ende 2021 komplett abgeschaltet und dann abgebaut werden. Die Kühltürme bleiben vermutlich noch bis 2026 in unserem Blickfeld.

Nach dem schönen Pfad durchs Gebüsch gehen wir kurz rechts und zweimal links hinter den Häusern und am kleinen Dorfbach entlang. An der Straße geht es rechts und dann über die Treppen hoch. Die Kapellenfeldstraße führt aus dem Wohngebiet wieder hinaus in die Natur. An ihrem Ende gehen wir rechts und gleich nach dem Acker links auf einem Wiesenweg hinunter über einen Graben zum Waldrand. Dort halten wir uns links, gehen unter den überhängenden Ästen hindurch und am Waldeck rechts bergauf.

Weiter geht es dann auf einem Wiesenweg am Waldrand entlang Richtung Sontheim, stets mit Blick auf **das Schloss und die Galluskirche in Brenz** (Infos hierzu bei der Zeitspur Brenztalblick). Auf dem Schloss haben sich in den letzten Jahren immer mehr Storchenpaare eingenistet. Am Ende des Wiesenweges zweigen wir rechts ab auf einen Schotterweg. Hier trennt sich der Albschäferweg von der Zeitspur Brenztalblick, die nach links in den Ort hinunterführt.

Kurz nach dem Waldrand zweigt der Albschäferweg nach links ab und bringt uns auf einem Pfad zum Waldspielplatz von Sontheim, wo wir gemütlich rasten können. Vom Spielplatz führt zunächst ein Waldweg, am Ende dann links eine Teerstraße zur Reithalle, wo wir rechts und entlang der Sport- und Tennisplätze bis zum **Panoramastein** 7 gehen. Dort reicht der Blick über die Streuobstwiesen und das Donautal mit seinen geschützten Niedermooren hinweg, an manchen Tagen sogar bis zu den Alpen. Dort unten verlief in römischer Zeit (ca. 200 n. Chr.) eine wichtige römische Straße, gebaut von Kaiser Caracalla. Stolz sind die Sontheimer auf den 2002 gefundenen »Römischen Meilenstein V«. Die nächste **Schäferstele** erzählt eine weitere Geschichte zur Schäferei.

Wir biegen rechts ab und gehen am Waldrand bis zur Albliege. Dort halten wir uns rechts, gehen in den Wald und verlassen den Schotterweg am zweiten Pfad links. An seinem Ende führt uns der Wiesenweg links zum nächsten schönen Landschaftsziel mit Albliege, dem sogenannten **Dexelberg**, einer Waldheide, die die regelmäßige Pflege durch den ansässigen Schäfer benötigt. Wir lassen die Heide links liegen, nehmen den Pfad geradeaus bis schräg rechts nach unten.

Durch den Wald hindurch sind wir nun einige Kilometer geradeaus bis schräg rechts unterwegs, können zwischendurch am Waldspielplatz Niederstotzingen 8 nochmals rasten und erreichen den Punkt **Römerstaße** auf 516 m Höhe. Hier gehen wir noch ein Stück geradeaus und verlassen den Waldrand schließlich auf dem Schotterweg nach links. Am höchsten Punkt zwischen den Feldern und mit weitem Blick ins Donautal, über Niederstotzingen und Oberstotzingen hinweg führt unser Weg an der zweiten Abbiegung 9 nach rechts in Richtung Wald. Durch den Wald hindurch ist bald der **Stettener Keller** 10 erreicht und wir sind am ersten Etappenziel **Stetten ob Lontal** angekommen.

INFOS

www.albschaeferweg.de
www.giengen.de
www.sontheim-brenz.de
www.stadt-niederstotzingen.de
www.steiff.com
www.vfg.de
www.wuerttembergerritter.de,
www.efa-bw.de

Pension Brenz
Hauptstr. 85
89567 Sontheim a. d. Brenz
(01 74) 2 47 07 20
www.pensionbrenz.de

Landgasthof und Hotel Krone
Im Städtle 9
89168 Niederstotzingen
(0 73 25) 92 39 80
www.krone-niederstotzingen.de

Lonetalhotel Zum Mohren
Oberdorfstr. 31
89168 Niederstotzingen-Stetten
(0 73 25) 9 22 47 11
www.lonetalhotel.de

Gästehaus Adler (Schäferwagen & Zimmer)
Kirchstr. 15
89168 Niederstotzingen-Stetten
(0 73 25) 1 80 80 47
www.adler-lonetal.de

Stetten ob Lontal

Das kleine Örtchen Stetten ob Lontal gehört zur Stadt Niederstotzingen, doch ist es keineswegs ein verschlafener Ort. 1992 wurde der Verein der Württemberger Ritter gegründet und seit 1996 gehört der zum Rittergut umgebaute Stettener Keller zum Besitz der Gemeinschaft. Früher wurde das Gebäude als Eis- und Sommerkeller der ehemaligen Schlossbrauerei genutzt. Geschlagene Ritter und Freifrauen sowie Knappen, Zofen und weiteres Gefolge bilden die über 200 Vereinsmitglieder. Ihr Ziel ist es, das Mittelalter zur Zeit um 1300 wieder lebendig werden zu lassen. Dies geschieht u. a. beim Bogenschießen, bei Ritterturnieren und beim jährlichen Adventszauber.

Außerdem kann man in Stetten, zumindest von außen, das heute in Privatbesitz befindliche Schloss aus dem Jahr 1646 anschauen, zu welchem die nur wenige Schritte entfernte Schlossbrauerei einst gehörte, und die Pfarrkirche Mariä

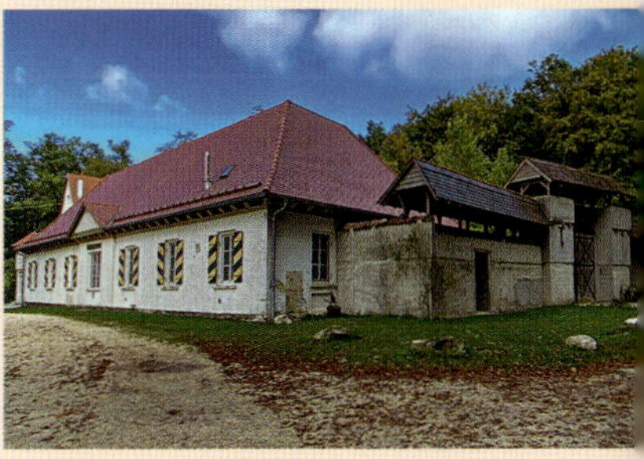

Stettener Keller – Sitz der Württemberger Ritter

Himmelfahrt bietet einer Schwarzen Madonna ein Zuhause. Sie und die Gnadenkapelle hinter dem Altar wurden Vorbildern aus dem Kloster Einsiedeln (Schweiz) nachempfunden. Die Kirche wurde 1732–1735 im Auftrag von Baron M. A. von Riedheim an der Stelle der zuvor abgebrochenen Schlosskapelle St. Martin errichtet. Die Planung und Ausführung hatte der Baumeister Christian Wiedemann inne. Er gestaltete auch die Benediktinerabtei Oberelchingen.

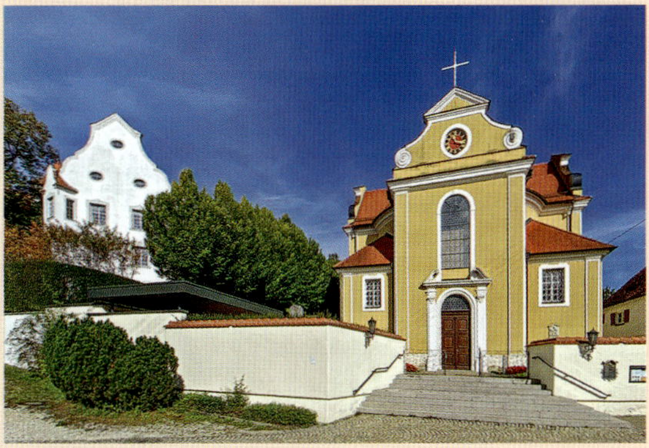

Pfarrkirche Mariä Himmelfahrt in Stetten

Die Schäferin Ruth Häckh

Ruth Häckh hat von ihrem Vater gelernt, der selbst ausgebildeter Schäfer war. Mit ihm zog sie auf die Winterweiden an den Bodensee, auf die Halbinsel Höri. Sie absolvierte ihre Ausbildung zur Tierwirtin und machte den Meister. Damals war sie die einzige Frau im Landkreis und auch die erste, die am Leistungshüten beim Schäferlauf teilgenommen hat. Ruth ist es zu verdanken, dass jeder einen Einblick in das hauptberufliche Leben als Schäfer bekommen kann, denn sie hat darüber ein Buch geschrieben: »Eine für alle«. Es ist kein Fachbuch, sondern gibt viele Informationen aus ihrem Leben und Arbeiten preis. Viele Jahre war Ruth im Bundesverband der Berufsschäfer aktiv. Ihr Betrieb ist als einziger im Landkreis biozertifiziert. Aktuell reduziert sie ihre bisher etwa 350 Mutterschafe umfassende Herde, um kürzerzutreten. Es wird weder eine familiäre noch eine sonstige Nachfolge geben. Der Betrieb ist zu klein und nicht zukunftsfähig genug, um weiterhin existieren zu können.

Frauenpower in der Schäferei?

Im Landkreis Heidenheim sind mittlerweile hauptberuflich mindestens so viele Frauen als Schäferin unterwegs wie Männer als Schäfer.

Ruth Häckh aus Sontheim war die erste. Sie ist Jahrgang 1962 und möchte sich nun langsam zur Ruhe setzen. Lange Zeit gab es keinen weiblichen Nachwuchs, doch mehrere Jahre hintereinander haben gleich vier Töchter von Schäferfamilien (Valerie Stegmayer aus Giengen, Kerstin Riek vom Schafhof Wiedenmann aus Nattheim, Laura

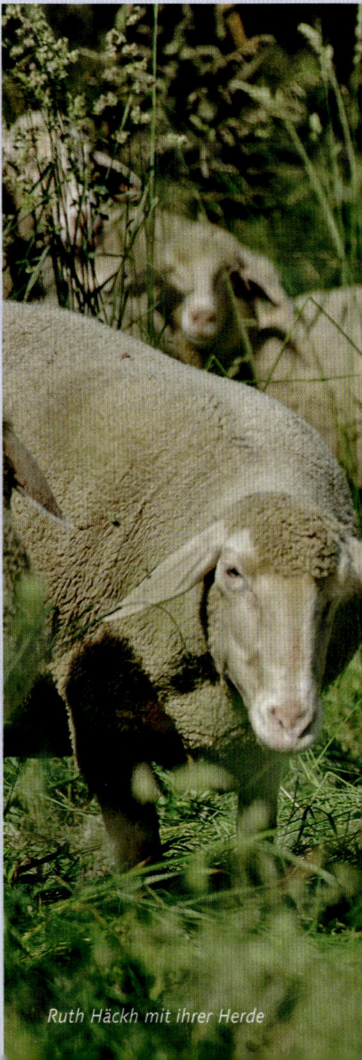

Ruth Häckh mit ihrer Herde

Banzhaf aus Heldenfingen, Katrin Häberle aus Söhnstetten) die Ausbildung hinter sich gebracht. Einige haben auch schon die Meisterprüfung absolviert. Die Arbeit als Schäferin ist körperlich anstrengend, doch macht sie der geschickte Einsatz von Maschinen bei der Hofbewirtschaftung, von Elektrozäunen statt der schweren Holz-Pferche, von Handys und der Fähigkeit, auch mal um Hilfe zu bitten, leichter.

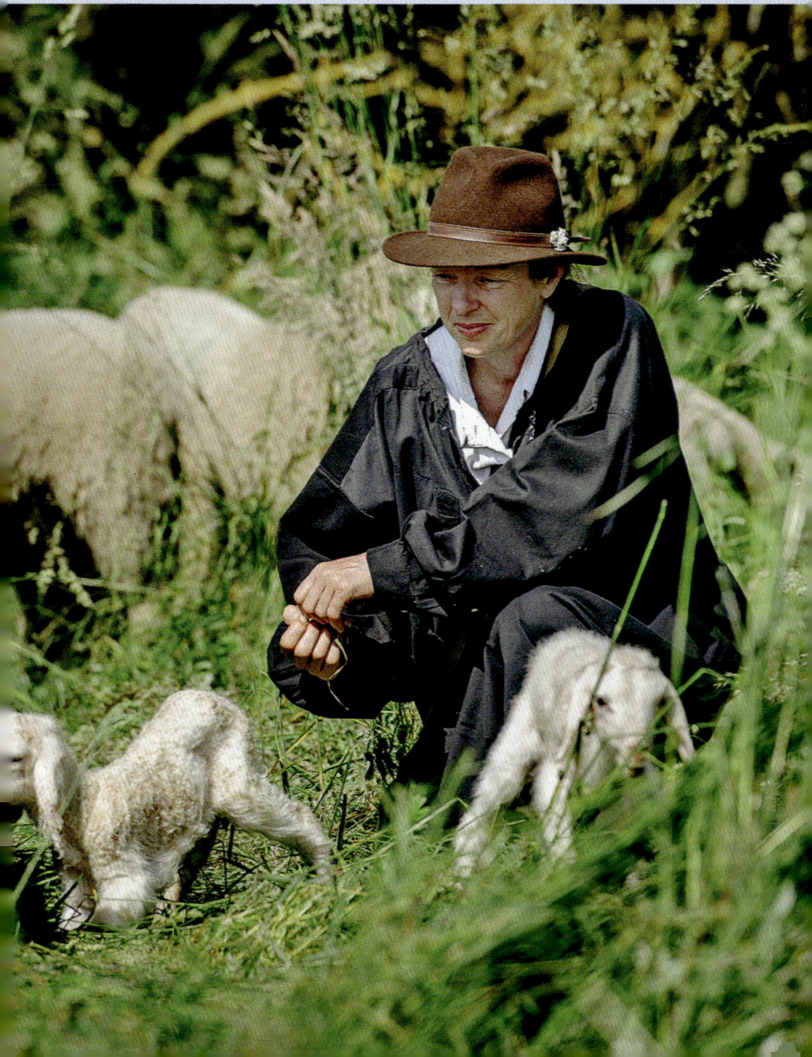

Stetten ob Lontal bis Anhausen 2

Entdeckerspuren, geniale Aussichten und historische Wege

3¾ Std.

13,5 km

▲119 ▼120 hm

Mittelschwere Wanderung mit kurzer Straßenpassage und schönen Waldwegen

Start direkt am Weg

Stetten – Ruine Kaltenburg – Sportplatz Hürben – Lonetal-Raststätte – Domäne Falkenstein – Anhausen

Blick auf Archäopark Vogelherd, Ruine Kaltenburg, Blick ins Tal von Lone und Hürbe, Domäne Falkenstein mit Blick ins Brenztal/Eselsburger Tal

Verstecktes Sühnekreuz

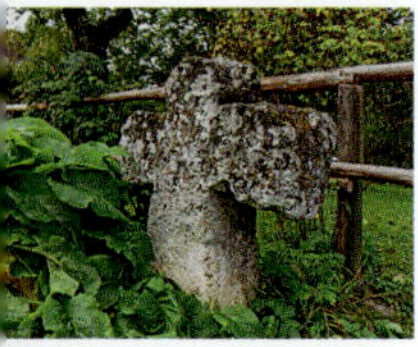

Wenige Kilometer liegen vor uns, dafür gibt es einiges zu entdecken. Kurz nach dem Start lohnt der Blick zurück zum riesigen Mammut, dem Wahrzeichen des Archäopark Vogelherd. Wir wandern ins Tal der Lone und zur Ruine Kaltenburg. Oberhalb des Zusammenflusses von Hürbe und Lone können wir einen herrlichen Ausblick genießen. Einen Abstecher zur Charlottenhöhle, der längsten begehbaren Schauhöhle Süddeutschlands, sollten wir einplanen. Von der Domäne Falkenstein bietet sich ein wunderbarer Blick ins Eselsburger Tal.

Die Etappe 2 des Albschäferweges beginnt am Stettener Keller und folgt der Straße geradeaus hinab in den Ort. Dort lohnt sich noch ein kurzer Abstecher zur **Schwarzen Madonna in der Pfarrkirche Mariä Himmelfahrt** und zum **Schloss** ❶, bevor wir dem Weg am **Gasthof Adler** nach rechts folgen. Nur 150 m weiter verlassen wir die Kirchstraße und gehen auf dem kleinen Teersträßchen zum Reitschulweg nach links hinunter. Auf der linken Seite steht versteckt hinter einem Busch ein **steinernes Sühnekreuz** aus dem Mittelalter. Damals mussten Menschen, die eine Straftat, wie z. B. einen Mord, begangen hatten, zum einen die Seelenruhe des Getöteten mittels einer Wallfahrt und einer Seelenmesse herstellen und es war zum anderen ihre Aufgabe, eigenhändig ein Sühnekreuz aus Stein zu hauen. Es wurde entweder am Ort der Straftat oder am Grab des Verstorbenen aufgestellt.

Unten folgen wir dem Teersträßchen links und vorbei an Pferdekoppeln gelangen wir zum nächsten Wegweiserstandort. Von hier aus ist ein Abstecher zum **Archäopark Vogelherd** (Infos hierzu bei der Zeitspur Neandertalerweg) mit seiner Vogelherdhöhle möglich. Im Sommer 2017 ist die Höhle gemeinsam mit fünf weiteren Höhlen im Ach- und Lonetal und mit den sie umgebenden Landschaften zum **UNESCO-Welterbe »Höhlen und Eiszeitkunst der Schwäbischen Alb«** ausgezeichnet worden. Durch diese

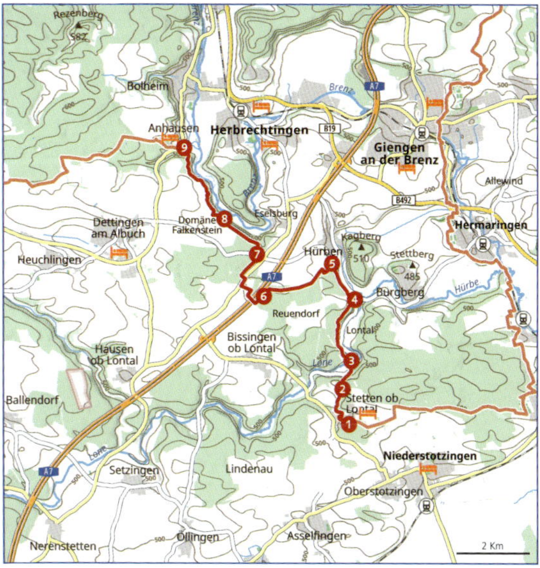

VERPFLEGUNG

Hürben (Höhlen-Haus, B); Eselsburg (E, Bioladen)

Zertifizierung soll das Bewusstsein für dieses außergewöhnliche Kultur- und Naturerbe gestärkt werden. Für einen Besuch im Archäopark sollten mindestens zwei Stunden eingeplant werden.

Wir gehen auf dem Albschäferweg, der seit Stetten gemeinsam mit dem Hauptwanderweg 2 des Schwäbischen Albvereins (rotes Dreieck) verläuft, nach rechts vorbei am Pumphäuschen Richtung eingezäunter Hebeanlage. Rechts geht es auf einer Wiese am Waldrand entlang und dann auf einem schönen Waldpfad über den Stettberg. Unterwegs lädt eine Albschäferliege 2 zum Entspannen ein. Die Schäferstele aus Stahl erzählt uns eine Geschichte über den Ursprung von Musik und Kunst.

Wir stoßen oben am Waldrand wieder auf einen Wegweiserstandort und auf den Lonetalwanderweg. Vom Stettberg aus hat man einen schönen Blick bis hinunter

Albliege und Schäferstele

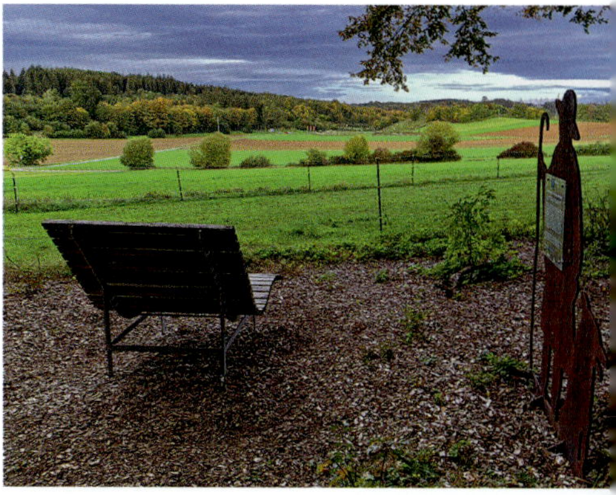

zum Archäopark Vogelherd. Weiter auf dem Schotterweg geradeaus gelangen wir nach etwa 200 m an den Waldrand. Eine Wegspinne liegt vor uns. Der Albschäferweg führt über einen schmalen Pfad, den sogenannten **Diebsteig**, nach schräg rechts abwärts ins Lonetal. Dort gehen wir nach rechts an der Kreisstraße entlang, am besten auf der Wiese oder dem Seitenstreifen, um den Autos aus dem Weg zu gehen. Wir queren hinter der Leitplanke das meist **trockene Flussbett der Lone** auf der linken Seite des einstigen **Schäferbrückchens** 3.

Auf der anderen Talseite gehen wir am Wegweiser ein kurzes Stück auf dem Sträßchen hoch Richtung Reuendorf und gleich rechts auf einem urigen Waldpfad aufwärts durch den Ochsenhau Richtung **Ruine Kaltenburg** 4. Kurz

Ruine Kaltenburg

Die Burganlage wurde wahrscheinlich um 1180 errichtet. Erstmals urkundliche Erwähnung fand sie 1356. Über die Jahre wechselte sie mehrfach den Besitzer: von den Herren von Kalden zu den Grafen von Helfenstein, zu den Herren von Riedheim, zum Königreich Württemberg und schließlich zur Stadt Giengen. Sie wurde mehrfach zerstört und wiederaufgebaut. Um 1800 erklärte man die Burg zwar als verfallen, doch sie wurde weiterhin bewohnt. 1837 zählte man noch 30 Bewohner und 1897 war das Torhaus immer noch bewohnt.

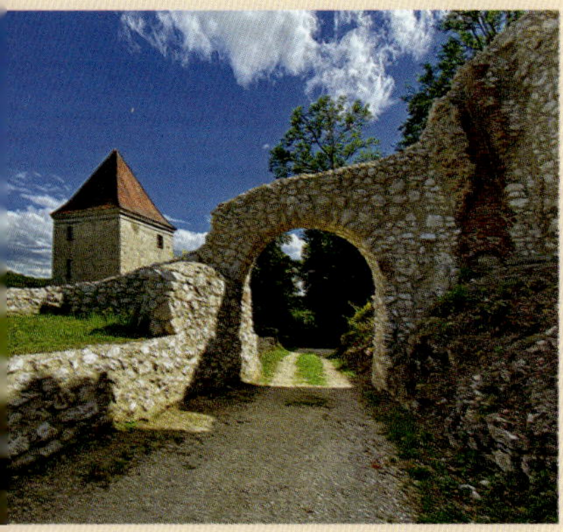

Während die mittelalterliche Burg aus einem Turmhaus mit Anbau, Palas und ummauertem Hof mit drei Rundtürmen bestand, können wir heute noch die Ostmauer, einen Torbogen und zwei Ecktürme sehen. Den Erhalt der Ruine verdanken wir dem 2015 gegründeten Verein »Interessengemeinschaft Kaltenburg« und der schon viele Jahre vorher engagierten Ortsgruppe Hürben des Schwäbischen Albvereins. Dank des ehrenamtlichen Engagements, der Unterstützung großzügiger Firmen der Region sowie Stiftungsgeldern, Sponsoren und Spendern können heute hier oben Konzerte und Führungen stattfinden und man kann sich auf Schautafeln über die Geschichte der Burg belesen.

vor der Ruine zweigt unser Weg links ab, doch ein Abstecher zum Felssporn lohnt sich, vor allem auch für eine Rast.

Von der Burg aus hat man einen herrlichen Ausblick auf die Mündung der Lone in die Hürbe und bis hinüber zur herrlichen Wacholderheide auf dem Burgberger Stettberg. Der Albschäferweg führt oberhalb der Burg herum, biegt nach links ab, wo die Wanderer von der Burg von rechts einen steilen Aufstieg hinaufkommen, und folgt dem Weg, der bald nach schräg rechts in den Hangwald abbiegt. Wir erreichen den Abzweig, wo die bislang parallel verlaufende **Zeitspur Höhlengang** und der HW2 hinunter zum Erlebnisareal der **HöhlenErlebnisWelt Giengen-Hürben** abbiegen. Hier hat man die Qual der Wahl und kann die **Charlottenhöhle** oder das **HöhlenSchauLand** besichtigen oder auch

Entdeckung der Charlottenhöhle

Vom Hundsloch aus startete die Erkundung und Entdeckung der Charlottenhöhle. Am 7. Mai 1893 machten sich drei wagemutige Zimmerleute aus Hürben mit Hilfe einer Strickleiter auf, das zu erkunden, was sie bislang nur aus Sagen kannten. Sie kletterten in das Hundsloch hinein und fanden unzählige Knochen vor. Zwei Tage später machten sie sich gemeinsam mit dem Oberförster erneut auf den Weg, räumten die Knochen beiseite und standen schließlich vor einem riesigen Bodentropfstein, den sie für den Berggeist hielten. Wie die Erkundung weiterging und woher die Höhle ihren Namen bekam, ist in der Zeitspur Höhlengang nachzulesen.

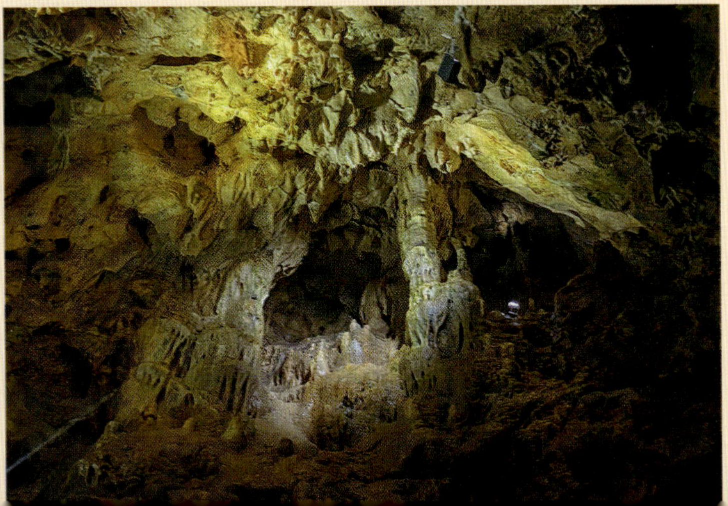

beides (Infos hierzu bei der Zeitspur Höhlengang). Der Abstecher ist es allemal wert, auch wegen der Einkehrmöglichkeit im HöhlenHaus und der Erfrischung an der Hürbe. Der Albschäferweg führt über die Treppen geradeaus weiter, oberhalb der Höhle entlang und stellenweise mit Blick hinab ins Tal. Hier kommen wir an einem Ort vorbei, der heute nur sehr wenigen bekannt ist, dem Hundsloch.

Am Waldrand angekommen, geht es nach links hinter dem Hürbener Sportplatz 5 entlang bis zum Waldrand mit Blick über die Hochebenen bis nach Giengen an der Brenz. Immer am Waldrand entlang und wieder hinein in den Wald, vorbei an einer romantischen Waldarbeiterhütte, erreichen wir nach einer Linksabbiegung den Hintereingang der **Lonetal-Raststätte** 6. Wir gehen auf dem Teerweg weiter, biegen an der T-Kreuzung nach rechts ab und queren die Autobahn A7. Die Wegmarkierung roter Balken des Hauptwanderweges 4, der vom Lonetal her dazugestoßen ist, begleitet uns nun. Wir gehen bei der nächsten Abbiegemöglichkeit nach rechts und biegen dann nach links auf einen Wiesenweg ab. Auf dem Wiesenweg, vorbei an einer Baumgruppe mit Doline, erreichen wir die Landstraße L1079, halten uns rechts und kommen zu einem Parkplatz.

Dort überqueren wir achtsam die Landstraße und gehen geradeaus in den Wald hinein, folgen dem nach rechts abbiegenden Weg und kommen an den Wanderparkplatz Sallenbüchle – bei der Querung der K3019 ist wieder Vorsicht geboten. Hier am Parkplatz haben wir die Wahl, ob wir einen 1,2 km langen Abstecher hinunter ins **Eselsburger Tal** 7 (Infos hierzu bei der Zeitspur Eselsburger Talgang) auf uns nehmen, um gut einzukehren.

Der folgende Waldweg ist immer mal wieder mit Wasser gefüllten Fahrrinnen durchzogen, die jedoch mit kleinen Abstechern durch den Wald umgangen werden können. Wir wandern weiter geradeaus, halten uns immer eher links, treffen auf einen Wegweiserpfosten mit grünen Wegweisern zur **Zeitspur Eselsburger Talgang** und kommen zur **Domäne Falkenstein** 8 mit ihrem **Aussichtsfelsen**. Eine fantastische Aussicht auf die renaturierte Brenz im Eselsburger Tal, welches in früherer Zeit mit Burgen gespickt war, erwartet uns hier. Den Felsen erreichen wir über einen abenteuerlichen Pfad, der kurz vor den Wohngebäuden rechts hinunter- und wieder hinaufführt. Die Ausschilderung ist nicht zu übersehen. Ein bequemerer Weg führt am Wohngebäude und der Kapelle vorbei. Das Betreten ist erlaubt, aber Rücksichtnahme geboten.

Herrliche Aussicht ins Brenztal

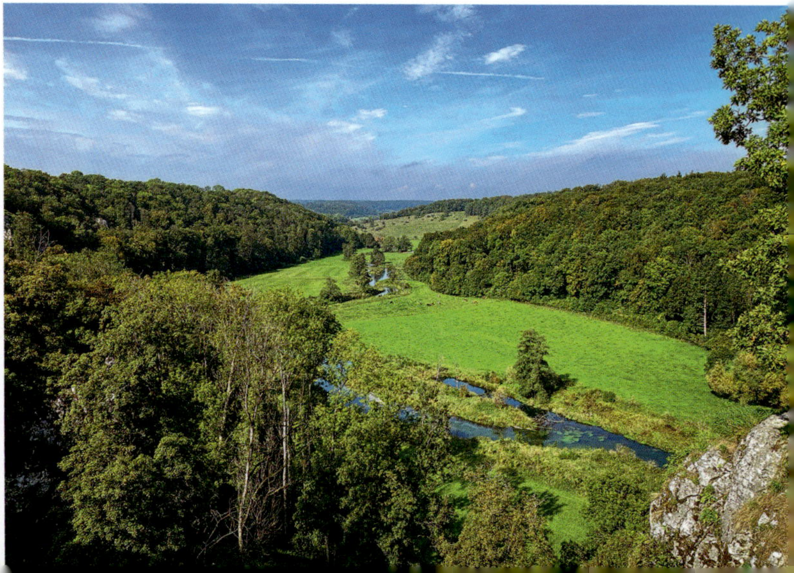

Die Domäne Falkenstein

Einst stand an diesem Ort die im 12. Jahrhundert erbaute Burg Falkenstein. Doch nur ein paar Mauerreste haben den Dreißigjährigen Krieg überdauert. Teile der um 1430 erbauten Gebäude der Vorburg, z. B. vom spätgotischen Pächterhaus, stehen noch. Auf dem Gutshof, welcher in 4. Generation von der Familie Kümmerle betrieben wird, wird Brotgetreide, Schweinefleisch und Braugerste erzeugt. Zum Anwesen gehört außerdem eine Kapelle, die zu Ehren Maria Magdalenas geweiht wurde.

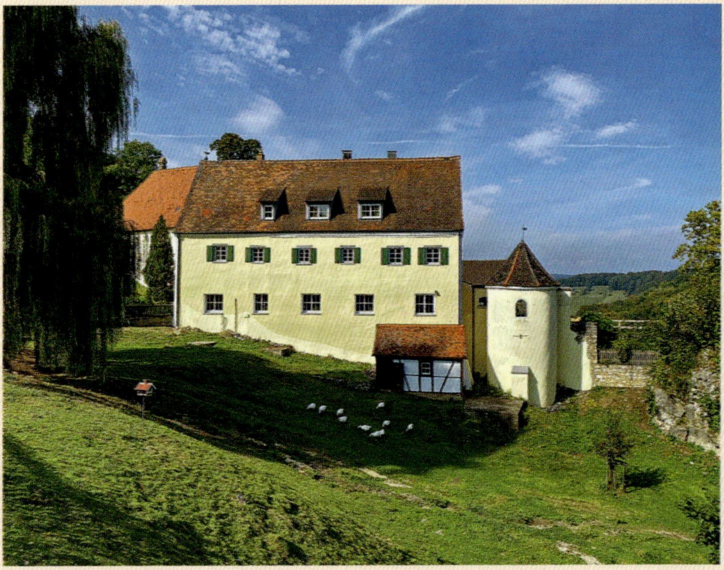

Am Ende des Hofgeländes treffen wir wieder auf eine Schäferstele, die eine Geschichte vom Hüten als Teil des Schäferberufs parat hat. Zudem kann man bei ihr unter einem Walnussbaum rasten. Auf einem herrlichen Pfad gelangen wir zu einem weiteren Aussichtspunkt über die wunderbare Natur des Brenztals. Hier am Felssporn stand einst die **Burg Hürgenstein**. Sie wurde Ende des 11. Jahrhunderts erbaut und von den wohlhabenden Hürgensteinern bewohnt. Doch die Burg hielt nicht lange stand. 200 Jahre später sprach man nur noch von einem Burgstall, heute kann man lediglich noch einige Buckelquader ausmachen.

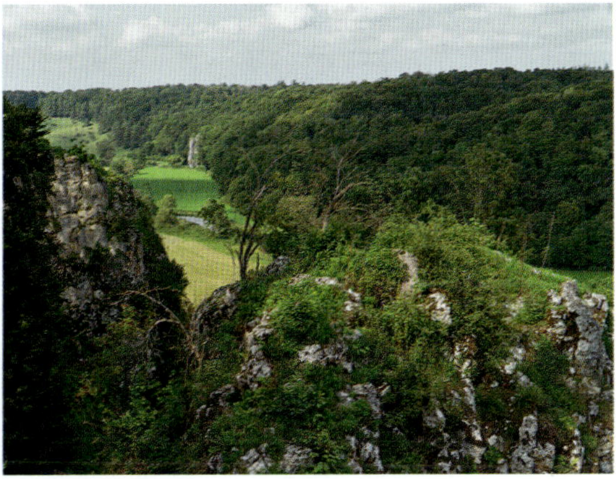

Felssporn der einstigen Burg Hürgenstein

Wir wandern weiter auf dem Albschäferweg – mal im Wald, mal am Waldrand entlang – bergab nach Anhausen. Hier begleitet uns auch der historische **Zoeppritzweg**. Viktor Zoeppritz war geheimer Kommerzienrat der Wolldeckenfabrik in Mergelstetten und entwarf »seinen« Wanderweg vom Schloss Hellenstein in Heidenheim bis ins Eselsburger Tal mit Einweihung 1894. Einige Wegabschnitte sind mit Tuff-Findlingen eingefasst. In späteren Jahren orientierte sich der Schwäbische Albverein bei der Anlage seines Hauptwanderwegs 4 an dieser wunderschönen Vorlage.

Im Tal angekommen (Achtung: Die Steige hinab kann rutschig sein!), halten wir uns links und auf der kleinen Brücke über den Kießentalgraben erreichen wir unser Etappenziel in der Nähe des **Klosters Anhausen** 9. 1125 wurde das Kloster durch die Verlegung des Benediktinerklosters aus Langenau gegründet. Ursprünglich erbaut wurde es im romanischen Stil, doch durch Zerstörungen im 15. Jahrhundert sehen wir heute ein spätgotisches Gebäude. Bis ins 21. Jahrhundert erhalten geblieben sind die Winterkirche, die Bierbrauerei, die Klosterschenke und das Prälaturgebäude. 2017 wurde die Schenke geschlossen. Eine Wiedereröffnung als Café ist geplant. Die restliche Anlage ist in Privatbesitz.

INFOS

www.giengen.de, www.herbrechtingen.de
www.archaeopark-vogelherd.de
www.hoehlenerlebniswelt.de
www.domaene-falkenstein.de
www.efa-bw.de

Haus Kallenberg
Ziegelstr. 5
89542 Herbrechtingen-Anhausen
(0 73 24) 9 89 59 30
www.hauskallenberg.de

In ca. 3 km Entfernung liegt **Herbrechtingen** mit weiteren Unterkunftsmöglichkeiten. Hierzu können wir ab Anhausen der Zeitspur Eselsburger Talgang folgen.

Hotel Hoffmann
Ostpreußenstr. 1
(0 73 24) 9 61 20
www.hotel-hoffmann.de

Hotel Grüner Baum
Lange Str. 46
(0 73 24) 95 40
www.gruener-baum-gigler.de

Hotel Adler
Gewerbestr. 18
(0 73 24) 98 76 70
www.hotel-adler-herbrechtingen.de

Der Schäfer Andreas Hopfenziz

Sein Schafstall liegt am Ortsrand von Hürben. Der alte Stall fiel 2017 einer Brandstiftung zum Opfer. Mit ihm hat er auch 65 Schafe und Lämmer sowie den Glauben an die Sicherheit eines Stalls verloren. Seither hält er etwa die Hälfte seiner 370 Schafe immer draußen. Was früher ganz normal war, führt heute bei kalter Witterung zu Diskussionen mit dem Veterinäramt. Er beweidet die Flächen, vor allem die mit Wacholder-

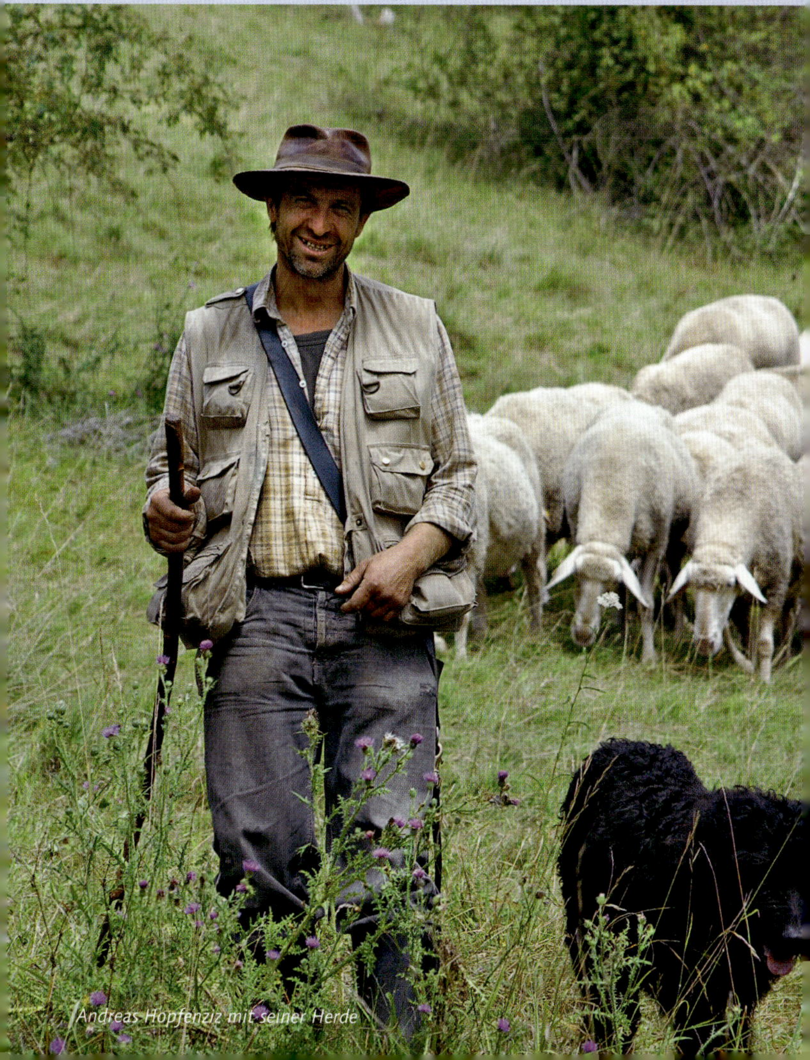

Andreas Hopfenziz mit seiner Herde

heide überzogenen Berge rund um Hürben. Andreas ist ausgebildeter hauptberuflicher Schäfer und Meister in 3. Generation. Er hat Kerstin Riek aus Nattheim und Laura Banzhaf aus Heldenfingen ausgebildet, doch für seinen Betrieb ist die Nachfolge nicht geklärt. Andreas gehört der Initiative Ostalb Lamm an.

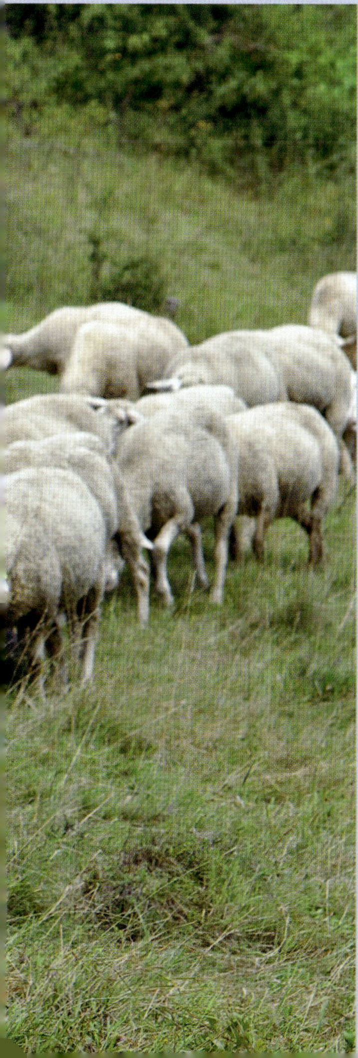

Was verdient ein Schäfer?

Man sollte doch meinen, dass der Schäfer vom Verkauf seiner Tiere, von Wurst und Wolle gut leben kann. Doch dem ist nicht so. Die Schäfer zählen zu den Geringverdienern – auch in der Landwirtschaft. Die Erträge für das Fleisch sind durch die Konkurrenz aus dem Ausland zu gering und die Wolle finanziert, wenn überhaupt, den Scherer. Im letzten Schafreport Baden-Württemberg (2015) wurde ein Stundenlohn von 6,80 Euro ermittelt.

Wovon also leben Schäfer und Schäferin außer von der Freude am Hüten? Wie auch sonst in der Landwirtschaft sind für den Schäfer die Betriebsprämien wichtig und ganz besonders die Verträge in der Landschaftspflege. Etwa 60 % der Einnahmen aus der Arbeit als Schäfer, so der Schafreport, werden durch eben solche Prämien erzielt. Nur wenige haben die Zeit und die Energie, sich eigene und fairer bezahlte Absatzmöglichkeiten zu schaffen.

Des Geldes wegen wird heute also keiner mehr Schäfer bei einer Bezahlung unter Mindestlohn, niemals Feierabend, Urlaub oder Verdienstausfall im Krankheitsfall. Da spielt die Liebe zum Tier, zur Natur und zum Erhalt der einzigartigen Alblandschaft die größere Rolle!

Anhausen bis Gerstetten 3

Hier treffen sich Urmeere, Hungerbrunnen und Trinkwasserseen

5 Std.

18,7 km

▲ 290 ▼ 138 hm

Mittelschwere Wanderung mit wunderschönen Tälern, Heideflächen und sanften Anstiegen

Von Herbrechtingen bis zum Etappenstart 2,5 km

Anhausen – Kießental – Heldenfinger Kliff – Schafhof Banzhaf – Hungerbrunnen – Gassental – Skilift – Gerstetten

Kießental, Heldenfinger Kliff-Felsküste, Rößeweiher, Hungerbrunnen und -tal, Eglenseen

Schmale Waldwege und breite Täler mit Schotterwegen laden auf dieser Etappe ein. Die einstige Küste des Molassemeeres, das Heldenfinger Kliff, beeindruckt mit den Spuren von Bohrmuscheln und Bohrschwämmen. Am Künstlerdorf Heldenfingen entlang, führt unser Weg ins herrliche Hungerbrunnental. In stiller Natur können wir Skulpturen des Urwelt Mosaik Skulpturenpfads bestaunen und nach Gerstetten wandern. Schon von weitem sehen wir den markanten Wasserturm.

Ausgangspunkt dieser Etappe ist der Parkplatz beim **Kloster Anhausen** 1. Von dort queren wir die L 1164 und gehen nach rechts versetzt auf dem Wiesenweg bergauf, bis ein kleiner Pfad nach links in den Wald hinein abbiegt. Auf diesem geht es oberhalb des **Wolfstäle** entlang auf die Hochebene hinauf. Nach dem Verlassen des Waldes führt unser Weg links weiter auf geschotterten Forstwegen durch das **Kießental** 2 und den **Sillerstetter Hau**. Dazu biegen wir nach ca. 850 m am Wanderwegweiser nach links ab und gehen hinunter bis zur nächsten Wegspinne, wo wir schräg nach rechts weiterlaufen. Wir kommen an einem imposanten Baum vorbei und gehen bis zur

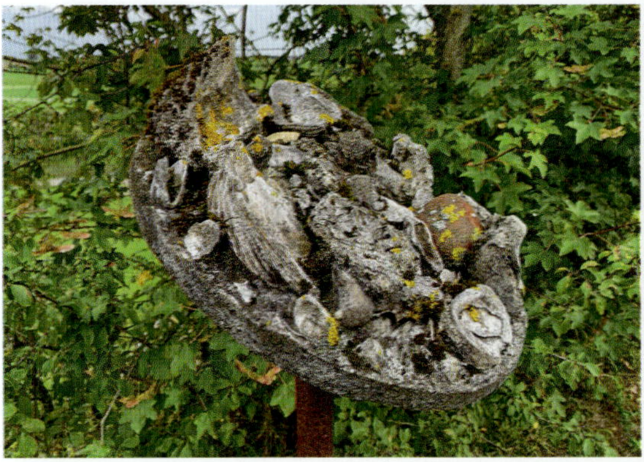

Fossilien zum Fühlen am Heldenfinger Geopfad

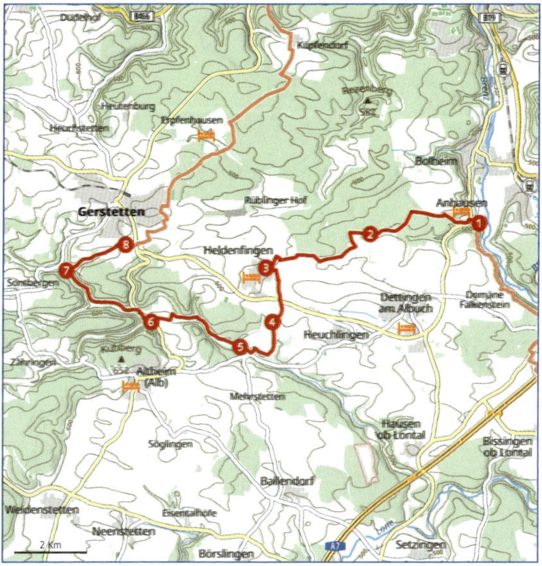

nächsten T-Kreuzung. Hier biegen wir nach links ab und wandern leicht bergan. Nach 400 m verlassen wir den Teerweg und wenden uns vor einer Baumgruppe nach rechts auf einen Wiesenweg.

Wir orientieren uns am Waldrand, den wir immer zu unserer Rechten lassen, bis wir **Heldenfingen** erkennen. Dort verlassen wir den Waldrand und gehen nach links versetzt geradeaus Richtung Ort. Hier sind die Wegmarkierungen sogar auf den Asphalt gemalt. Am ersten Zaun des Dorfes, welches 1231 erstmals urkundlich erwähnt wurde und das man heute wegen der großen Anzahl kreativer Leute als Künstlerdorf bezeichnet, wenden wir uns nach rechts. Alle zwei Jahre veranstaltet die Initiative **Künstler im Dorf** eine Kunstaktion mit dem Titel »Wege zur Kunst«. Wir gehen hinter dem Schuppen nach links auf der Wiese hinauf.

Oben angekommen, biegen wir nach links ab, wandern an Pferdekoppeln und Obstgärten vorbei und gelangen schließlich direkt zur oberen Kante des **Heldenfinger Kliffs** ❸. Dort erfährt man an verschiedenen Stationen des **Geopfads** einiges über die Geologie der Schwäbischen Alb. Hier ist Anfassen nicht nur erlaubt, sondern ausdrücklich erwünscht. 20 Mio. Jahre alte Austern-, Schnecken- und Muschelfossilien wurden von Cl. Mengele auf Betonplat-

VERPFLEGUNG

Heldenfingen (B, E); Gerstetten (S, B, M, E)

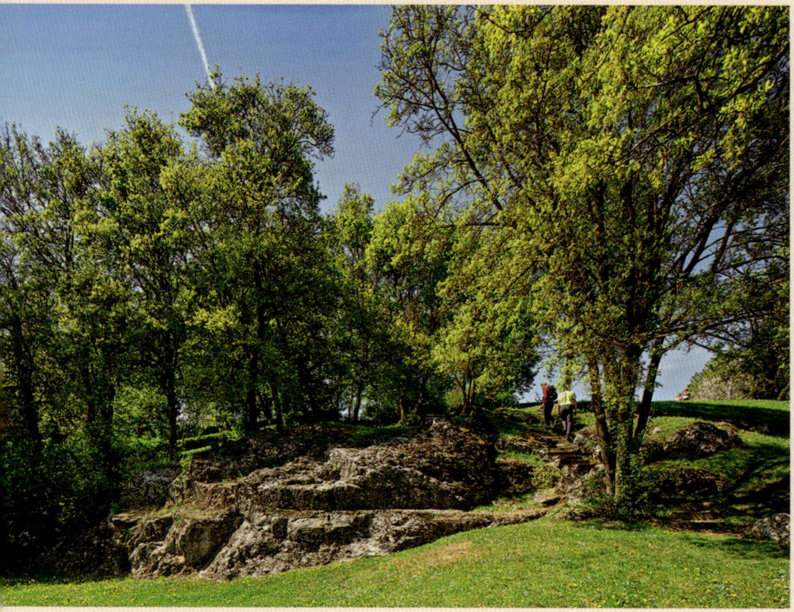

Das Heldenfinger Kliff

Vor ca. 200 Mio. Jahren war ganz Mitteleuropa von einem Meer, dem Jurameer, überzogen. In diesem lagerten sich Muscheln und Meerestiere ab und so entstand die prägnante kalkhaltige Bodenbeschaffenheit der Schwäbischen Alb. Das Wasser wurde durch tektonische Bewegungen abgedrängt. In der Kreidezeit kam es zu Verwitterungen, Verkarstungen und Abtragungen, bis vor ca. 30 Mio. Jahren das Meerwasser wieder nach Norden bis auf die südliche Alb vordrang. Dies konnte geschehen, weil die afrikanische Kontinentalplatte gegen die eurasische Platte drückte, die Alpen auffaltete und so eine Vertiefung zwischen Alb und Alpen entstand. Hier strömte das Wasser ein. Die Grenze, also die Küstenlinie dieses neuen Molassemeeres, verlief hier entlang, wo wir jetzt am Heldenfinger Kliff stehen. Hier brandete das Meer dagegen und formte die Steilküste aus dem kalkhaltigen Juragestein. Damals herrschte subtropisches Klima und statt der Obstbäume wuchsen Palmen.

Im Jahr 1936 legte man das hiesige Gestein frei und fand sehr gut erhaltene Fossilien. Besonders schöne Exemplare von Korallen und Schwämmen sind im Riff-Museum im Gerstetter Bahnhofsgebäude zu bestaunen.

ten montiert und starten die Zeitreise an den Meeresrand. Über den Felshang führen Stufen hinunter zum Klifffelsen mit den imposanten Bohrmuschellöchern. Das Heldenfinger Kliff ist einmalig in Europa.

Der **Mehrgenerationenspielplatz** lädt zu einer Rast ein. Wer um Ostern oder Weihnachten in Heldenfingen ankommt, sollte einen Abstecher zur **Heilig-Kreuz-Kirche** unternehmen und die dort aufgebaute **Krippe** anschauen. Seit 2000 arbeitet das ehrenamtliche Krippen-Team an der Darstellung der Weihnachts- und Passionsgeschichte. Zu diesen Jahreszeiten gibt es beim Ochsenwirt auch die regionale Spezialität: Hammel- oder Lammbraten mit Knöpfle.

Wir verlassen **Heldenfingen** mit dem Kliff im Rücken nach schräg links. Die Straße macht eine Rechtskurve, doch wir gehen geradeaus auf der Wiese weiter bis zur nächsten Teerstraße, in welche wir nach rechts einbiegen. Auf diesem Sträßchen geht es am **Rößeweiher** mit schöner Rastanlage vorbei bis zur Landesstraße L 1164 – Vorsicht bei der Querung. Der Rößeweiher diente in früheren Jahren als Eisweiher. Hier holten die Molkereigenossenschaft und die Brauereien Eisstücke, die sie zum Kühlen der Waren in die eigenen Keller brachten.

Nun führt uns ein schöner Wiesenweg direkt zum **Schafhof Banzhaf** 4. Hier trifft man auf eine **Schäferstele**, die über die Tradition des Schäferseins berichtet, und zur richtigen Jahreszeit mit ein wenig Glück auf Schäfer Banzhaf mit

Hungerbrunnental

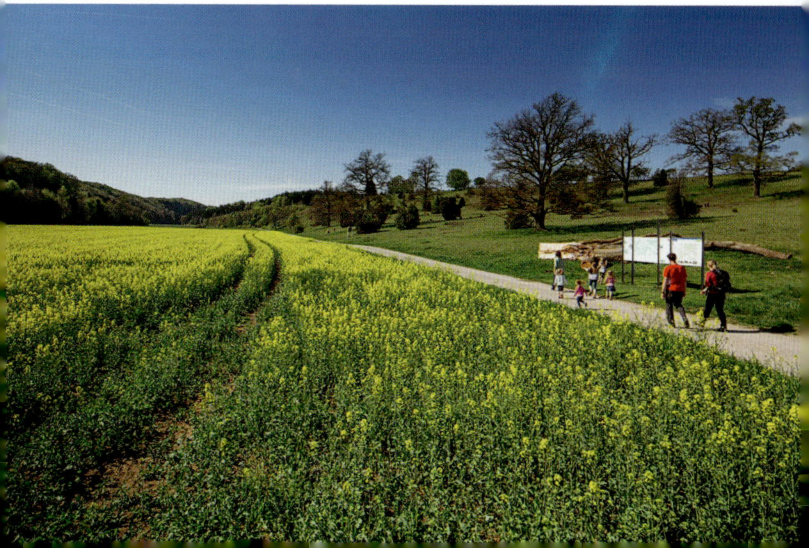

seiner Schafherde. Weiter geht es auf dem unbefestigten Wiesenweg Richtung **Hungerbrunnental**. Ausgedehnte Wacholderheiden mit imposanten Baumveteranen, die man während einer Pause auf der Albliege genießen kann, säumen unseren Weg. Auf der Gemeindeverbindungsstraße Heldenfingen–Ballendorf gehen wir nach links ins Tal hinunter und wenden uns unten am Parkplatz nach rechts. Nur wenige Meter sind es noch bis zum **Hungerbrunnen** 5, einer meist trockenen Karstquelle.

Unterwegs kommen wir an einigen Skulpturen des **Urwelt Mosaik Skulpturenpfads Schwäbische Alb (UMoSSA)** vorbei. Seit 2014 kann man hier Skulpturen bewundern, die ausschließlich aus Mosaiken bestehen. Über eine Ausschreibung der Deutschen Organisation für Mosaikkunst e. V. meldeten sich zahlreiche Künstler und Künstlerinnen.

Ein besonderes Tal – das Hungerbrunnental

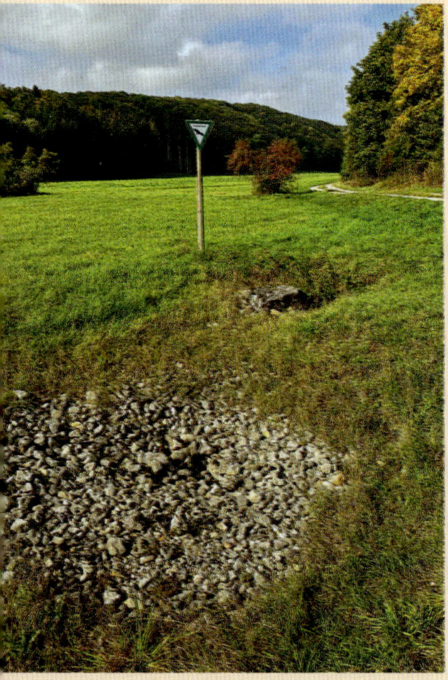

Versiegte Quelle (oben) und sprudelnde Quelle (rechte Seite)

Unregelmäßig und nur in feuchten Jahren sprudelt aus der Quelle, die wir versteckt als Steinmulde auf der Wiese wahrnehmen, Wasser. Doch wenn das Wasser erst einmal fließt, dann sind es bis zu 700 Liter pro Sekunde. Das Wasser bahnt sich seinen Weg über ca. 8,5 km bis in die Lone. Da auch das Bachbett aus Karstgestein besteht, versickert Wasser und an der Mündung kommt weniger an, als die Quelle hergibt. Als man um die geologischen Fakten noch nicht wusste, kamen die Menschen zur Quelle als Kultplatz.

Auch als Orakel diente der Hungerbrunnen. Man hatte beobachtet, dass er in den Jahren Wasser gab, in denen es während der Blüte oder der Kornreife zu viel regnete und so die Ernte verfaulte. Hungersnot bis hin zu Krieg waren die Folge. Auch zu Beginn des Zweiten Weltkrieges soll der Brunnen gelau-

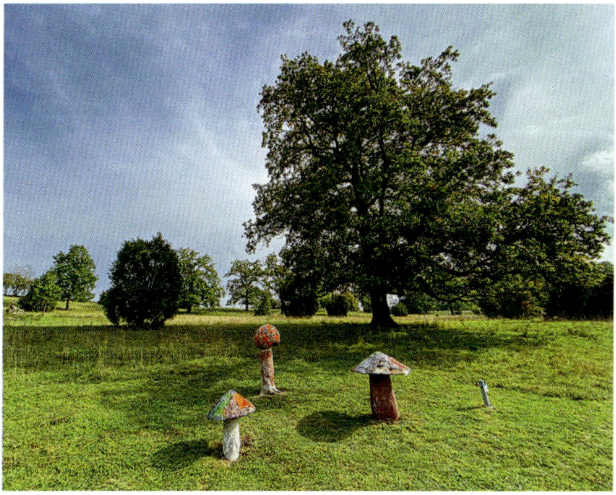

Kunstformen der Natur von Ulrike Häußler auf dem Urwelt Mosaik Skulpturenpfad Schwäbische Alb (UMoSSA)

fen sein. Geologisch erklärt sprudelt aus dieser periodischen Quelle nur dann Wasser, wenn der unterirdische Karstwasserspiegel bis auf die Höhe der Quelle ansteigt. Das geschieht nach einer langen Regenperiode oder bei starker Schneeschmelze. Liegt ein Tal immer über dem Karstwasserspiegel, so gibt es nie Wasser und man spricht, wie beispielsweise beim Wental, von einem Trockental. Schneidet ein Tal den Karstwasserspiegel, dann sprudelt das kühle Nass regelmäßig, wie aus dem Brenztopf.

Um Ostern hat das Tal eine weitere Geschichte zu erzählen. Seit 1533 ist belegt, dass sich die Jugend aus Heldenfingen, Heuchlingen und Altheim am Ostermontag und den beiden darauffolgenden Sonntagen hier zum Tanz traf. Zu Beginn des 18. Jahrhunderts wurden die Tänze aus moralischen Gründen und wegen Ausschreitungen verboten, doch seit mindestens 1844 lebt der Brauch wieder auf. Der sogenannte Brezgenmarkt ist der erste Markt des Jahres und zieht zum Palmsonntag bis zu 30000 Besucher an. Die dort angebotene traditionelle Palmbrezel aus Hefeteig geht auf den Brauch in der Ulmer Region zurück, dass junge Männer den Mädchen am Palmsonntag Brezeln schenkten und an Ostern dafür Eier erhielten.

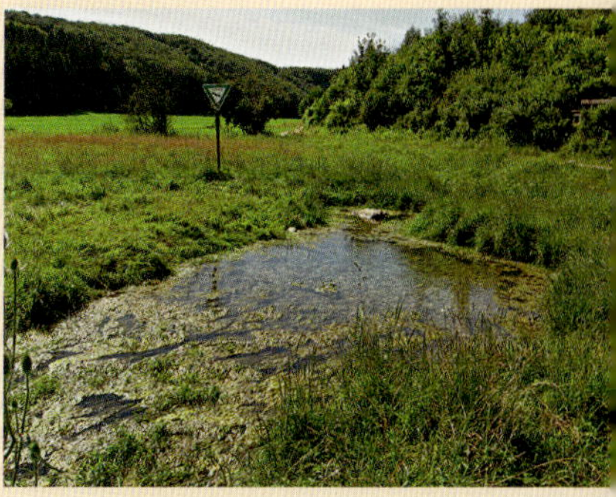

INFOS

www.gerstetten.de
www.geopark-alb.de
www.krippe-heldenfingen.de
www.heldenfingen.albverein.eu
www.gerstetten.albverein.eu
www.kulturelle-alb-partie.de
www.efa-bw.de

KOJE – mobiler Holzkarren beim Weilerbauer
Weilerstr. 19
89547 Gerstetten-Dettingen
(01 75) 2 05 64 94 od.
(0 73 24) 7 04 22 34
www.weilerbauer.de

Neun Frauen, darunter die Organisatorin Andrea Neumayer aus Heldenfingen, dürfen ihre Werke seitdem an verschiedenen Stellen auf Gerstetter Gemarkung ausstellen. Gefördert wurde das Projekt von der Gemeinde Gerstetten und der EU im Rahmen der LEADER-Förderung.

Durch das Hungerbrunnental wandern wir weiter auf dem breiten Schotterweg mit seinen Kurven bis zum ehemaligen **Skihang der Gemeinde Altheim (Alb) im Hirschental** 6. Weil sich der Lift wegen ausbleibender Schneefälle nicht mehr rentierte, wurde dieser abgebaut. Heute ist der Hang zum Biotop geworden, welches von Schäfer Banzhaf beweidet wird. In seiner Herde befinden sich eine ganze Reihe von Pistenschafen, zu erkennen an einem in die Wolle gefärbten »A«. Ihre Wolle wird unter dem Label »Pistenschaf – die Altheimer Skihangwolle« zusammen mit weiterer Wolle aus deutscher Wandschäferei als Strickgarn auf dem Altheimer Lichtmessmarkt von den Landfrauen feilgeboten.

Beim Überqueren der Straße bitte vorsichtig sein und erst am linken Straßenrain bis auf Höhe des Parkplatzes gehen! Vom Parkplatz aus geht es geradeaus, dann schräg rechts in den Wald hinein und im Wald nochmals rechts. Wir kommen auf eine Wiese neben der Landesstraße und gehen nach links, bis wir auf einen Schotterweg gelangen, in welchen wir ebenfalls nach links einbiegen. Dem Weg folgend gelangen wir durch das **Gassental** und das **Säuberes**

Herrlich ruhiges Gassental

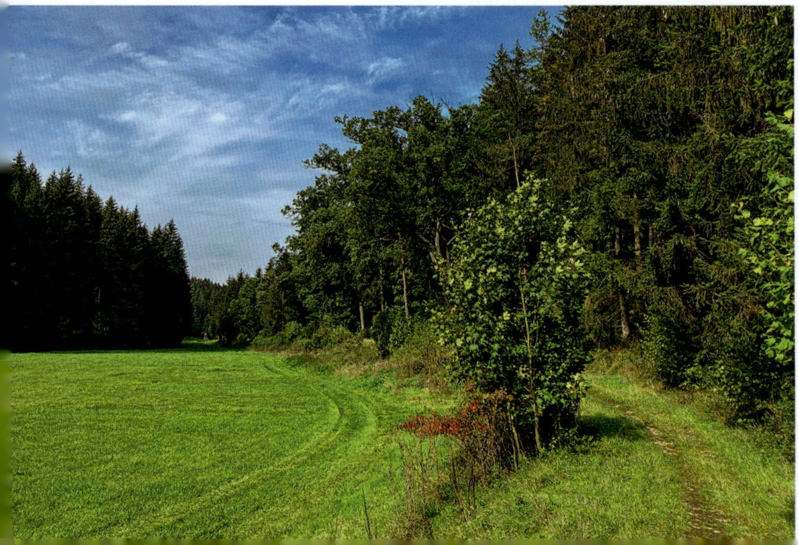

Tal. An einer Gabelung mit hübsch geschnitzter Bank halten wir uns schräg rechts und kommen an die Langlaufhütte vom SG Gerstetten mit Picknickplatz 7. Hier biegen wir nach rechts ab und gehen unterhalb des Skilifts über die Heide.

Nach einiger Zeit geht der Schotterweg in Teer über und wir kommen immer weiter hinauf auf den Höhenrücken, von wo aus wir **Gerstetten** erblicken. Gegründet wurde der Ort vermutlich im 6./7. Jahrhundert und fand erstmals im Jahr 1116/1120 urkundliche Erwähnung. Da hier ein wichtiger Handelsplatz für Salz entstanden war, erhielt Gerstetten bereits 1463 das Marktrecht. Die Inbetriebnahme der Nebenbahnlinie Amstetten–Gerstetten im Jahr 1906, die leider nicht mehr bis ins Brenztal weitergebaut wurde, brachte wirtschaftlichen Aufschwung.

An der T-Kreuzung gehen wir nach rechts und haben am Wegkreuz unser Etappenziel erreicht. An den **Eglenseen** 8 zwischen den hohen Bäumen können wir nach der Tour entspannen und zwei weitere Mosaik-Skulpturen betrachten. Die Seen haben ihren Namen von ihren heilbringenden früheren Bewohnern, den Egeln. Wegen der versiegelnden Lehm- und Tonschicht versickert das Wasser hier nicht. So wurden die Seen erst als Ort zum Schwimmenlernen, später als Trinkwasserspeicher genutzt.

Wer sonntags in Gerstetten ankommt, kann sich das **Riffmuseum** mit Geopark-Infostelle und das **Eisenbahnmuseum** im Bahnhof Gerstetten (Infos hierzu bei der Zeitspur Kuppenalb) ansehen.

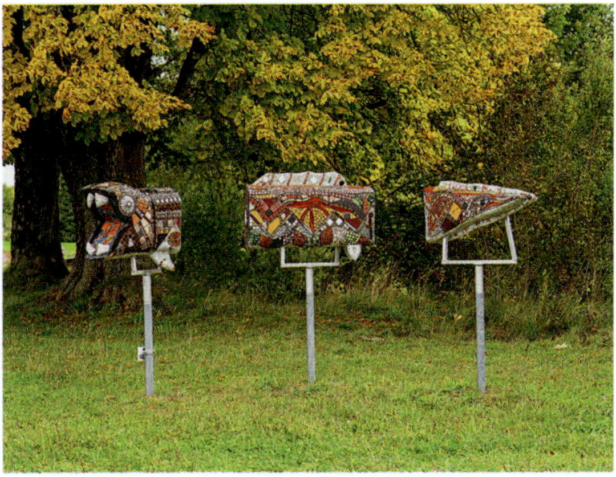

»Die Hüterin des alten Wissens« von Dajana von Fintel

Landgasthof Ochsen
(organisiert Transportservice)
Molkereistr. 7
89547 Gerstetten-Heldenfingen
(0 73 23) 52 41
www.ochsen-heldenfingen.de

Gästehaus Krone
(organisiert Transportservice)
Marktstr. 17
89547 Gerstetten-Gussenstadt
(0 73 23) 62 98
www.krone-gussenstadt.de

Hotel Landgasthof Hirsch (organisiert Transportservice)
Marktstr. 1
89547 Gerstetten-Gussenstadt
(0 73 23) 63 39
www.hirsch-gussenstadt.de

Schäferkarren auf dem Kulturhof
Erpfenhausen 1
89547 Gerstetten-Erpfenhausen
(0 73 23) 92 06 34
www.kulturhof-erpfenhausen.de

Die Schäferfamilie Banzhaf

1994 siedelte die Schäferei an den jetzigen Standort südlich von Heldenfingen aus. Nachdem der Großvater nicht mehr auf die Winterweide zog, reichte die Stallkapazität am Hof im Ort nicht mehr aus. Heute betreibt Holger Banzhaf die Schäferei gemeinsam mit seiner Tochter Laura als GbR im Haupterwerb in 3. und 4. Generation. Die ganze Familie und auch einige Freunde helfen mit. Er ist ausgebildeter Tierwirtschaftsmeister mit der Fachrichtung Schäferei. Laura hat die dreijährige Ausbildung bei Andreas Hopfenziz in Hürben und die Berufsschule in Ulm und im bayerischen Triesdorf absolviert. Zusammen beweiden sie mit ihren ca. 650 Merinolandschafen die Flächen rund um Heldenfingen, im Hungerbrunnental bis Altheim, Gerstetten und Zähringen. Die Banzhafs sind Mitglied in der Initiative Ostalb Lamm, vermark-

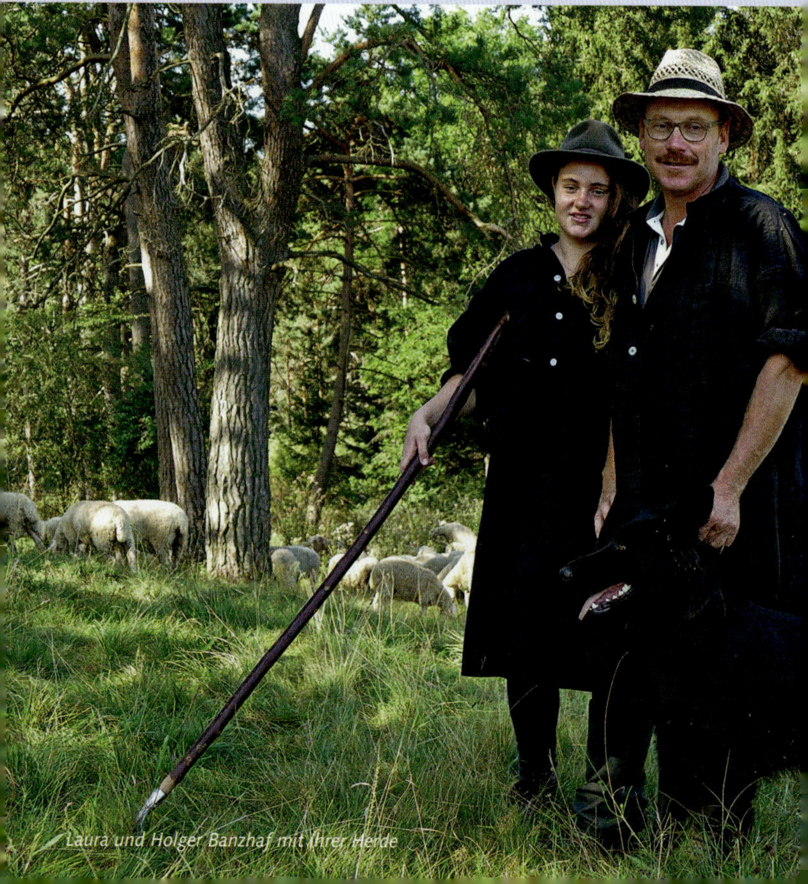

Laura und Holger Banzhaf mit ihrer Herde

ten ihre Lämmer selbst, beliefern Gasthäuser und Metzgereien in der Umgebung.

Was gehört alles zum Hüten?

Holger Banzhaf machte sich in seiner Zunft einen Namen beim Leistungshüten. Auf Landesebene gewann er einige Wettbewerbe. Seit mehr als 10 Jahren ist er nun Richter beim Leistungswettbewerb des Landesschafzuchtverbandes Baden-Württemberg und 2018 fand das Bundesleistungshüten auf seinem Hof statt. Zu den Aufgaben beim Leistungshüten gehören: 300 Schafe unter Kontrolle halten, sie aus dem Pferch und im Straßenverkehr führen, sie auf einer großen Fläche sowie einer kleinen hüten – also alles Dinge, die ein Schäfer tagein, tagaus zu tun hat.

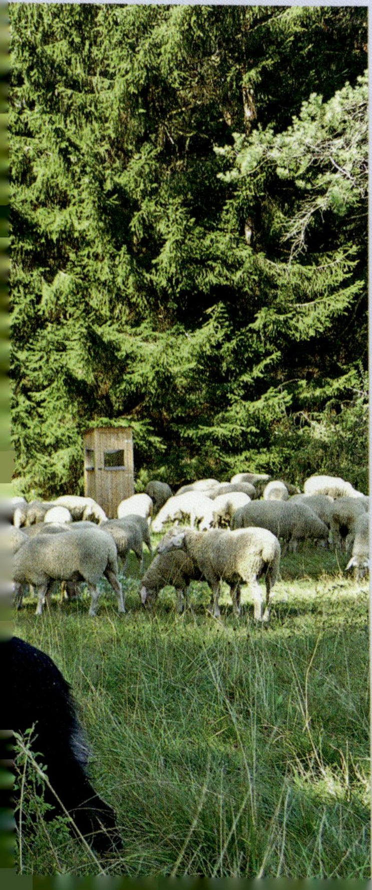

Treue Helfer sind dabei die Hunde. Beliebt sind Altdeutsche Hütehunde und Deutsche Schäferhunde. Ihre Ausbildung dauert etwa drei Jahre und wird vom Schäfer selbst durchgeführt. Ihre Aufgabe ist es, auf Kommando oder von allein die Herde beisammenzuhalten, sie von Straßen und schmackhaften Feldern wegzulenken und sie zu beschützen.

Zum Hüten gehört auch die Schippe. Auf diese kann sich der Schäfer lehnen, was das Stehen erleichtert. Giftige oder dornige Pflanzen können mit ihr auch ausgestochen werden und den kleinen Haken nutzt der Schäfer manchmal, um seine Schäfchen behutsam einzufangen. Vor Schmutz und Dornen, Wind und Wetter schützt den Schäfer sein schwarzes langes Hemd.

Wie pfiffig Banzhaf beim Hüten ist, beweist auch die WhatsApp-Gruppe, die er mit den Hundebesitzern im Umkreis hat. Darin informiert er, wo er mit seiner Herde unterwegs ist, sodass es zu keinen Konflikten zwischen freilaufenden Hunden und den Schafen kommt.

Gerstetten bis Steinheim am Albuch 4

Über die Kraft der Elemente vom Wasserturm zum Meteorkrater

5 Std.

18,3 km

▲ 263 ▼ 360 hm

Wald- und aussichtsreiche mittelschwere längere Wanderung

Vom Etappenende bis Steinheim 1,8 km

Gerstetten – Wasserturm – Grillstelle Drei-Wetter-Tannen – Küpfendorf – Sontheimer Wirtshäusle – Siedlung Ziegelhütte – Schafhof Smietana

Eglenseen, Wasserturm Gerstetten, Steinheimer Becken, Burgstall, Knillwäldchen, Aussicht auf Steinheim, Kraterbecken, Zentralhügel und ins Stubental

Von den Gerstetter Eglenseen wandern wir durch dichte Mischwälder, über Wacholderheiden und Hochflächen. Die Grillstelle »Drei-Wetter-Tannen« lädt zu einem Päuschen ein, bevor wir das malerische Albdorf Küpfendorf erreichen. Wenige Schritte weiter und wir sehen den Kraterrand, den ein Meteoriteneinschlag vor ca. 15 Mio. Jahren hinterlassen hat. Wir steigen hinauf und haben einen beeindruckenden Ausblick zum einst entstandenen Zentralhügel.

In **Gerstetten** starten wir bei den Eglenseen (1) am Wegkreuz mit einem Blick zurück ins Tal, wo wir hergekommen sind. Wir biegen nach links ab und kommen durch eine Gartenanlage zur L 1164, die wir nach wenigen Schritten auf dem Fußweg nach links überqueren. Hinter einem kleinen abgezäunten Grundstück geht es auf einem Wiesenweg den Hang hinauf und entlang – mit einem herrlichen Blick auf Gerstetten und sein Wahrzeichen, den **Wasserturm**.

Nach etwa 350 m biegen wir nach links über die Wiese ab und gelangen auf einen Asphaltweg, dem wir 600 m nach rechts folgen. An der Wegkreuzung gehen wir geradeaus

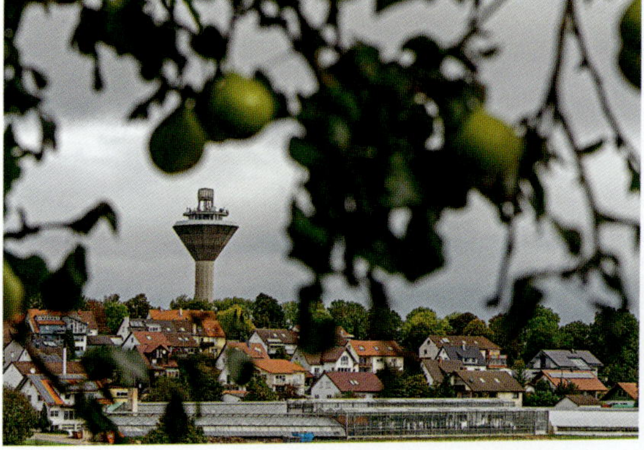

Blick auf Gerstetten mit dem markanten Wasserturm

Wasserversorgung in Gerstetten

War vor 200 Mio. Jahren das Gebiet noch vom Jurameer überflutet, bereitete in der Neuzeit die durch die Verkarstung hervorgerufene Wasserarmut dem Landstrich große Probleme. Noch in der Nachkriegszeit musste das Wasser für die Versorgung der Tiere mit Zinkeimern über eine Zisterne geholt werden. Bis in die 80er Jahre blieb die Wasserversorgung ein Problem. Der Wasserdruck aus dem Tal war zu schwach, um die immer größer werdenden Siedlungen mit ausreichend Wasser zu versorgen. 1982 wurde deshalb der Wasserturm gebaut. Dieser funktioniert so: Das Trinkwasser kommt vom Erdspeicher in Gerstetten in der unteren Etage des Turmes über Rohre herein und wird 38 m nach oben gepumpt. Oben im Kelch des Turmes mit einem Durchmesser von 22 m befindet sich ein 400 000 Liter fassender Wasserspeicher. Die Fallhöhe bewirkt, dass die angeschlossenen Haushalte ihr Wasser mit gleichmäßigem Druck erhalten.

Von Mai bis Oktober kann man an Sonn- und Feiertagen den Turm auch besteigen und die Aussicht über die Albhochfläche, bei klarem Wetter bis zum Alpenhauptkamm genießen. Darum kümmert sich der Schwäbische Albverein (Ortsgruppe Gerstetten).

weiter, folgen nach etwa 350 m links der Markierung, kommen zu einer Gärtnerei und wandern dort vor der Hecke rechts auf dem Wiesenweg entlang, bis wir am Ende der Gartenanlagen links hoch zum Müllerweg abbiegen. Diesen gehen wir nach links nur ein kurzes Stück entlang, dann rechts hinauf zum **Wasserturm** ❷.

Vom Wasserturm führt der Albschäferweg zunächst auf der Straße Ameisenbühl entlang, nach 200 m dann rechts weg und am Ortsrand nach links über die Wiese zum **Waldfriedhof** ❸ mit riesigen Bäumen und einer öffentlichen Toilette. Hier orientieren wir uns erst am Zaun des Friedhofs, biegen dann an der Wegmarkierung Ameisenbühl nach rechts auf den breiten Schotterweg ab, um uns kurz darauf schräg links auf einen schmalen Waldweg zu wenden.

Diesem folgen wir ca. 1,5 km, bis wir den Wald wieder verlassen und auf eine malerische Wacholderheide ❹ stoßen. Wir gehen geradeaus durch die Senke weiter, kommen wieder in den Wald, der auf seine Art mystisch ist, und gelangen zur Grillstelle **»Drei-Wetter-Tannen«** ❺. Diese sind grob geschätzt etwa 100 Jahre alt, keine Tannen, sondern

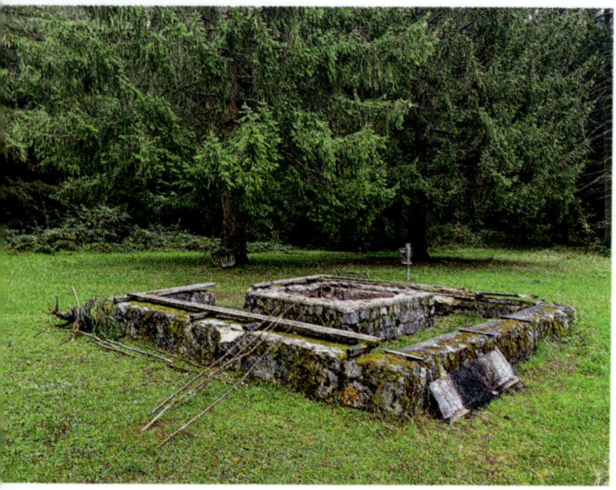

Grillstelle »Drei-Wetter-Tannen«

Fichten und bieten nicht nur Wanderern, sondern auch Schafherden Schutz vor Unwettern und Hitze. Die intensive Fichtenwirtschaft begann in Gerstetten kurz nach der Einführung der Mark, des »neuen Geldes« ab 1872. Den Anstoß hierzu gab der große Waldliebhaber Schultheiß Friedrich-August Fink.

Nach einigen Schritten im Wald gehen wir schließlich wieder über eine ausgedehnte Heidefläche und biegen dann nach rechts auf das Schleimteichsträßle, einen breiten Schotterwaldweg, ab. Rechts im Wald liegt eine weitere Grillstelle. Würden wir nach links abbiegen, kämen wir nach Erpfenhausen mit seinem früheren Gasthof und heutigen Kulturhof. Ein Abstecher hierhin lohnt sich, wenn man Lust auf eine Nacht im nagelneuen Schäferwagen hat und sich die Ruhe und Abgeschiedenheit der Natur für einige Stunden erhalten möchte. Weniger ruhig geht es auf dem Hof zu, wenn die

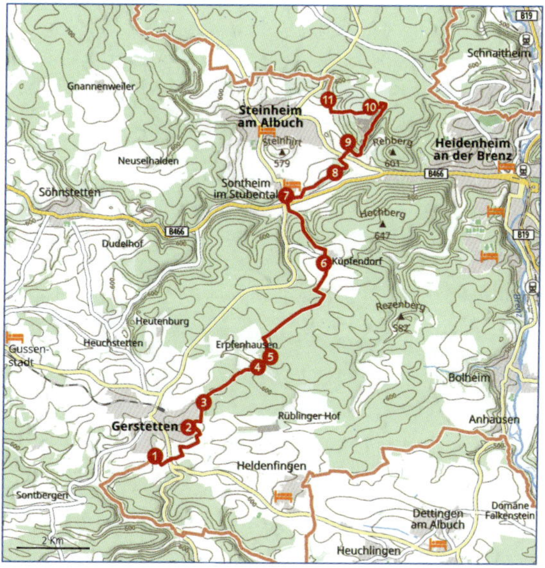

VERPFLEGUNG

Gerstetten (S, B, M, E); Sontheim i. St. (E, Hofläden); Steinheim (S, B, M, E)

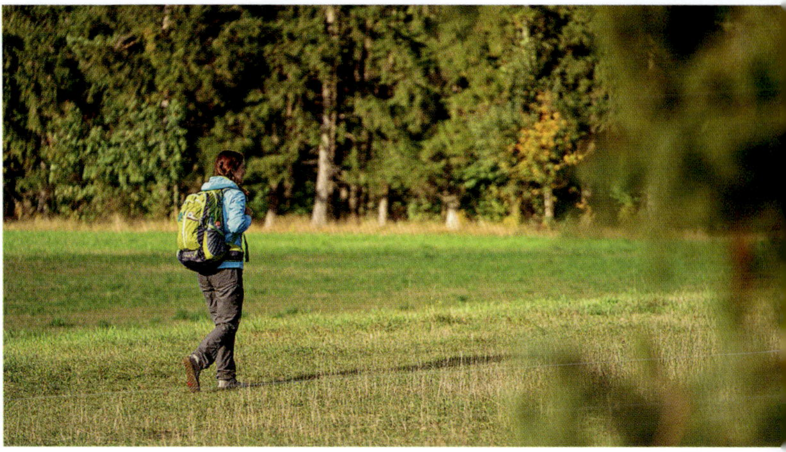

Wandern über Wiesen, durch Wälder und über Wacholderheiden

Scheune für Veranstaltungen vermietet wurde oder ein kulturelles Event stattfindet. Das Betreiberpaar Sonja Banzhaf und Benny Jäger hat den Hof von Sonjas Eltern übernommen und zur Event-Location ausgebaut. Benny Jäger kennt man auch als Bassist in Herrn Stumpfes Zieh & Zupf Kapelle.

Auf gut 2 km gehen wir also geradeaus, biegen dann an einer großen Weggabelung nach links ab und kommen auf einem schönen Waldweg mit einer Rechtskurve aus dem Wald hinaus auf eine Hochfläche. Vor uns sehen wir bereits **Küpfendorf** ❻, ein typisches Albdorf mit ca. 24 Haushalten, Dorfplatz, Dorfhülbe, Brunnen, Höfen, Wiesen, Obstbäumen und Wald in der Umgebung. Wir gehen darauf zu, biegen jedoch kurz vor dem Ortseingang am Küpfendorfer Hochbehälter und einem Picknickplatz nach links ab. Hier kann man schön rasten und die Geschichte auf der Schäferstele lesen.

Der Wanderweg führt uns auf der linken Seite um den Weiler herum und an Streuobstwiesen vorbei. Auch der Gang durch das Dorf hindurch lohnt sich. An der T-Kreuzung der Straße Küpfendorf biegen wir nach links ab und an der Picknickbank am Waldrand orientieren wir uns am rechten der beiden Wege in den Wald hinein. Schmale Wanderwege führen durch ihn hindurch hinunter nach Sontheim im Stubental. Nach dem Verlassen des Waldes wenden wir uns nach rechts und kommen über die Ampelanlage an der B466 zum **Sontheimer Wirtshäusle**, welches wir rechts liegen lassen.

Nachhaltiges Dorf Sontheim im Stubental

In diesem Ort mit ca. 560 Einwohnern gibt es keinen Supermarkt, aber drei Hofläden; zwei davon arbeiten als Bioland-Höfe. Der Landkreis Heidenheim ist übrigens Biomusterregion. Brot, Milch, Obst, Gemüse, Wurst und Käse direkt vom Erzeuger sind die perfekte Ausstattung für ein zünftiges Picknick.

Und wer Glück hat, der kommt in Sontheim an, wenn die Dorfgemeinschaft »Altes Backhaus« gerade eines ihrer Sommer- oder Herbstfeste veranstaltet. Dann wird Brot- oder Zwiebelkuchen gebacken. Der Verein hat auch einen alten Bierkeller im Burgstall renoviert und als Fledermauskeller hergerichtet.

Burg »Michelstein« und der heutige Burgstall

Es liegt nahe, dass auf einem so exponierten Bergkegel einst eine Burg gestanden hat. Leider ist von der mittelalterlichen Burg bis auf ein paar behauene Steine kaum noch etwas zu erkennen. Die ansässigen Herren nannten sich »Beringerus et Otto de Suntheim«. Ende des 14. Jahrhunderts wurde die Burg an das Kloster Königsbronn übertragen.

Die Besiedlung des Gewanns um den Burgstall begann jedoch schon viel früher, vermutlich im 3./4. Jahrhundert durch die Alamannen. Anreiz für das Niederlassen in dieser Gegend war das vorkommende Erz. Belege für diese Zeit liefern Gräber. Das Gehöft soll 60 × 65 m groß gewesen sein.

Einst stand hier oben eine Burg.

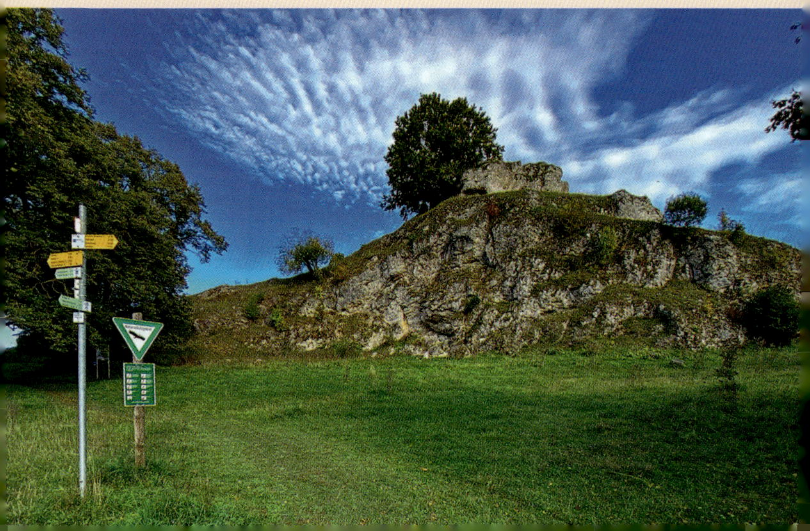

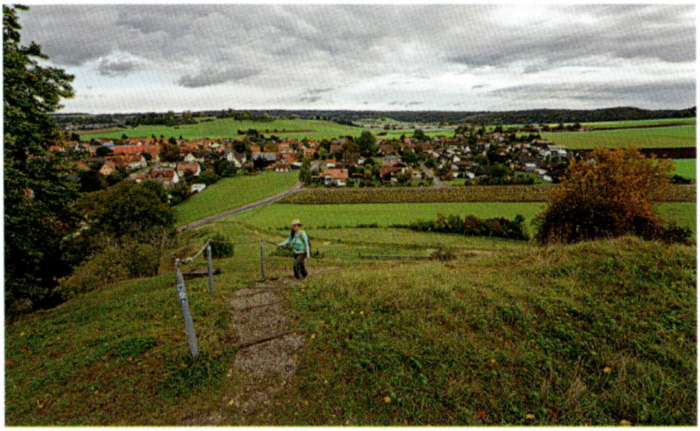

Aufstieg auf den Kraterrand mit Sontheim im Rücken

Wir gehen kurz hinter dem Wirtshäusle gemeinsam mit dem **Meteorkrater-Rundwanderweg** nach rechts auf den **Burgstall** 7, vorbei an einer Schafstränke und auf den Kraterrand des **Steinheimer Meteorkraters** (Infos hierzu bei der Zeitspur Meteorkrater-Rundwanderweg). Ab hier bewegen wir uns fast ausschließlich im Naturschutzgebiet und halten uns an die bekannten Verhaltensregeln.

Vom Burgstall aus erwartet uns eine grandiose Aussicht über das heute noch 120 m tiefer als die Umgebung liegende Kraterbecken auf der einen Seite und auf der anderen Seite ins Stubental mit seiner wichtigen Straßenverbindung Richtung Stuttgart, der B 466. Dort sehen wir auf der gegenüberliegenden Talseite einen alleinstehenden historischen Schafstall, der heute keine Schafe, sondern Maschinen und im Gewölbekeller Fledermäuse beherbergt. Weitere Aussichtspunkte säumen den Weg bis zum **Knillwäldchen** 8. Zu diesem Buchenwald, der vom Sontheimer Schäfer Niederberger als Unterstellort für seine Schafherden während der sommerlichen Hitze genutzt wird, gelangen wir, indem wir uns immer auf der Sontheimer Seite des Hügels orientieren, dem Wiesenweg nach links folgen, ein kleines Stück über Asphalt gehen und dann wieder nach rechts auf die Wiese abbiegen. Beim sanften Aufstieg auf den Knillberg haben wir die Möglichkeit, den Ausblick zu genießen.

Wir gehen geradeaus auf dem Bergrücken weiter, bis uns Stufen hinunter zum Lerzgraben führen. In früheren Jahren floss hier das Wasser des Flusses aus dem Wental ins Stubental. Der Weg verläuft mit einer Rechtsabbiegung zur Landesstraße L 1163, die wir überqueren. Hier bitte wieder aufmerksam sein. Es geht durch die Siedlung **Ziegelhütte** 9, in der wir uns rechts halten. Hierher hatte sich

INFOS

www.gerstetten.de
www.steinheim.com
www.gerstetten.albverein.eu
www.kulturhof-erpfenhausen.de
www.dorfgemeinschaft-sontheim.de
www.schafhof-steinheim.de
www.biomusterregionen-bw.de
www.albuch.de
www.ostalblamm.de
www.efa-bw.de

Sontheimer Wirtshäusle
Wirtshäusle 1
89555 Steinheim-Sontheim i. St.
(0 73 29) 50 41
www.sontheimer-wirtshaeusle.de

sKreuz Steinheim (Hotel Gasthof Zum Kreuz)
Hauptstr. 26
89555 Steinheim am Albuch
(0 73 29) 9 61 50
www.skreuz.de

Abstecher nach Steinheim

Es lohnt sich, die Heimatstube im ehemaligen Klosterhof zu besichtigen. Die Öffnungszeiten sind zwar eingeschränkt, aber für Gruppen werden Führungen angeboten. Das Kloster wurde 1190 als Chorherrenstift gegründet. Über die Jahre wechselte es mehrfach den Besitzer, wurde 1303 zur Ausstattung des Klosters Königsbronn verwendet, ging 1740 durch Kauf an das Haus Württemberg und befindet sich heute in Privatbesitz. In der Heimatstube, die im östlichen Hausteil untergebracht ist, kann man die alte Schmiede und Klosterküche besichtigen. Auch die Sammlung von Sofonias Theuß ist hier untergebracht.

Klosterhof von Steinheim

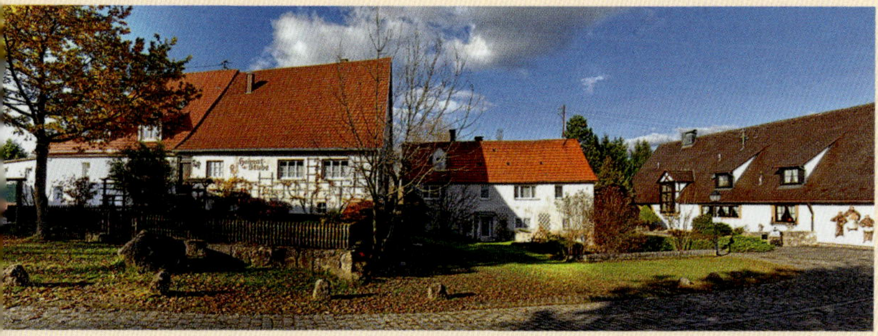

Sofonias Theuß (1875–1945) nach seiner Soldatenzeit zurückgezogen. Kurz vor Kriegsende wurde er von den Nazis wegen Wehrkraftzersetzung verhaftet und hingerichtet. Der »Einsiedler von Steinheim« hinterließ umfangreiche Schriften und Berichte aus seiner Zeit sowie eine chinesische Sammlung, die er während des Boxeraufstands in China zusammengetragen hatte. Sie ist in der Heimatstube im Klosterhof ausgestellt.

Nach wenigen weiteren Schritten zweigt ein Weg nach links über eine Heide ab und auf dem steilen Waldpfad gelangen wir hinauf zur **Schäfhalde** ⑩ auf 630 m Höhe. Eine bequeme Variante, allerdings über Schotterwege, steht dem Wanderer hier zur Auswahl. Unterwegs auf dem Pfad haben wir das Finkenbuschsträßle gekreuzt. Oben angelangt führt der Pfad nach rechts auf der Heidefläche entlang des **Segelflugplatzes** der Fliegergruppe Heidenheim/Steinheim. Hier wird bereits seit 1934 geflogen. Unterbrochen wurden die Flüge durch den Zweiten Weltkrieg und das darauffolgende Flugverbot. Im März 1953 startete zum ersten Mal wieder ein selbstgebauter Schulgleiter von der Schäfhalde. Dies hatte allerdings einige Überzeugungsarbeit beim Gemeinderat erfordert, denn dieser befürchtete Schädigungen an den Getreidefeldern der Bauern. Die Lösung heißt Schleppwinde. Jetzt können die Flieger am gleichen Ort starten und landen und das Vereinsleben blüht.

Nach der **Waldgaststätte Heiderose** kommen wir an eine T-Kreuzung, halten uns links und biegen am Parkplatz wieder nach links ab. Auf dem Parkplatz können wir uns an einer Info-Station über den Meteorkrater belesen. Jetzt führt der Weg über die sogenannte **Schäfhalde**, eine ausgedehnte Wacholderheide mit Blick auf Steinheim. Wir folgen dem Pfad geradeaus hinab zum Rohrbrunnen und dann nach rechts zum Schafhof Steinheim. Die **Schäferfamilie Smietana** ⑪ züchtet Merinolandschafe und im Hofladen (& Regiomat) sind allerlei Produkte rund ums Schaf erhältlich. Die Schäferstele vor dem Hof erzählt die Geschichte über das **Ostalb Lamm** und markiert das Ende der Etappe. Im Kreuz in Steinheim findet man es auf der Speisekarte.

Die Schäfer Werner und Rolf Niederberger

Man trifft Werner und Rolf Niederberger mit ihren ca. 400 Mutterschafen rund um Sontheim am Burgstall, im Knillwäldchen, aber auch Richtung Bolheim, Herbrechtingen, ja sogar bis ins Ugental. Dorthin wird gewandert und die B 466 muss überquert werden, was immer eine Herausforderung ist. Ihren Hof haben sie am Ortsrand von Sontheim im Stubental. Während Werner hauptberuflich Schäfer ist, hütet Rolf im Nebenerwerb. Beide haben die Schäferausbildung absolviert und den Betrieb von ihrem Vater übernommen. Dieser führte den Hof neben einer Vollzeit-Arbeitsstelle. Daher mussten die Jungs schon früh mit anpacken. Für Selbstvermarktung bleibt ihnen keine Zeit. Ihr Lammfleisch verkaufen sie überwiegend über den Handel.

Wofür braucht man einen Schafstall und einen Pferch?

Schafställe findet man meist in der Nähe der Weiden, außerhalb von Ortschaften. So bieten sie kurze Wege für die Herde mit möglichst wenig zu überquerenden Straßen. Früher waren keine großen Ställe notwendig, die Hüte- und Wanderschäfer waren mit ihren Herden das ganze Jahr über draußen. Auch heute sind sie noch die meiste Zeit draußen, nur wenn ein Schaf krank ist oder lammt, kommt es in den Stall und im Winter nur, wenn der Schäfer nicht auf die Winterweide geht und draußen kein Futter mehr zur Verfügung steht. Die Kosten für die Stallhaltung sind hoch, da das Futter dann den Sommer über gemacht oder sogar zugekauft werden muss.

Nicht ungewöhnlich ist es auch, dass Schafställe von Gemeinden gebaut und dem Schäfer kostenlos zur

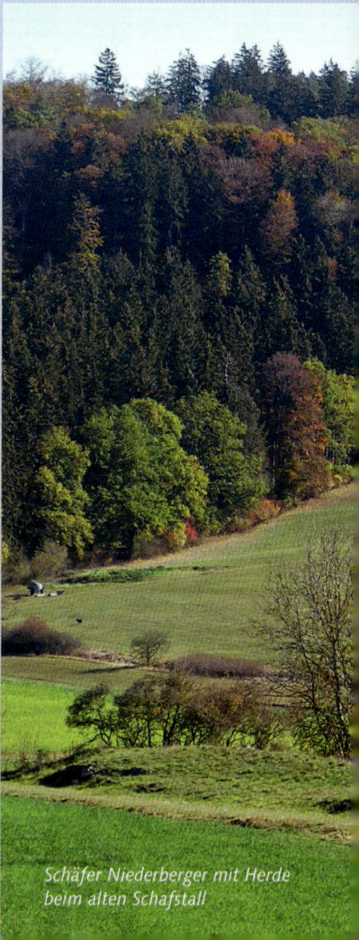

Schäfer Niederberger mit Herde beim alten Schafstall

Verfügung gestellt werden. Dafür pflegt der Schäfer mit seiner Herde die gemeindeeigenen Wacholderflächen und Magerwiesen.

Sobald es die Vegetation zulässt, bleiben die Herden wieder 24 Stunden draußen und ziehen umher. Nachts werden sie auf einem Acker oder auf einer Wiese eingepfercht (heute mit Elektrozaun, früher mit schweren Holzzäunen). Dies dient zu ihrem Schutz und auch dazu, die Überdüngung der Landschaftsschutzflächen zu verhindern. Früher blieb der Schäfer im Schäferkarren und mit Hund bei ihnen. Heute verbringen die Schafe die Nacht allein und der Schäfer fährt mit dem Auto nach Hause. Der Wolf ist in der Gegend zum Glück noch kein Problem.

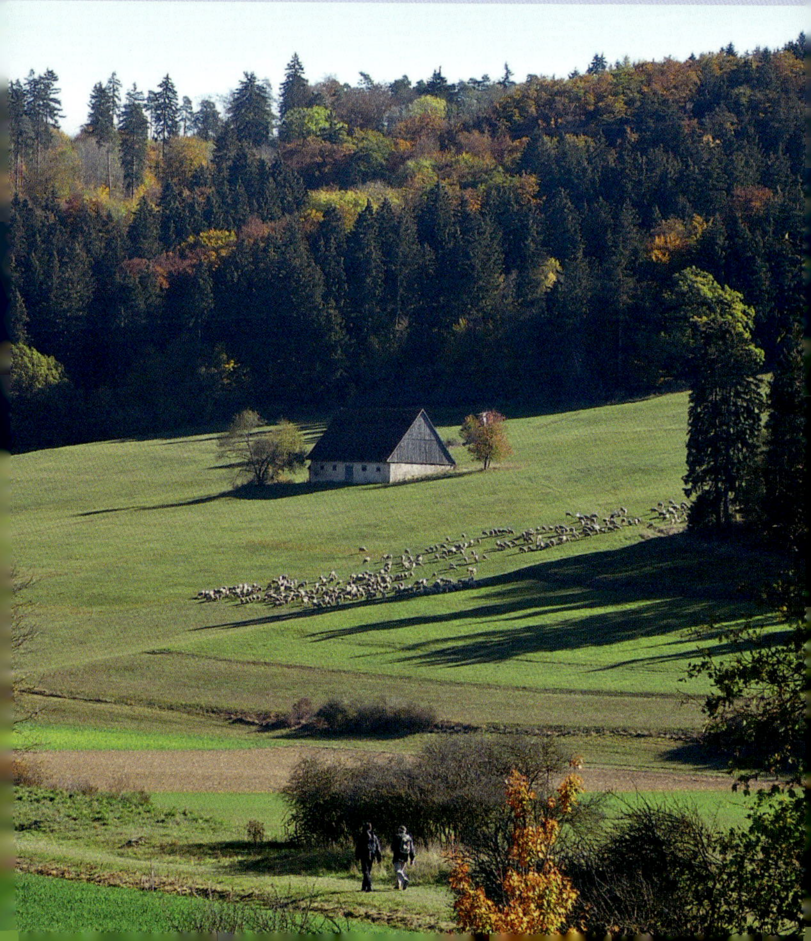

Steinheim am Albuch bis Zang

5

Durch von Wasser und Menschenhand geformte Landschaften

4¼ Std.
15,6 km
▲282 ▼146 hm

Mittelschwere Wanderung mit kurzen Unebenheiten und einem langgezogenen Anstieg

Von Steinheim bis zum Etappenstart 1,8 km

Vom Etappenende bis nach Zang 0,8 km

Schafhof Smietana – Zanger Berg – Doschental – Wentalweible – Felsenmeer – Gmeintal – Wanderparkplatz Zang

Zentralhügel, Kraterrand, Zanger Berg, Ausblick auf Steinheim, Wental, Felsenmeer, Ausblick auf Zang

Wir verabschieden uns von blökenden Merinolandschafen und steigen wieder hinauf auf den Kraterrand. Wunderbare Heidelandschaft und Ausblicke bieten sich uns vom Zanger Berg, bis wir vorbei an der Schreiberhöhle ins Wental mit seinen bizarren Felsformationen und dem Felsenmeer gelangen. Es wurde vor Jahrmillionen durch die Ur-Brenz geformt und ist heute ein beliebtes Ausflugsziel. Dem Trubel entfliehen wir hinein in den Wald, bis wir die Rodungsinsel Zang erblicken.

In Steinheim starten wir am **Schafhof Smietana** 1 an der Busentalhalde und lassen diesen zu unserer Rechten liegen. Drehen wir uns noch einmal um, haben wir den Galgenberg mit einer Höhe von 546 m im Blick. Im 14. Jahrhundert zählte Steinheim als Hauptort des Klosters Königsbronn (Infos hierzu bei der Zeitspur Brenzquellrunde) und

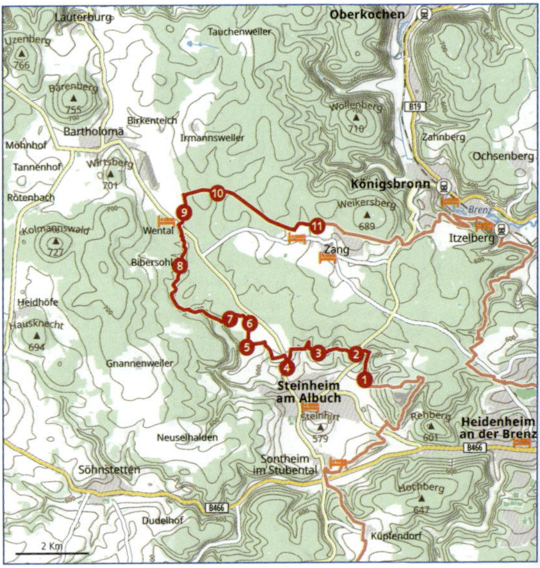

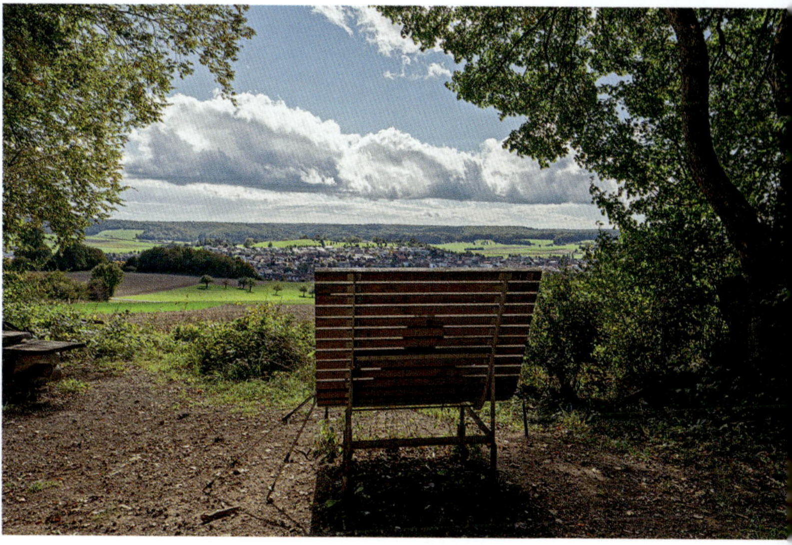

Für eine gemütliche Rast perfekt – eine Albliege

beherbergte das zentrale Gericht der Kloster-Herrschaft inklusive Blutsbann. Ab 1491 konnten hier auch Todesurteile gesprochen und vollstreckt werden. Aus dieser Zeit stammt der Name Galgenberg.

Bei der nächsten Möglichkeit biegen wir nach links auf einen Schaftrieb vom **Busental** hinauf zur Hitzinger Steige ❷ ab. Er ist sehr steil und rutschig. Wir überqueren die Straße und kommen zu einer Grillstelle, die zur Rast einlädt.

Nun geht es am Waldrand entlang weiter. Wir wandern über den herrlichen **Zanger Berg** ❸ und kommen an den alten **Kinderfestplatz**. Das Sedansfest wurde seinerzeit vom Württembergischen Königshaus angeordnet und auch heute noch, wenn auch mittlerweile im Juli, zieht ein Kinderfestzug einmal im Jahr über diese Heide, vorbei an der Sedanlinde. Der Sedantag geht auf die Schlacht von Sedan (eine Stadt im Nordosten Frankreichs) am 1./2. September 1870 im Deutsch-Französischen Krieg zurück. Sie galt als Vorentscheid für den deutschen Sieg. Bis einschließlich 1918 wurde der 2. September als Feiertag gefeiert.

Wir gehen nach schräg rechts versetzt am Festplatz vorbei weiter geradeaus und erreichen bald einen wunderschön gelegenen **Rastplatz mit Sinnespfad und Albliege**. Etwas weiter gelangen wir zu einem Schotterweg, in welchen wir nach schräg rechts einbiegen. Dieser Weg führt

VERPFLEGUNG

Steinheim (S, M, B, E); Wental (E); Zang (Dorfladen, E)

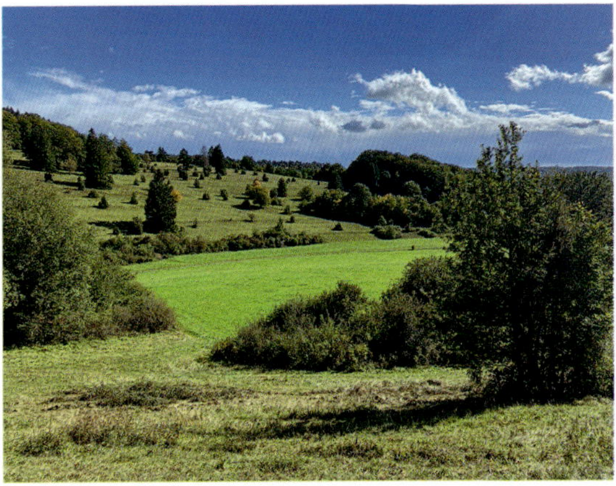

Höllental mit Wacholderheide

uns in die Senke des Höllentals, wo wir scharf nach links abbiegen. Bei der nächsten Möglichkeit biegen wir wieder nach rechts ab und orientieren uns am Waldrand zu unserer Rechten.

Über teils steil ansteigende Waldpfade gelangen wir zu einer T-Kreuzung, biegen hier nach links ab und verlassen den Wald. An der **Infozelle Hohe Steige** 4 können wir uns einmal mehr über den **Meteorkrater** (Infos hierzu bei der Zeitspur Meteorkrater-Rundwanderweg) belesen und die Aussicht auf Steinheim genießen, welche uns schon den ganzen Weg lang begleitet hat.

Wir überqueren die Landstraße L 1165 und gehen weiter auf dem Wiesenweg nach rechts. Im Zickzack (links, rechts, links, rechts) gelangen wir auf die Anhöhe und an den Punkt **Gschwein** 5 auf 632 m Höhe. Hier trennen wir uns vom Meteorkrater-Rundwanderweg, gehen geradeaus auf dem Schotterweg weiter, bis wir hinab zur **Schreiberhöhle** 6 gelangen. Diese gilt als Musterbeispiel einer Schichtfugenhöhle. Sie ist 200 m lang und wurde 1960 bei Abbauarbeiten im kleinen Steinbruch entdeckt. Benannt ist die Höhle, welche Fledermäusen als Winterquartier dient und daher nur in den Sommermonaten besichtigt werden kann, nach dem Heidenheimer Höhlenforscher Walter Schreiber.

Weiter geht es nach links ins **Doschental** 7. Der Weg hier ist sehr uneben und erfordert Trittsicherheit und Achtsamkeit. Das Tal mündet in einen breiten Schotterweg und das Naturschutzgebiet **Wental** 8 mit seinen **bizarren Felsgebilden**.

INFOS

www.steinheim.com
www.koenigsbronn.de
www.albuch.de
www.schafhof-steinheim.de
www.ostalblamm.de
www.efa-bw.de

Landhotel Wental
Wental 1
73566 Bartholomä
(0 71 73) 97 81 90
www.wental.de

Widmann's Alb.leben
(mit Holzwägen, Chalets, Gasthaus)
Struthstr. 17
89551 Königsbronn-Zang
(0 73 28) 9 62 70
www.widmanns-albleben.de

Gasthof zum Hirsch
Zanger Hauptstr. 68
89551 Königsbronn-Zang
(0 73 28) 62 97
www.hirsch-zang.jimdofree.com

Das Wental

Dass wir heute hier wandern können und nicht schwimmen müssen, verdanken wir der zunehmenden Verkarstung des Bodens. Vor Millionen von Jahren floss hier noch ein reißender Bach, ein Zufluss der Ur-Brenz, auch Wedel genannt. Heute versickert das Wasser fast vollständig und kommt erst im Brenztopf zutage; das Wental wird als Trockental bezeichnet. Die bis zu 12 m hohen Felsformationen aus dolomitischem Kalk, welche aus den einstigen Schwammriffen zur Zeit des Jurameers entstanden, zeugen noch von der Zeit des Flusses, denn sie wurden vom Wasser geformt. Während der Eiszeit war der Boden bis zu einer Tiefe von 50 m gefroren. So bahnte sich das Wasser samt all seinem Gesteinsschutt den Weg. Ein 20 bis 30 m tiefes Tal entstand, welches zu einem Kleinod für Wanderer, Flora und Fauna wurde. Durch die besonderen klimatischen Bedingungen haben sich seltene Tier- und Pflanzenarten angesiedelt und das Wental gehört zum Europäischen Schutzgebietsnetz »Natura 2000«.

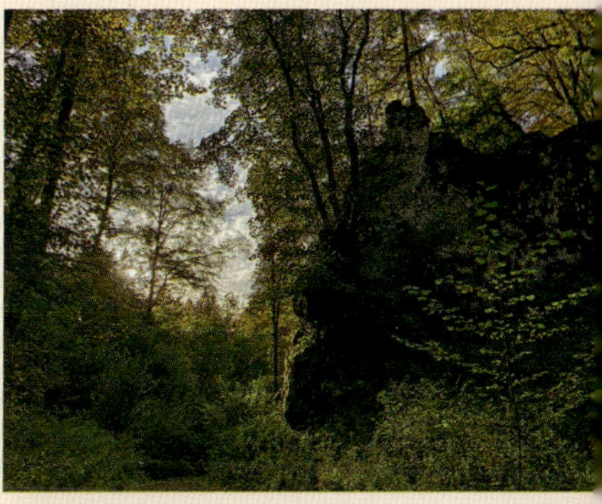

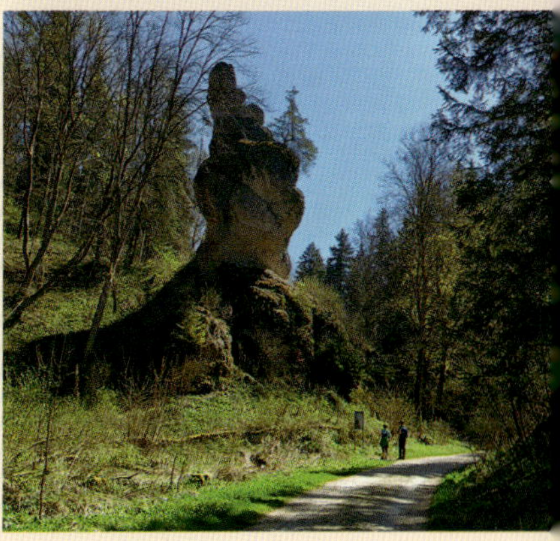

Bizarre Felsformationen »schmücken« das Wental, unten das sogenannte Wentalweible.

Wir wenden uns nach rechts und folgen dem Weg für ca. 4 km bis zum **Landhotel Wental**. Unterwegs kommen wir an einer Schutzhütte und am **Wentalweible** vorbei. Auf einem Schild kann man die Sage zu diesem Felsen lesen. Eine geizige Krämerin aus Steinheim soll hier vom Blitz erschlagen und versteinert worden sein. Grund dafür war der Betrug an ihren Kunden durch Wucherpreise und falsch abgemessene Waren. In der Nacht des 30. Novembers soll ihr Geist die Gegend noch heute unsicher machen und in stürmischen Nächten hört man sie in Reue klagen.

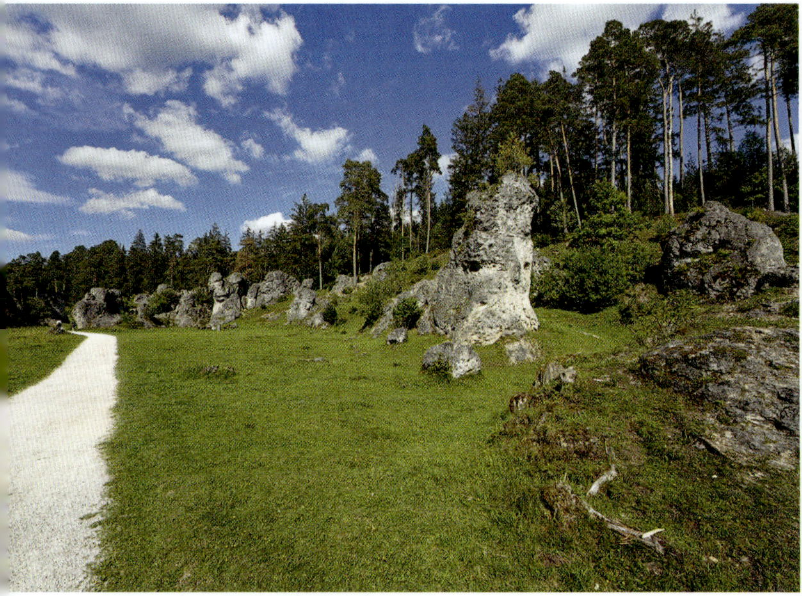

Felsenmeer mit einigen Grill- und Rastplätzen

Am Gasthof überqueren wir die Landstraße L 1165 und gelangen geradeaus ins **Felsenmeer** 9 mit seinen etwa 30 bizarren Felsen. Hier laden einige Grillstellen zum Picknicken ein. Nach etwa 1 km folgen wir dem Wentalweg nach rechts, bis wir an die Lichtung im **Gmeintal** 10 mit Wegspinne kommen. Hier gehen wir geradeaus weiter, können an einer kleinen Schutzhütte jedoch auch noch eine Rast einlegen. Auf dem Kerbenteichweg gehen wir durch den Wald, bis wir beim Verlassen **Zang** 11 und die sogenannte **Rodungsinsel** vor uns erblicken.

Am Waldrand entlang gehen wir erst nach links, dann nach rechts weiter, vorbei an einem Rastplatz mit einer **Schäferstele**, die zum Genuss des Ostalb-Lamms beim Löwen in Zang einlädt, bis zum Waldparkplatz, wo diese Etappe endet.

Regional abgegrenzt, nämlich auf die Ostalb bezogen, gilt das Gütesiegel »Ostalb Lamm«. Zu dieser Initiative haben sich 2004 Hüteschäfer und Gastwirte zusammengetan, zu deren oberstem Gebot die traditionelle und artgerechte Hüteschafhaltung, die Verwendung von Futtermittel aus der Region und ohne gentechnisch veränderte Bestandteile sowie eine ausgezeichnete Fleischqualität zählen.

Rodungsinsel Zang

Zang kommt vom mittelhochdeutschen *sanc*, was »absengen« bedeutet. Um Siedlungsfläche zu gewinnen, hat man besonders im 11. und 12. Jahrhundert Wälder gerodet, das Holz als Bau- und Heizmaterial genutzt und die Baumstümpfe und Wurzeln durch Brand beseitigt. Man erkennt Rodungsinseln auch daran, dass mehrere Freiflächen durch Waldgürtel voneinander getrennt liegen. Meist waren solche Rodungsflächen nicht lange bewohnt, da der magere Boden schnell ausgelaugt war. Zang wurde erstmals 1356 urkundlich erwähnt, im späten Mittelalter wieder verlassen und erst 1537 neu angelegt. Ein Streifzug durch den heutigen Ort bringt einen vorbei am Ensemble aus Pfarr-, Schul- und Rathaus sowie an der Pfarrkirche aus dem Jahr 1780. Highlights der Natur sind das Dolinenfeld »Strut« und die Dorfhülbe, der »Zanger Weiher«, früher Viehtränke, heute Biotop und Freizeitanlage.

Die Schäferfamilie Smietana

Schon der Großvater und der Vater von Johannes (Charly) Smietana waren Schäfer, aber nicht selbstständig. Charly selbst machte erst eine Metzger-Ausbildung, bevor er die Schäfer-Ausbildung und den Tierwirtschaftsmeister mit dem Schwerpunkt Schafhaltung absolvierte. Den Hof in Steinheim hat er mit seiner Frau Andrea seit 1992 von der Gemeinde gepachtet. 1998 kam der Hofladen dazu und seither wird er ständig weiterentwickelt. Andrea stammt aus einer Schäferfamilie von der Westalb. Neben Stallarbeit und Management der Direktvermarktung bietet sie leidenschaftlich gern Hofführungen an und empfängt Schulklassen, Kindergärten und sonstige Gruppen. Mit weiteren Bäuerinnen

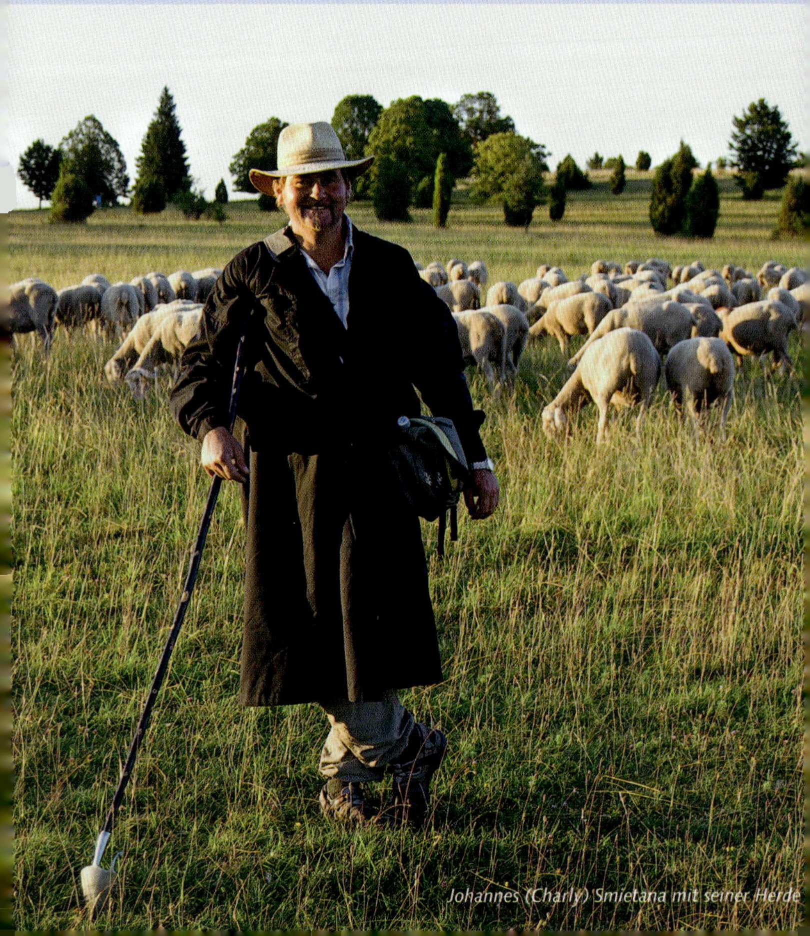

Johannes (Charly) Smietana mit seiner Herde

und Schäferinnen hat sie sich 2009 pädagogisch fortgebildet und ist nun auch Mitglied in der »IG Bauernhof erleben«. Während sie auf dem Hof zu Hause ist, ist Charly einer von etwa 15 Wanderschäfern in Baden-Württemberg und das mit Leib und Seele. Er ist mit den Tieren rund um den Hof, am Meteorkrater, im Wental, Richtung Göppingen, aber auch außerhalb (z. B. in Münsingen) unterwegs. Seine Winterweiden befinden sich derzeit im Neckartal und im Oberschwäbischen bei Biberach. Die Smietanas sind ebenfalls Mitglied in der Initiative Ostalb Lamm. Im Hofladen kann man Lammfleisch, Wurst, Wolle und Felle kaufen. Ist dieser nicht geöffnet, bekommt man Leckeres aus dem Regiomat an der Hofeinfahrt. Um die ca. 800 Merinolandschafe und die anderen Aktivitäten auf dem Hof kümmern sich auch Verkäuferinnen und Verkäufer, Helferinnen und Helfer aus dem Freundeskreis sowie immer wieder Praktikantinnen und Praktikanten. Mindestens einmal im Jahr findet der Mondscheinmarkt mit Ständen regionaler Erzeuger, Kinderprogramm, Schau-Schaf-Schur und Bewirtung statt. (www.schafhof-steinheim.de)

Wo weiden die Schafe und wie kommen sie dorthin?

Seit jeher sind die Schäfer darauf angewiesen, ihre Schafe so gut wie möglich ohne Stallhaltung versorgen zu können. Solange im vorigen Jahrhundert der Schafdung bei den Bauern noch beliebt war, verdienten sie sogar Geld damit, Äcker im Herbst abzuweiden und die Herde über Nacht dort einzupferchen. Im Winter, wenn das Futter knapp wurde, zogen die Albschäfer auf die sogenannten Winterweiden in mildere Regionen, z. B. an den Bodensee und in die Rheinebene, und hüteten auf den Äckern und Weiden der Bauern. Erst im Frühjahr kamen sie wieder nach Hause zurück auf die Sommerweiden. Der Schäferkarren oder eine Bleibe beim Bauern war dann ihr Zuhause. Bis auf die Unterkunft hat sich diese Form der Hüte- und Wanderschäferei seit Jahrhunderten nicht verändert. Im Gegensatz dazu steht die Koppelhaltung.

Während des Marschs zur Winterweide waren sie auf gute Triebwege angewiesen, denn die Schafe müssen ja auch unterwegs fressen. Heute wandern nur noch ganz wenige zu den Winterweiden. Die Triebwege sind schwieriger, neue Straßen, Bau- und Gewerbegebiete haben sie zerschnitten und Weideflächen genommen. Auch beim Bauern sind sie nicht mehr so gern gesehen. Wird es für die wenigen verbliebenen Wanderschäfer zeitlich eng oder herrscht auf dem Triebweg Futterknappheit, dann kommt inzwischen auch mal der Viehtransporter zum Einsatz.

Zang bis Heidenheim an der Brenz 6

Durch historisches Flair, über See-Idylle zu den Knöpfleswäschern

4¼ Std.

16,1 km

▲ 182 ▼ 281 hm

Mittelschwere Wanderung mit langem Ab- und Anstieg

Von Zang (Ortsmitte) bis zum Etappenstart 0,8 km

Vom Etappenende bis nach Heidenheim (Innenstadt) 1,5 km (am besten die Etappe 7 starten und am Brenzpark entlang in die Innenstadt gehen)

Wanderparkplatz Zang – Ruine Herwartstein – Itzelberger See – Bannwald »Siebter Fuß« – Wanderparkplatz Dickhölzle – Naturfreundehaus »Am Hahnenschnabel«

Ruine Herwartstein, Ausblick auf Königsbronn und das Brenztal, Itzelberger See, Heidelandschaft, Ausblick auf Heidenheim

Man könnte die Wanderung direkt mit einer Pause starten, denn der Bänklesweg von Zang lädt dazu ein. Nach naturreichen Kilometern über Höhen und vorbei an Hülben kommen wir an den Standort der einstigen Burg Herwartstein mit herrlichem Ausblick auf Königsbronn und das Brenztal. Nun stehen wir vor der Wahl: hinabsteigen zur Brenzquelle und zum Kloster Königsbronn oder auf naturnahen Wegen direkt zum See der Mönche, dem Itzelberger See, wandern. Die letzten Kilometer bis Heidenheim führen durch ein unberührtes Naturreservat und einen Bannwald.

Wir starten am Waldparkplatz in Zang ❶ und gehen zunächst auf dem **Bänklesweg** ❷, der von Ehrenamtlichen des Schwäbischen Albvereins liebevoll erstellt wurde und gepflegt wird. Insgesamt 12 Bänke an 9 Stationen rund um Zang herum wurden aufgestellt. Jede hat ihren eigenen Namen, den der Hauptinitiator Jürgen Gläß, auch »der Bänker von Zang« genannt, in die Lehnen geschnitzt hat.

Wir orientieren uns immer an den Randhäusern von Zang und lassen sie zu unserer Rechten. Nach etwa einer halben Stunde stößt unser Weg, der stetig bergab verläuft, auf einen weiteren Schotterweg, in welchen wir nach links abbiegen. Diesem Weg folgend, wandern wir eine Rechtskurve und erreichen die Verbindungsstraße ❸ zwischen Königsbronn und Steinheim. Geradeaus (Luftlinie) geht es direkt wieder in den Wald hinein, doch Vorsicht beim Passieren der Straßenkreuzung.

Auf der anderen Seite gehen wir parallel zur Straße auf einem naturnahen schmalen Weg im Wald nach links bis zur Königsbronner **Waldsiedlung** ❹. Diese erreichen wir durch einen kurzen Zickzack (links, rechts) und schon wandern wir durch die Häuserreihen. Wir biegen nach links in den Steinheimer Weg ab und nehmen die zweite Möglichkeit nach rechts in ein kleines Wäldchen hinein. Nach

Burg Herwartstein und das Dorf Springen

Die Burg entstand im frühen Mittelalter, das belegen Ausgrabungen. Namentlich erwähnt wurde sie zum ersten Mal 1240. Verwaltet wurde sie von den Schenken von Herwartstein, die vermutlich im Dienst der Staufer standen. Wenige Jahre später ging die Burg in den Besitz der Grafen von Helfenstein über. Der letzte Besitzer, König Albrecht I., ließ die Burgstelle als Steinbruch für das 1303 gegründete Zisterzienserkloster in Königsbronn nutzen. Unterhalb der Burg siedelten sich Menschen an und so wurde 1302 erstmals das Dorf Springen erwähnt. Der Name stammt wohl von der Brenzquelle. In dieser Siedlung liegt der historische Kern des heutigen Königsbronn.

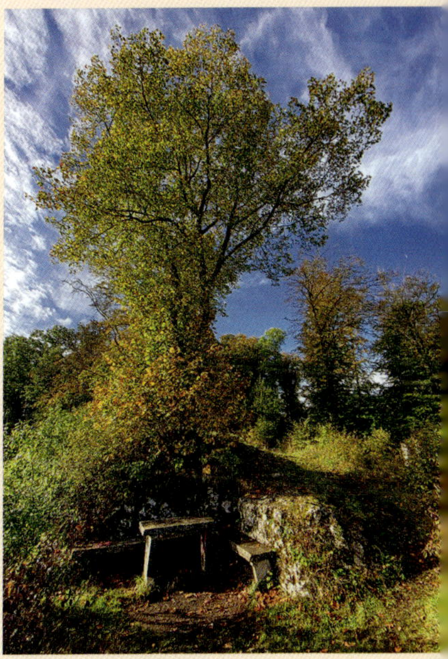

Was von Burg Herwartstein übrig blieb…

wenigen Schritten gelangen wir zu einer **Hülbe**. Diese lassen wir zu unserer Rechten und gehen aus dem Waldstück auf den Wiesenweg nach links. Der **Stürzelhof**, der vor uns liegt, gehörte einst als Schafhof zum **Kloster Königsbronn**.

Wir folgen dem Pfad durch das nächste Waldstück hindurch, bis wir auf ein Sträßchen stoßen. Hier lohnt sich ein kurzer Abstecher zur **Ruine Herwartstein** ❺, indem wir dem schmalen Pfad weiter hinab folgen. Ein eindrucksvoller Blick über das Brenztal wartet auf uns.

Ein weiterer Abstecher vom eigentlichen Albschäferweg kann der Weg hinab ins **historische Zentrum von Königsbronn** mit dem **Brenztopf** und seinen **Denkmälern der Industriegeschichte** (Infos hierzu bei der Zeitspur Brenzquellrunde) sein. Von hier aus kann man wieder aufsteigen, um dem Albschäferweg zu folgen oder auf die **Zeitspur Brenzquellrunde** umsteigen. Sie führt wie der Albschäferweg zum Itzelberger See.

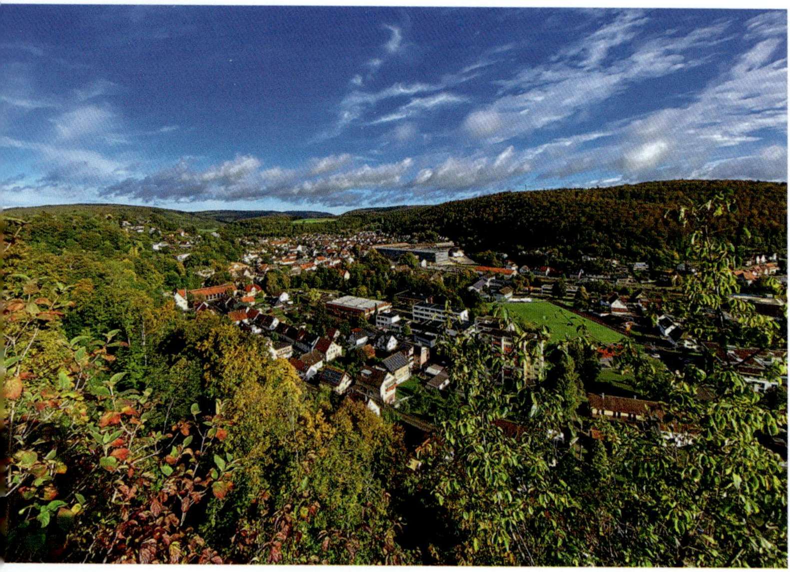

Blick auf Königsbronn von der Ruine Herwartstein aus

Von der Burg aus geht es nun am Waldrand entlang. Bevor unser Weg in den Wald eintritt, biegen wir scharf links ab. Fast im Tal angekommen, geht es nochmals scharf nach rechts hinter den Gärten entlang in einen Wiesenweg, bis wir auf die Itzelberger Straße stoßen. Dieser folgen wir einige Schritte, überqueren die Bahngleise und erreichen bald den **Itzelberger See** 6. Der Wanderweg führt ab dem Brückchen aus Holz direkt am See entlang, vorbei an der Minigolfanlage mit Bootsverleih und Kiosk. Der idyl-

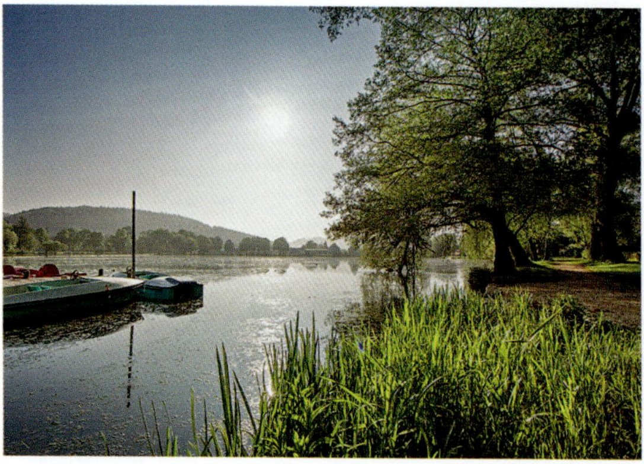

Idyllisch lädt der Itzelberger See zum Verweilen ein.

lische See lädt zu einer kurzen Rast ein. Angelegt wurde er im 15. Jahrhundert von den Mönchen des Königsbronner Klosters als Fischteich für ihre Fastenspeise. Heute dient er seltenen Vogelarten, wie dem Eisvogel, dem Zwergtaucher, der Reiherente und dem Blässhuhn, als Brutplatz und Winterquartier. Auch Fische, wie die Bach- und Regenbogenforelle, tummeln sich im See.

Wir verlassen den Seerundweg auf Höhe des **Café Seeblick** und biegen rechts in den Stürzelweg ein. So gelangen wir hinauf zum **Forstlichen Bildungszentrum** 7. Dieses ist eine Bildungseinrichtung des Landes Baden-Württemberg. Unterstützung für Waldbesitzer, Ausbildungslehrgänge und Prüfungsvorbereitung für Forstwirte werden angeboten.

Wir gehen nach links zum Waldrand. Große Hinweisschilder informieren uns über den seit 2004 als **Bannwald** ausgewiesenen Wald **»Siebter Fuß«**. In einem Bannwald wird die Natur sich selbst überlassen. Keine forstwirtschaftlichen Tätigkeiten sind erlaubt: Es wird nichts entnommen, Totholz bleibt liegen, es darf nichts eingebacht werden, lediglich die Jagd ist unter bestimmten Bedingungen gestattet. Ziel ist es, eine urwaldähnliche Struktur entstehen zu lassen. Diese unter strengem gesetzlichen Schutz stehenden Wälder bieten Lebensräume für bedrohte Tier- und

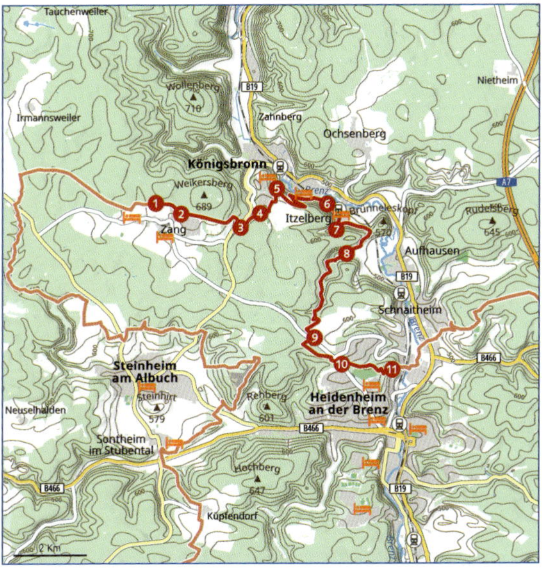

VERPFLEGUNG

Zang (Dorfladen, E); Königsbronn (S, M, B, E); Itzelberg (E, Kiosk); Heidenheim (diverse Versorgungsmöglichkeiten, E)

INFOS

www.koenigsbronn.de
www.heidenheim.de
www.die-brenz.de
www.fbz-koenigsbronn.forstbw.de
www.efa-bw.de

Gästezimmer mit Charme
Itzelberger Str. 26
89551 Königsbronn
(0 73 28) 8 16 99 38
www.gaestezimmer-mit-charme.jimdo.de

Café Seeblick
Uferstr. 3
89551 Königsbronn-Itzelberg
(0 73 28) 63 27
www.cafeseeblick.net

Diverse Hotels und Gästezimmer in Heidenheim: www.albschaeferweg.de/gastgeber oder www.heidenheim.de

Pflanzenarten. Sie werden wissenschaftlich untersucht und erfasst. Dieser Bannwald hier ist rund 127 Hektar groß und besteht hauptsächlich aus Rotbuchen. Durch die Nähe zu den Brenzauen und dem dortigen Feuchtbiotop bietet der Siebte Fuß zahlreichen Amphibien, wie der Erdkröte und den Feuersalamandern, verschiedenen Fledermausarten und seltenen Waldvögeln, wie dem Roten Milan, Lebensraum und Jagdrevier.

Ein Wiesenweg führt uns am Waldrand entlang, bietet einige Ausblicke ins Brenztal und geht unmerklich in einen schmalen seichten Aufstieg in den Wald über. Er mündet in einen Schotterweg, welchem wir nach links folgen. Knapp 1 km gehen wir geradeaus und verlassen schließlich den Wald. Wir halten uns links, passieren die Lichtung Eichelesäcker (8) und gehen nach rechts weiter am Waldrand entlang durch das Naturreservat. Daher bleiben wir immer auf dem ausgeschilderten Wanderweg!

An der kommenden Gabelung halten wir uns rechts und biegen bei der nächsten Möglichkeit nach links in den Weidmichelesweg mit Schotteruntergrund ab. Wir gelangen zum Klingensträßle, in welches wir nach links abbiegen, und gehen weiterhin bergauf, bis wir zum Fetzerswaldweg kommen, wo wir der scharfen Abbiegung nach links folgen. Diesen Weg verlassen wir jedoch gleich wieder, um nach rechts abzubiegen und bald den Wald nach rechts auf die Wiese zu verlassen. Wir gehen noch einige Schritte und stehen nun auf einem Plateau oberhalb von Heidenheim.

Vor uns sehen und hören wir eine Straße, doch wir biegen am nächsten Strommast nach links ab. Auch hier gelangen wir zu einer Straße, wo wir uns nach rechts wenden. Wir bleiben am besten auf der Wiese und gehen nach der Querung der Kreisstraße K 3035 am **Wanderparkplatz Dickhölzle** (9) geradeaus weiter in den Wald, den sogenannten **Rauhbuch**, hinein. Wir nehmen den ersten Schotterwaldweg zu unserer Linken und gehen bergab, bis wir zu einem weiteren Parkplatz kommen. Ungefähr in dessen Mitte zweigt ein schmaler Pfad nach rechts ab. Jetzt gehen wir durch ein Wäldchen mit jungen Buchen hindurch.

Wir gelangen zu einer Unterführung (10) links von uns und gehen direkt dahinter nach rechts, bis wir auf einen Asphaltweg stoßen. In diesen biegen wir nach rechts ab, halten uns dann jedoch gleich wieder links und nehmen den linken Weg mit der Schranke. Schon bald treffen wir

Woher stammt der Name?

Erstmals erwähnt wurde der Ortsname Heidenheim im 8. Jahrhundert. Man vermutet, dass zwei Siedlungen zu einem Dorf vereinigt wurden. Vielleicht geht der Name auf die damals noch sichtbaren römischen, also heidnischen Ruinen zurück oder er soll an einen Heido genannten Alamannen erinnern.

Weniger unklar ist die Erklärung des Spitznamens für die Heidenheimer: »Knöpfleswäscher«. Heidenheimer Knöpfle sind Klöße aus Hefeteig, die als Beilage zum traditionellen Lamm- oder Hammelbraten gereicht werden. Hierzu gibt es eine Sage, die den Heidenheimern ihren Namen gegeben hat. Sie erzählt von einer treusorgenden Ehefrau, die ihrem Mann die frischen Knöpfle zur Arbeit bringen wollte. Unterwegs stolperte sie, die Knöpfle rollten aus ihrem Korb in den Dreck und aus Mangel an Zeit und Geld wusch sie die Knöpfle daraufhin in der Brenz wieder sauber, statt neue zu kochen. Dabei wurde sie von einem Fremden beobachtet, der die Geschichte überall herumerzählte. Der Knöpfleswäscherin-Brunnen ist vor dem alten Rathaus in der Fußgängerzone anzusehen.

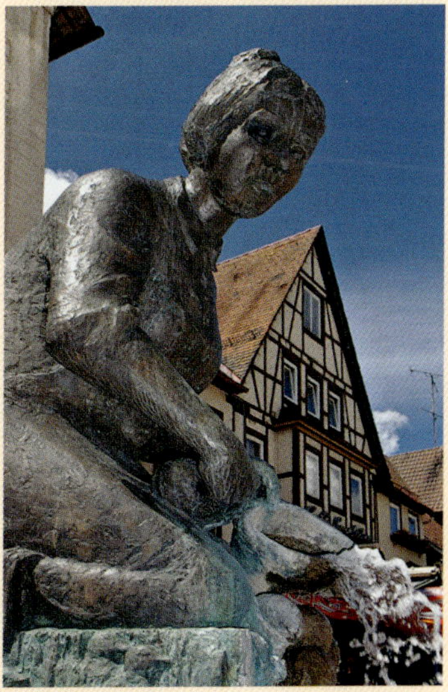

Knöpfleswäscherin-Brunnen vor dem alten Rathaus

auf eine Wegspinne, wo wir den Weg schräg rechts hinter der Bank entlang des Zauns des **Waldfriedhofes** wählen. Auf Waldpfaden geht es weiter, einmal biegen wir noch rechts ab und gelangen zur **Heide am Hahnenschnabel** mit dem gleichnamigen **Naturfreundehaus** ⓫, welches derzeit nicht in Betrieb ist. Eine Schäferstele weiß uns eine Geschichte zum Heidenheimer Schäferlauf zu berichten und die Liege lädt zu einer Rast mit schönem Rundumblick auf Heidenheim ein. Ein Stück weiter Richtung Waldfriedhof rückt sogar das Schloss ins Blickfeld.

Großartige Entspannung nach der Wanderung wird in der Panoramasauna im **Hellensteinbad Aquarena** geboten und kühle Erfrischung im **Waldbad**.

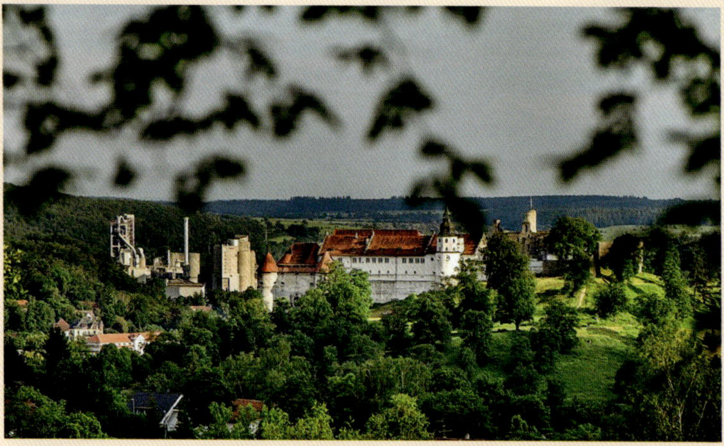

Schloss Hellenstein und Zementwerk der Firma Schwenk

Heidenheim – ein frühes Wirtschaftszentrum

Im 19. und 20. Jahrhundert galt Heidenheim als ostwürttembergisches Wirtschaftszentrum. Mehrere Wirtschaftszweige trugen dazu bei. Zum einen war es das Bohnerzvorkommen, welches schon ab dem 8. Jahrhundert v. Chr. Siedler angezogen hatte. Ab 1819 wurde dieser Wirtschaftszweig jedoch wegen zu starker Konkurrenz aus dem Rheinland und aus Wasseralfingen aufgegeben.

Parallel hatte sich ab 1530 die Papierherstellung angesiedelt. Und auch der Maschinenbau fand in Heidenheim Pioniere. So entstand durch Heinrich Voelter junior und Johann Matthäus Voith die erste Holzschleifmaschine. Aus dieser Schlosserwerkstatt wurde das weltweit bekannte Unternehmen Voith.

Auf Basis der im 17. Jahrhundert in der Straße »Im Flügel« angesiedelten Leinwandweber, die den auf der Schwäbischen Alb und im Brenztal angebauten Flachs verarbeiteten, entwickelte sich die fabrikmäßige Textilherstellung. Baumwolle wurde bald als Massenprodukt importiert, im Jahr 1823 wurden die ersten mechanischen Webstühle aufgestellt und aus einem der damals gegründeten Unternehmen wurde 1856 die »Württembergische Cattunmanufactur Heidenheim/Brenz« (WCM), die sich zu einer bedeutenden Stoffdruckerei entwickelte. Zu den Textilunternehmern zählten auch Zoeppritz, Neunhoeffer oder Ploucquet.

Auch Paul Hartmann war ein Gründer dieser Zeit. 1867 begann er mit der Veredelung von Textilien, stellte sechs Jahre später medizinische Watte her und zählt heute zu den Marktführern bei der Herstellung von Verbandsstoffen und Medizinartikeln.

Steht der Schäfer wirklich den ganzen Tag gemütlich auf der Weide?

Trifft man ihn bei seiner Herde an, scheint ein Schäfer oder eine Schäferin eins mit der Herde und der Natur zu sein – die Ruhe pur. Solch ein romantisches Bild haben wir doch vom Schäferberuf. Doch was steckt wirklich alles dahinter?

Auf jeden Fall ist der Beruf nicht mit einem »9 to 5«-Büroarbeitsplatz zu vergleichen. Das Leben dreht sich um die Schafe. Am Morgen geht es in den Stall, wo die Mutterschafe mit ihren Lämmern sowie kranke Tiere versorgt werden. Dann ab nach draußen, die Herde aus dem Pferch führen und die ökologisch wertvolle Weidefläche fachmännisch und nach Vorgaben des Naturschutzes abhüten. Gibt es nicht mehr genügend Futter, heißt es weiterziehen, Pferch umsetzen, den Tieren zwischendurch Wasser bringen, Klauen schneiden, unterwegs per Handy alles Mögliche organisieren und das alles bei jedem Wetter, egal wie warm oder kalt, nass oder trocken es ist. Die Tiere sind immer hungrig und jeder Tag, den sie auf der Weide statt im Stall verbringen, spart Geld.

Im Sommer geht es gegen Abend noch einmal auf die Weide. Sind alle Schafe und der Zaun ok? Haben sie ausreichend gefressen und zum Trinken? Könnten in der Nacht Lämmer zur Welt kommen wollen? Wenn ja, dann kommen die Muttertiere mit in den Stall.

Unterstützung bekommen die Schäfer von ihren Hunden und große Betriebe können sich Aushilfen

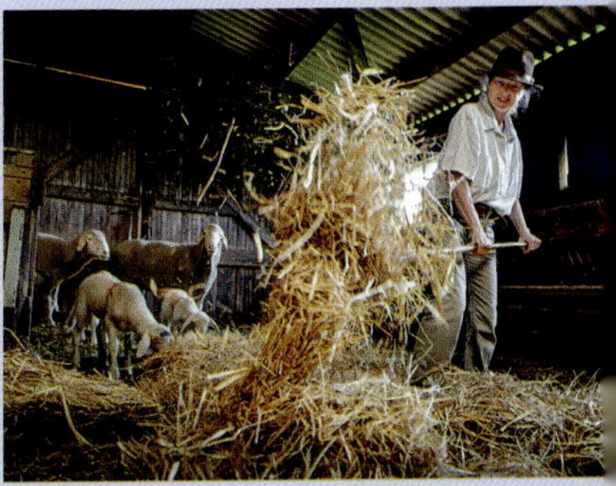

leisten, doch bei den meisten muss die ganze Familie mit anpacken.

Hat man sich für die Eigenvermarktung entschieden, kommt das Schlachten sowie der Vertrieb – online oder über den eigenen Hofladen – hinzu.

Und dann warten noch die Themen, für die es kein Tageslicht braucht. Büroarbeit: Anträge, Bestellungen, Fristen, Dokumentationen... Die Liste ist noch länger und ein selbstständiger Schäfer braucht eine ordentliche Portion Unternehmerblut.

Zu allem kommt noch das ganz »normale« Familienleben mit Kindererziehung und Haushalt hinzu und wer dann immer noch ein paar Minuten Zeit hat, der kann im Ehrenamt als Vertreter für die Zunft Interessen gegenüber der Politik bis nach Brüssel vertreten oder er betreibt Umweltbildung, indem Schulklassen und Kindergärten auf dem Hof in Empfang genommen werden.

Ohne Idealismus und Leidenschaft hält das keiner durch!

Heidenheim an der Brenz bis Nattheim

7

Über die Kulisse des letzten Schäferlaufs zur Stadtschäferin

2¾ Std.

9,1 km

▲120 ▼135 hm

Mittelschwere, wenn auch kurze Wanderung mit Möglichkeit zum Stadtspaziergang

Von Heidenheim (Innenstadt) bis zum Etappenstart 1,5 km (am besten auf die Etappe 7 am Brenzpark treffen)

Vom Etappenende bis Nattheim 1,5 km

Heidenheim – Moldenberg – Gehrenhütte – Ramensteinhöhle – Schafhof Wiedenmann-Riek

Ausblick auf Heidenheim, Brenzpark, Heide auf dem Moldenberg, Ramensteinhöhle, Zimmertle-Tal

Eine kurze Tagesetappe liegt vor uns. Keiner sollte Heidenheim verlassen, ohne zum Schloss Hellenstein aufgestiegen zu sein und eine Runde durch die Stadt der Knöpfleswäscher gedreht zu haben. Der Brenzpark, das alte Rathaus und die einstige Straße der Leinenweber vermischen sich mit Einkaufsvergnügen und Schlemmermöglichkeiten. Danach geht es über den Moldenberg zur Ramensteinhöhle und schon ist Nattheim erreicht.

Vom **Naturfreundehaus Hahnenschnabel** ❶ in Heidenheim führt uns der Weg zunächst nach rechts auf einem Wiesenweg hinab. Am Rande der Häuser angekommen, gehen wir nach links, bis wir einen Spielplatz erreichen, wo wir uns nach rechts weiterhin bergab wenden. Wir passieren die Straße Blockäcker, halten uns dann links und kommen über eine Brücke ❷. Darunter befinden sich Bahnschienen und die Heidenheimer Straße. Nach dem spiralförmigen Abgang von der Brücke begegnen wir dem **Brenzpark**. Aus einer einstigen Industriebrache entstand der Park zur Landesgartenschau 2006 und ist heute gegen Bezahlung eines symbolischen Betrags zugänglich. Zusätz-

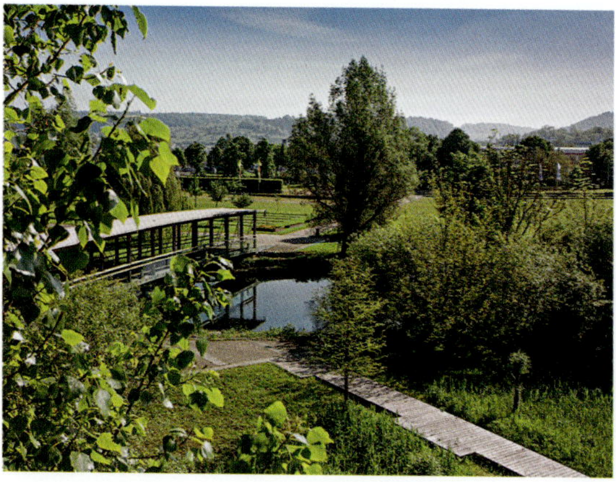

Naturparadies in der Stadt – der Brenzpark

lich zur Stadt Heidenheim setzen sich Bürger und Unternehmen über den Brenzparkverein für die Erhaltung des Geländes ein. Viele Blumen, ein Kulturprogramm und ein Kinderspielparadies wurden für die Besucher geschaffen; zusätzlich bietet das »Grüne Klassenzimmer« Umweltbildung. Von hier aus lohnt sich ein Abstecher in die Stadt Heidenheim und hinauf zum imposanten **Schloss Hellenstein**.

Stadtspaziergang und Schlossbesichtigung

Man kann gemütlich durch die Einkaufsstraßen der Stadt schlendern, das Kunstmuseum mit wechselnden Ausstellungen oder das Museum im Römerbad besuchen und schließlich durch die Parkanlage des Schlossberges zum Schloss aufsteigen. Hier oben liegt das Kultur-, Freizeit- und Sportzentrum der Stadt.

Dass das Schloss eher an eine Burg erinnert, ist kein Zufall, denn es wurde ursprünglich in den Jahren zwischen 1130 und 1145 als Stauferburg erbaut. 1530 brannte diese jedoch bis auf den Rittersaal ab. Herzog Friedrich I. von Württemberg ließ vor den mittelalterlichen Gebäudekomplex ein Renaissanceschloss bauen. Im Fruchtkasten des Schlosses kann man heute Kutschen, Chaisen und Karren ansehen. Auf vier Etagen wird die Geschichte des südwestdeutschen Landverkehrs dargestellt. Im Schlossmuseum gibt es Wissenswertes zur Stadtgeschichte und im Rittersaal mit Buckelquadermauerwerk finden jährlich Open-Air-Aufführungen der Opernfestspiele Heidenheims statt. Hier beginnt auch der Zoeppritzweg, den wir bereits aus Etappe 2 kennen.

Mauerreste der einstigen Schlossanlage

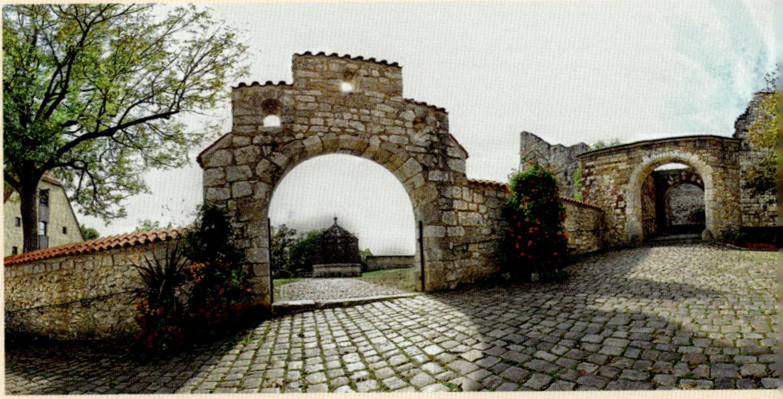

INFOS

www.heidenheim.de
www.die-brenz.de
www.nattheim.de
www.brenzpark-ev.de
www.schaeferei-wiedenmann.de
www.wuerttemberger-lamm.de
www.efa-bw.de

Adlerstube
Neresheimer Str. 8–16
89564 Nattheim
(0 73 21) 97 90 11
www.metzgerei-mack.de/hotel-adlerstube.html

Landgasthof Metzgerei Traube
(organisiert Transportservice)
Oggenhauser Hauptstr. 27
89522 Heidenheim-Oggenhausen
(0 73 21) 9 78 70
www.traube-oggenhausen.de

VERPFLEGUNG

Schnaitheim (S, E); Nattheim (S, M, B, E); Heidenheim (diverse Versorgungsmöglichkeiten, E)

Um unseren Weg fortzusetzen, lassen wir den Brenzpark rechts liegen, überqueren die Brenz und gehen an deren Ufer nach links weiter Richtung Schnaitheim. Bei der Firma Zeller Bäderbau ❸ verlassen wir den Promenadenweg, queren die Straße und folgen dem Fußgängerweg, bis wir beim Baustoffhandel Kugel auf die Badenbergstraße kommen. Wir queren die Nattheimer Straße und folgen weiter dem Verlauf der Straße Knupfertal. Über den Fußgängerweg geht es hinauf in den Specht- und Stieglitzweg und von hier aus im Zickzack auf die Heideflächen des **Moldenbergs** ❹.

Weiter geht es im Zickzack nach links hinauf bis zu den **Sportanlagen** auf dem Moldenberg. Gegenüber vom Parkplatz steht eine Wanderinfotafel und direkt daneben startet ein **Waldsportpfad**. Dieser ist unser Weg. Wir halten uns links und gelangen zum Gehrenweg mit Schotteruntergrund. In diesen biegen wir nach rechts ein, doch nur, um ihn kurz darauf an der imposanten Eiche wieder nach schräg links auf einen Grasweg zu verlassen. Diesem folgen wir vorbei an der **Jakobshülbe** bis zur **Gehrenhütte** ❺. Der Weg ist immer wieder von Pfützen durchzogen und verlangt uns ein wenig Geschick und Aufmerksamkeit ab. Die Naturbelassenheit schafft aber neuen Lebensraum und ist im Wald wichtig für die Artenvielfalt.

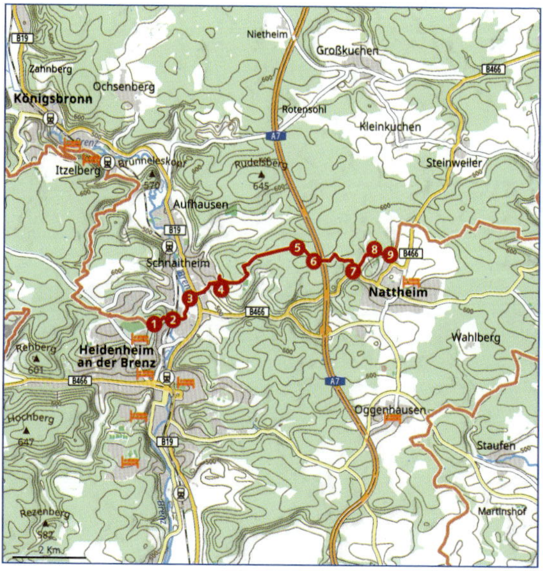

Die Geschichte des Schäferlaufs

Im Jahr 1443 fand in Grüningen (heute Markgröningen) der erste Schäfertag statt, an dem das Schäfergericht tagte und alle Angelegenheiten regelte. Ab 1651 wurde der Schäfertag als jährliches Zunfttreffen erlassen und da die Anreise aller Schäfer nach Grüningen zu beschwerlich war, wurden weitere Orte bestimmt: Bad Urach, Wildberg und Heidenheim. Über die Jahre 1724–1828, 1922–1952 und 1972–2008 fand so in Heidenheim der Schäferlauf statt. Zu dieser Veranstaltung gehörte das Leistungshüten. Fünf bis sieben ausgeloste Schäfer stellten gemeinsam mit ihren Hunden unter Beweis, wie sie ca. 250 bis 300 fremde Schafe kontrollieren können. Am Folgetag standen Gottesdienst, Festumzug, Schauhüten, Krämermarkt, Aufführungen der Schäfertanzgruppe, spielerische Wettkämpfe und im Anschluss Musik und Tanz auf dem Programm. Highlight war der Barfußlauf junger lediger in Bezug zur Schäferei stehender Mädchen und Jungen über ein Stoppelfeld. Gewinnerin und Gewinner wurden zum Schäferlaufkönigspaar gekrönt. Intention des mittlerweile von der UNESCO als immaterielles Kulturerbe anerkannten Schäferlaufs war und ist die Würdigung und Präsentation der Schäferzunft. In Markgröningen findet er immer noch jährlich, in Wildberg und Bad Urach im jährlichen Wechsel statt.

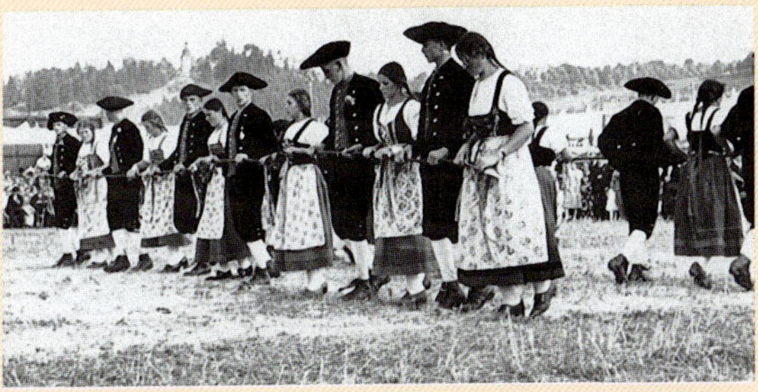

Schäfertanzgruppe aus dem Jahr 1934

Bei der Gehrenhütte kommen wir wieder auf einen Schotterweg und gehen geradeaus. Wir gelangen erneut zum Gehrenweg, biegen nach links 6 ab und überqueren die Autobahn A 7. Der Weg folgt einer Linkskurve und schon bald geht es am Pfaffenberg wieder nach rechts auf einem naturnahen Waldweg abwärts. Unten am Schotterweg angelangt, geht es links wieder aufwärts und an einer großen Wegkreuzung rechts auf einem Grasweg weiter Richtung **Ramensteinhöhle** 7. Achtung beim Abstieg zur Höhle: Der Pfad kann bei Feuchtigkeit sehr rutschig sein.

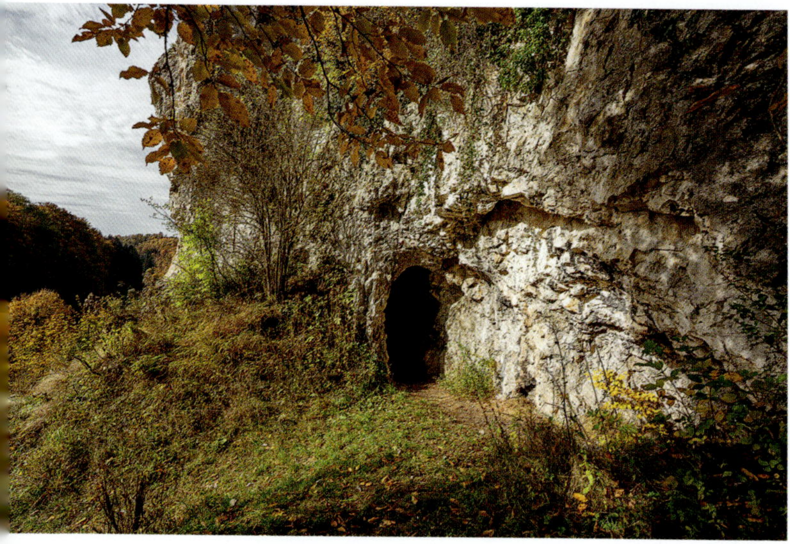

Ramensteinhöhle vor den Toren Nattheims

Deshalb steht dem Wanderer auch eine bequeme Variante zur Verfügung. Die Höhle liegt in etwa 30 m Höhe über dem Tal und ist 49 m lang. In ihr wurden Knochen und Zähne von Eiszeittieren, wie dem Mammut, gefunden. Anschauen kann man diese im Landesmuseum in Stuttgart. Heute bietet sie Fledermäusen ein Winterquartier und ist daher über die Wintermonate verschlossen.

Nach dem Abstieg von der Ramensteinhöhle (kurzer Abstecher nach rechts) wandern wir auf einem Wiesenweg nach links weiter durch das sogenannte Zimmertle-Tal zum

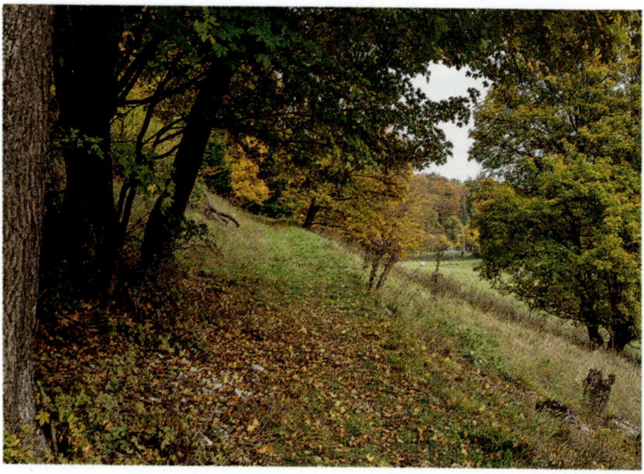

Naturnahe Wanderwege zeichnen den Albschäferweg aus.

Nattheim

Der Ort liegt ebenso wie Zang auf einer Rodungsinsel, doch nicht auf einer Anhöhe, sondern in einer tiefen Wanne. Besiedlungen in der Steinzeit durch die Kelten und Römer sowie Einflüsse der Alamannen sind durch Funde belegt. Urkundlich erwähnt wurde Nattheim erstmals 1050 als Königsgut Natta. Neben der evangelischen Martinskirche aus dem 19. Jahrhundert befindet sich das ehemalige Schulhaus aus dem Jahre 1823. Hier ist das Korallen- und Heimatmuseum untergebracht. Man trifft auf fossile Meeresfunde und kann in die Geschichte der Bohnerzförderung, der Köhlerei und der später ansässigen Zigarrenmanufaktur eintauchen. Ein Blick auf das Wappen der Stadt gibt zusätzlich preis, dass die Weberei und auch der Handel an der alten Handelsstraße Zürich–Nördlingen–Nürnberg von großer Bedeutung für den Ort waren.

»Alten Sportplatz« 8 rechter Hand und danach weiter nach rechts bis zur **Schäferei Wiedenmann-Riek** in Nattheim 9. Hier sind die Heidenheimer Stadtschäferinnen zu Hause. Vor der Abbiegung nach links erklärt uns eine **Schäferstele** etwas über das Handwerk des Schafescherens.

Die Schäferinnen Wiedenmann-Riek – Stadtschäferinnen von Heidenheim

Rund um Nattheim, Dischingen und Heidenheim – auch auf den Heideflächen mitten in der Stadt – sowie im Winter im Kochertal auf der Gemarkung Gaildorf trifft man auf die Heidenheimer Stadtschäferinnen Karin und Kerstin, Mutter und Tochter. Als eine der wenigen Wanderschäfereien betreiben sie den Hof mit etwa 1000 Merinolandschafen als GbR in 6. und 7. Generation und seit 50 Jahren als Stadtschäferei. Kerstins Großvater war schon sehr engagiert in Bezug auf den Schäferlauf, den Landesschafzuchtverband und die Lammfleischerzeugergemeinschaft. Eigentlich hatte Karins Bruder Werner den Betrieb übernommen. 2010 verunglückte er jedoch tödlich und seither führt sie den Hof mit Aushilfsschäfern und Kerstin, die ihre Ausbildung zur Tierwirtin und 2020 den Meister mit Bravour abschloss. Von 2017 bis 2019 war sie als Württemberger Lammkönigin für die Erzeugergemeinschaft unterwegs. Wie der Großvater engagiert sie sich auch beim Landesschafzuchtverband und vertritt die Jungschäfer. Ihre Lämmer schlachten und vermarkten Karin und Kerstin selbst und einen Hofladen betreiben sie auch noch. Dabei gilt ihr Augenmerk auch der Weiterentwicklung und so wird in Sachen Wolle und Fleisch gezüchtet. Karin hat mittlerweile eine eigene Abnehmerin für ihre Wolle gefunden. Quasi ums Eck in Ballmertshofen produziert seit einigen Jahren Isabel

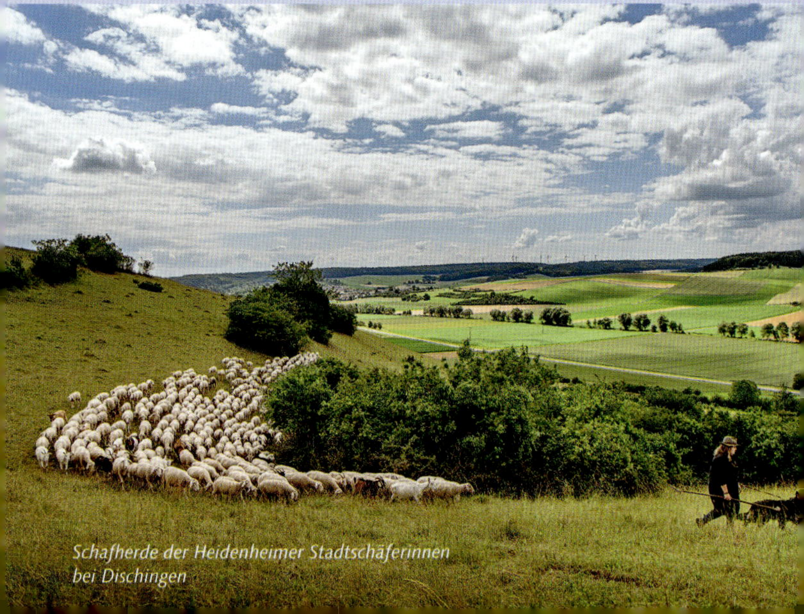

Schafherde der Heidenheimer Stadtschäferinnen bei Dischingen

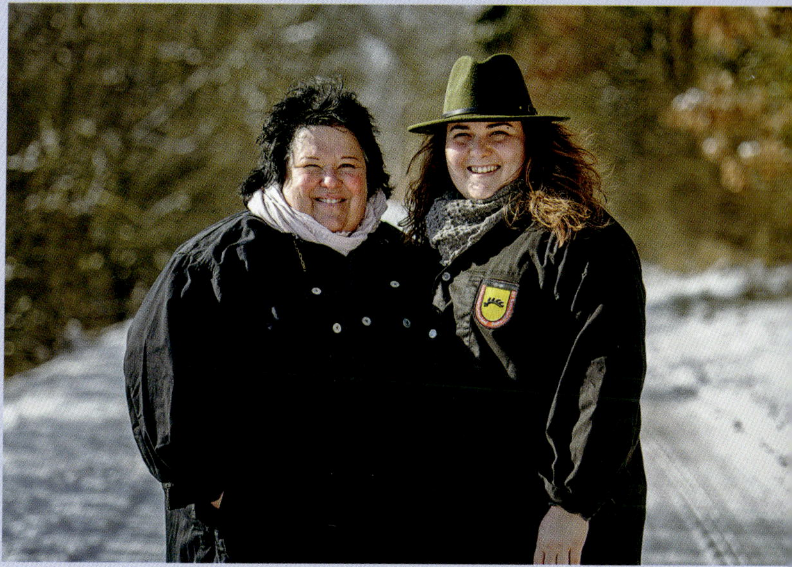

Schäferin Karin Wiedenmann-Riek und Tochter Kerstin

Steiner Filzsättel. Mit Unterstützung durch die Giengener Filzfabrik hat sie es endlich geschafft, ihren eigenen Filz herzustellen. Die Abfallwolle verarbeitet Karin zu Wolldünger. »Wegschmeißen« geht bei ihr nicht, zu viele Entbehrungen bringt der Beruf seit Generationen mit sich. (www.schaeferei-wiedenmann.de)

Was steckt hinter der Rasse »Württemberger Lamm«?

Im Jahr 1766 wurden zwei Schäfer und der Dirigent der Ludwigsburger Tuchfabrik nach Spanien geschickt, um von dort Merinoschafe, die »ovejas merinos«, nach Württemberg zu holen. Diese Rasse galt als besonders marschfähig und man sagte ihr feine Wolle nach. 104 Schafe zogen so von Spanien und Frankreich auf die Alb. Von ihnen aus begann die Zucht zur Steigerung des Fleischertrags und der Wollqualität. 1915 wurde der Rassestandard für das »Württembergische veredelte Landschaf« festgelegt und die Zucht und Haltung breitete sich über die Grenzen von Württemberg hinaus aus. Die Blutlinie des heutigen Merinolandschafs geht darauf zurück.

Die baden-württembergische Lammfleischerzeugergemeinschaft nahm den Begriff wieder auf und so steht »Württemberger Lamm« heute für eine geschützte Marke, die artgerechte Haltung sowie nachhaltig und naturschonend erzeugtes Lammfleisch garantiert.

Nattheim bis Neresheim 8

Aus tiefer Erde über karge Felder zu göttlichen Höhen

4 Std.

14,2 km

▲ 209 ▼ 259 hm

Mittelschwere bis leichte Wanderung mit zwei kurzen Anstiegen und langem Abstieg

Von Nattheim bis zum Etappenstart 1,5 km

Schafhof Wiedenmann-Riek – Zitterberg – Fleinheim – Höllteich – Auernheim – NSG Zwing – Bahnhof Neresheim

Bohnerzgruben, Wacholderheide Zettelhalde, Aussicht von ehemaliger Burg von Auernheim, Aussicht auf das Härtsfeld, NSG Zwing, Kloster Neresheim

Man spricht vom kargen steinigen Feld und meint das Härtsfeld am nordöstlichen Rand der Kuppenalb. Hierhin führt unsere Wanderung, vorbei an einstigen Erzgruben, die heute wertvolle Biotope sind, zu vielen historischen Grenzsteinen, mit weitem Blick über Fleinheim und Auernheim, bis sich schließlich das barocke Kloster Neresheim auf dem Ulrichsberg zeigt. Wunderschöne Heidelandschaft und das Naturschutzgebiet Zwing runden das Erlebnis dieser Etappe ab.

Ausgangspunkt der Etappe 8 ist der **Schafhof Wiedenmann-Riek** ❶ in Nattheim. Wir folgen dem Asphaltsträßchen in Richtung Norden, halten uns an zwei Weggabelungen rechts, kommen an den Waldrand, gehen hier ebenfalls rechts und queren schließlich sehr achtsam die Bundesstraße B 466. Am Waldrand entlang, mit einem schönen Blick zurück auf **Nattheim**, gehen wir weiter. Nach etwa 1 km ist Aufmerksamkeit gefordert. Es geht nach links auf einen Waldpfad, der auf den sogenannten **Zitterberg** ❷ leicht ansteigt.

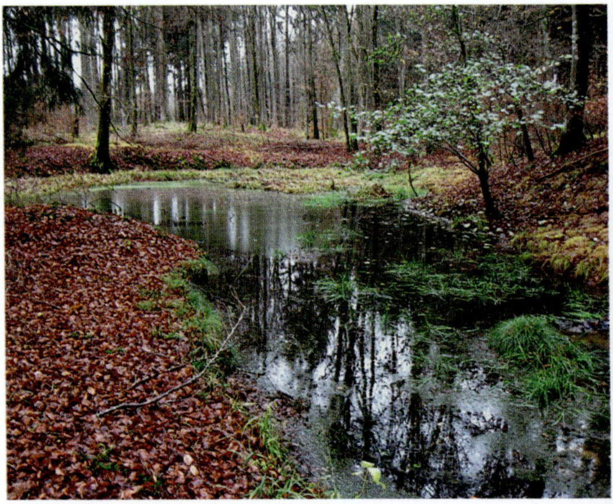

Grube auf dem Zitterberg

Der Untergrund ist hier oft recht feucht. Wir folgen dem Pfad, nehmen an einer T-Kreuzung den Weg nach rechts und gelangen an den Punkt **Syrgensteinerhauweg**, wo wir nach links in den Weg mit Schotteruntergrund abbiegen. Schon die nächste Möglichkeit nutzen wir wieder, um nach rechts auf den Wald- und Wiesenweg abzubiegen. Unterwegs begegnen uns **historische Erzgruben** 3.

Erzvorkommen

Vor ca. 50 Mio. Jahren bildete sich aus den Eisensilikaten im Geschiebe aus rotbraunem Verwitterungslehm im Flussbett der Ur-Brenz Bohnerz. Die rostbraunen Kügelchen bzw. Klumpen konnten gut per offenem Tagebau abgetragen werden. Zur Weiterverarbeitung wurde es auf den Erzwegen in die Eisenhütten von Itzelberg und Königsbronn transportiert. 1892 wurde der staatliche Erzbergbau wegen zu großer Konkurrenz eingestellt und 1908 endete der Eisenabbau in der Gegend komplett. Heute sind viele Bohnerzgruben aufgrund ihres stauenden Untergrundes mit Wasser gefüllt und stellen eine eigene Biotoplandschaft dar.

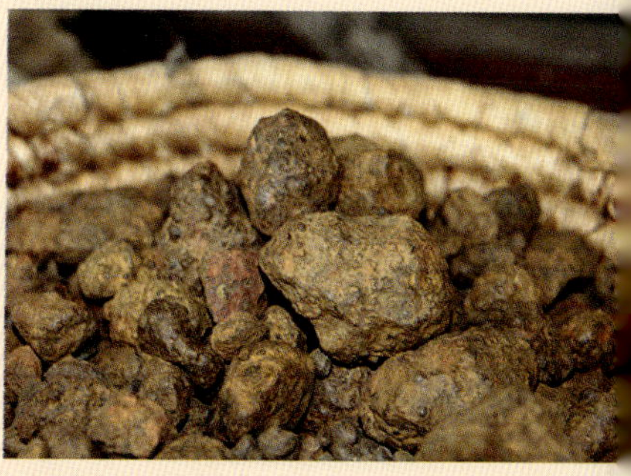

Bohnerz

Die Sage des Erzmännleins von Nattheim

Weil vor vielen hundert Jahren immer wieder Bergleute in einer der Erzgruben verschwanden, wurde sich erzählt, dass ein kleines sonderbares Männchen aus der Grube steige, wild tanze und es dadurch den Bergleuten so schwindlig wurde, dass sie in die Grube fielen. Keiner traute sich mehr hin. Später wurde die Grube an einen Fremden verkauft, der jedoch kaum Leute fand, die für ihn arbeiten wollten. Nur ein junger Bursche schaffte stetig und ließ sich nicht beeindrucken. Er brauchte das Geld für seine kranke Mutter. Eines Tages brach die Grube, in die er immer tiefer hineingegraben hatte, zusammen. Der Fremde und er wurden vom Wasser verschluckt. Ab diesem Tag war seine Mutter geheilt und auf dem danach entstandenen Waldsee blühen um den Johannistag die Seerosen.

VERPFLEGUNG

Nattheim (S, M, B, E); Fleinheim (E); Auernheim (E); Neresheim (S, M, B, E)

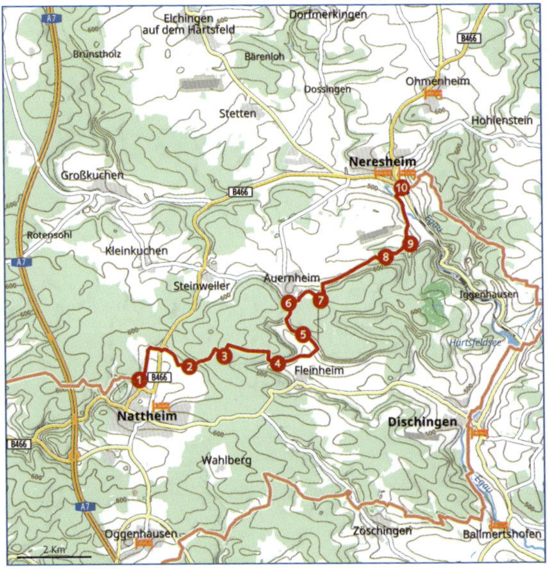

Wir gelangen zu einem Wegweiser, der geradeaus zur **Keltischen Viereckschanze** »Burg« weist. Eine solche Schanze erkennt man an Wällen mit vorgelagerten Gräben in rechteckiger Form. Die hiesige ist sehr gut erhalten. Zwischen Graben und Wall bringt sie es auf eine Höhe von bis zu 5 m. Im Gegensatz zu anderen Viereckschanzen ist sie nicht ganz viereckig, weshalb man sich bei der zeitlichen Einordnung unsicher ist. Vermutlich ist sie vor- oder frühgeschichtlich und wurde im Mittelalter umgeformt. Besonders ist auch das verwendete Material zur Erstellung des Walls. Hier wurden statt reiner Erde die Steine mitverwendet, die herausgebrochen wurden, um den Graben auszuheben. Die Nutzung einer solchen Schanze wirft ebenso Rätsel auf. Vermutlich galt sie als zentraler Punkt einer locker verstreuten Siedlung.

Morgendlicher Dunst über Fleinheim

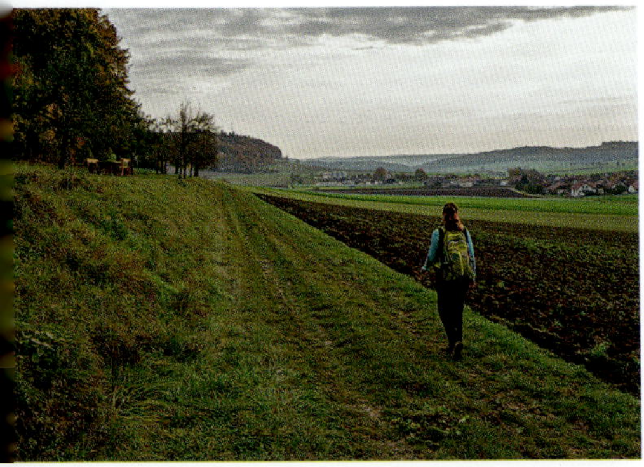

Diesen Abstecher können wir machen oder wir gehen direkt nach rechts auf einem

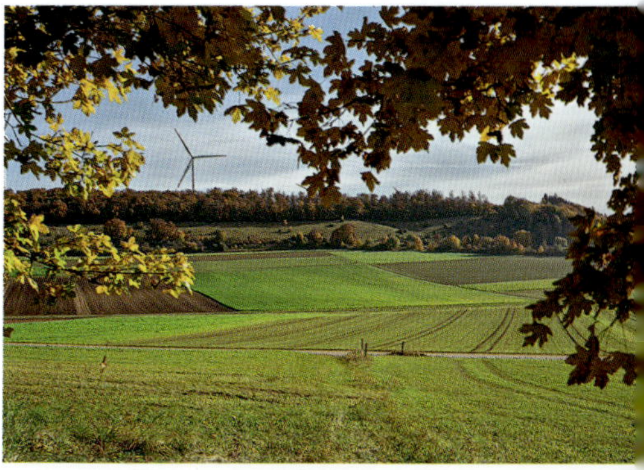

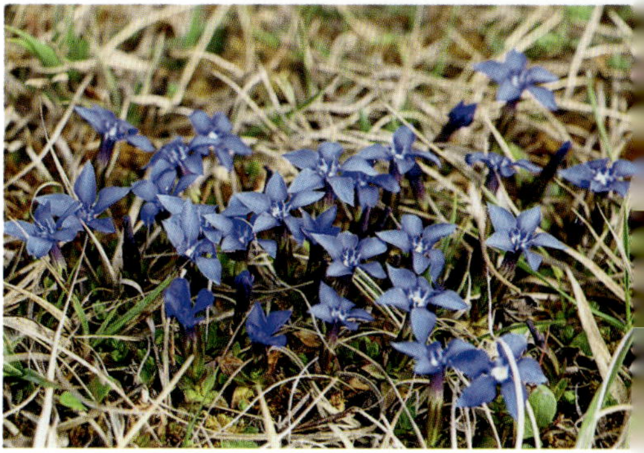

schmalen Pfad bergab weiter und schließlich aus dem Wald heraus hinunter ins Eschteich ④. Unten angelangt, geht es links weiter und wir können zu unserer Rechten **Fleinheim** sehen. Dort soll es im Ochsen einen der besten Hammelbraten mit Knöpfle geben. Auf wechselhaftem Untergrund gehen wir immer geradeaus durch den sogenannten **Höllteich** weiter, bis wir zu einem Heckriegel und einer Streuobstwiese gelangen. Hier biegen wir unterhalb des Hangs an der **Zettelhalde** ⑤, einer mit Gartenanlagen unterbrochenen Heidefläche, nach links ab. Auf dem Wegstück dorthin ist die Markierung mit dem Albschäferzeichen als Stein im Weg eingegraben, denn Pfosten fallen hier immer wieder der landwirtschaftlichen Arbeit zum Opfer.

Wir folgen dem Wiesenweg, kommen an eine schöne **Albliege** mit Bank, die zum Rasten einladen, und gehen schließlich mit der Rechtsabbiegung des Weges steil nach oben in den Wald hinein. Unterwegs treffen wir auf einige Grenzsteine, die heute zu den Kleindenkmälern zählen und die z. B. Besitztümer der Reichsabtei Neresheim (Bischofsstab mit einem N) von den Wäldern der Fürsten von Thurn und Taxis (FT) im Herzogtum Württemberg (drei liegende Hirschstangen) abgrenzen.

Blick auf die Zettelhalde bei Fleinheim (oben)

Frühlingsenzian (unten)

Oben angekommen, treffen wir auf die Lichtung der ehemaligen **Burg von Auernheim** ⑥. Diese wurde erstmals 1258 urkundlich erwähnt. Den U-förmigen Wall und Graben kann man noch erkennen. Ein Privileg der Auernheimer ist ihre reichlich sprudelnde Wasserquelle. Während auf dem Härtsfeld das Wasser immer ein knappes Gut war, hatten die Auernheimer damit keine Sorgen. Verschiedene Sagen rangen sich um ihren Spitznamen »Wasserdippel«. Ein mit

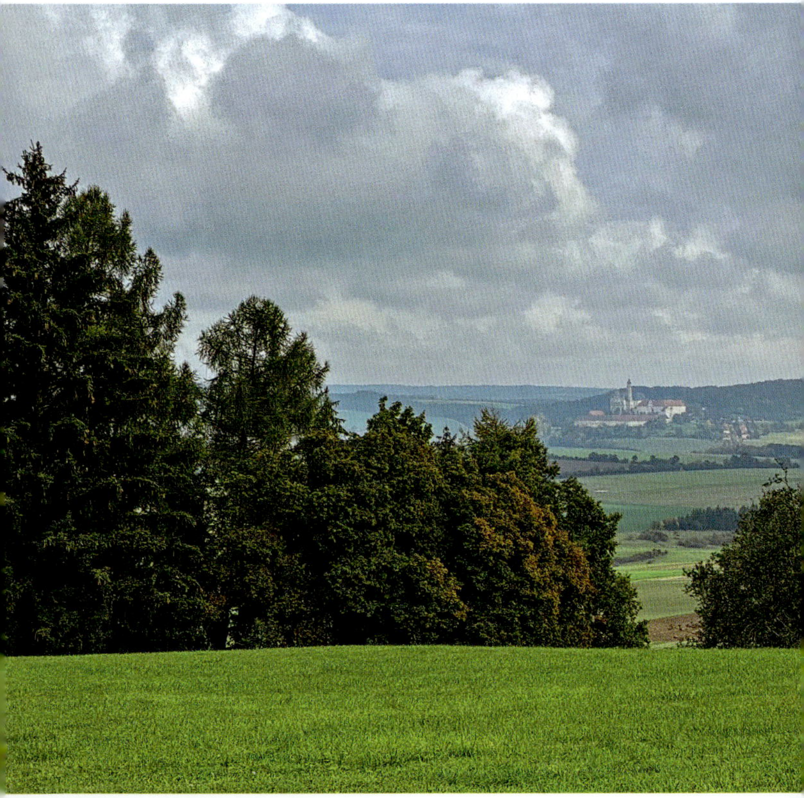

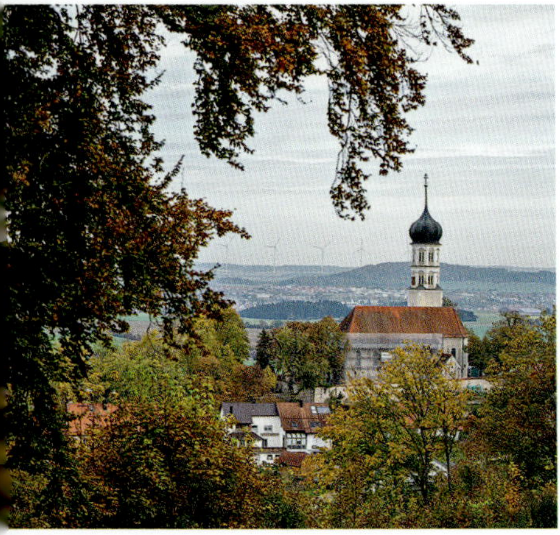

ihm als Symbol ausgeschilderter Themenweg um den Ort erzählt Geschichten der Vergangenheit.

Hier folgen wir dem Schotterweg mit Blick auf die barocke **Pfarrkirche St. Georg** nach rechts bis zum Parkplatz. Ein Abstecher lohnt sich schon wegen der historischen Epitaphien im Kirchhof. Einige Rastbänke und eine Grillstelle laden auch hier zur Rast ein. Schon vor dem Parkplatz geht es rechts hoch und weiter durch das Wald-

Pfarrkirche St. Georg von Auernheim

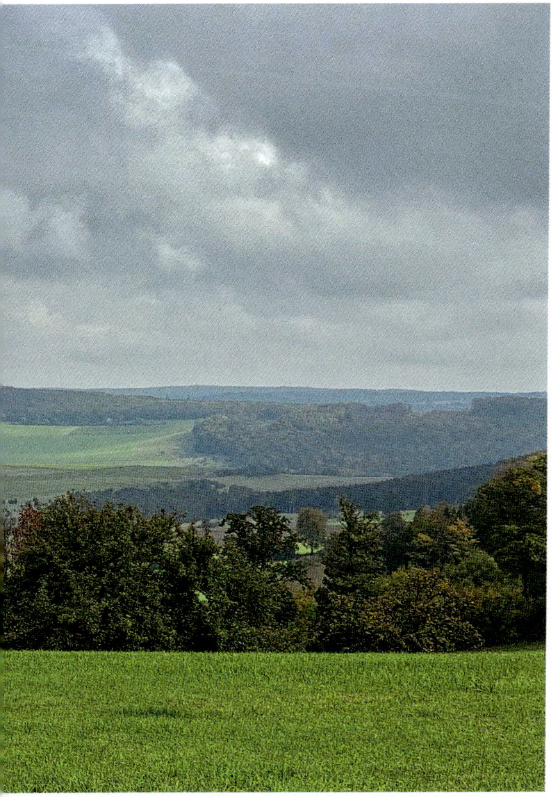

INFOS

www.nattheim.de, www.neresheim.de, www.haertsfeld.de, www.schaeferei-wiedenmann.de, www.abtei-neresheim.de www.efa-bw.de

Gasthof und Metzgerei zur Krone
Hauptstr. 13
73450 Neresheim
(0 73 26) 96 39 00
www.neresheim-krone.de

Tagungshaus im Kloster Neresheim
73450 Neresheim
(0 73 26) 96 44 20
www.klosterhospiz-neresheim.de

Trotz trüben Wetters ist Kloster Neresheim aus weiter Ferne zu sehen.

stück mit Sportpfad bis zur geteerten Dischinger Straße, die links nach Auernheim führt und rechts auf den Albschäferweg. An der **Schäferstele** 7 mit Bank genießen wir nach unserer waldreichen Wanderung den sagenhaften Ausblick auf das weltbekannte spätbarocke **Kloster Neresheim** und über die kargen Felder des **Härtsfelds**, über welches wir an der Stele einiges lesen. Der Name Härtsfeld leitet sich von »Hertfeld« ab, was so viel bedeutet wie »das harte (steinige) waldfreie Gelände«. Kurze Vegetationsperioden, mindere Bodenqualität, Wasserknappheit, schlechte Wasserqualität und raues Klima scheinen die Region wenig einladend für Besiedlungen wirken zu lassen. Doch die reichen Bohnerzvorkommen und der im nordwestlichen Teil gefundene Feuersteinlehm, der sich zum Töpfern eignete, zogen die Menschen dennoch an.

Kloster Neresheim

Die Geschichte der Abtei auf dem Ulrichsberg reicht bis ins Jahr 1095 zurück, als Graf Hartmann von Dillingen ein Augustiner-Chorherrenstift ins Leben rief. Bereits 11 Jahre später übernahmen Benediktiner die Abtei und im Laufe seines Bestehens wechselte das Kloster mehrfach den Besitzer. Seine Blüte hatte es Anfang des 16. Jahrhunderts unter Abt Johannes Vinsternau. Immer wieder wurden Teile durch Brände oder Krieg zerstört und ab der Säkularisation 1802 wurde das Kloster aufgehoben. Nach dem Zweiten Weltkrieg belebten Benediktiner aus Beuron und Prag das Kloster neu. Die barocke Abteikirche und die Klostergaststätte stehen heute für Besucher offen und im Klostergebäude ist ein Tagungshaus der Diözese Rottenburg-Stuttgart untergebracht.

An der nächsten Weggabelung verlassen wir den Teerweg und gehen nach links weiter. Am Waldrand geht es auf Wald- und Wiesenwegen links hinab ins **Krautgartenhäule**. Unten am Teerweg angekommen, geht es wieder rechts, noch ein Stück auf dem Teerweg und dann auf dem Wiesenweg immer am Waldrand entlang mit Panoramablick und Sicht auf das Kloster.

Nach ca. 1,7 km kommen wir an eine Rechts-Links-Abbiegung und verlassen den Weg gleich wieder auf einen wunderschönen Wiesen- und Waldweg 8 nach links. Nach diesem kurzen Waldstück halten wir uns links und gelangen in das seit 1992 ausgewiesene **Naturschutzgebiet Zwing** 9. Die Zwing ist eine der schönsten Wacholderheiden auf der Ostalb. Mit den markanten Wacholdersäulen, Kalkmagerwiesen und den seltenen Pflanzen ist sie ein wahres Schmuckstück. Wir biegen nach links ab und nähern uns auf dem Teersträßchen der Stadt **Neresheim**. Den Ort erreichen wir über einen Pfad. Vorbei an der **Gallusmühle** 10, die nach ihrem Pächter Gallus Linse, der 1682 Obermüller war, benannt wurde, geht es zunächst an der Egau entlang. Etwa 500 m entfernt von hier entspringt die Egau im Stadtpark und fließt nach ca. 45 km in die Donau. Dort lässt es sich auch schön rasten und kneippen. Wir verlassen das Flüsschen bei der Gärtnerei und gehen nach rechts in den Ort hinein Richtung Kloster. Am Bahnhof der **Härtsfeldbahn** 11 ist unsere Etappe zu Ende.

Wann ist Lammzeit?

Es hängt von der Schafrasse ab, wann gelammt wird. Der große Vorteil der Merinolandschafe liegt darin, dass sie immer gebärfähig sind. So kann der Schäfer gezielt nach mehreren Faktoren steuern, wann und für wie lange er die Böcke zur Herde lässt. Fünf Monate später kommen die Lämmer auf die Welt. Möchte er zu Ostern Milchlämmer verkaufen, taktet er die Geburten so, dass die Lämmer zwischen 2 und 6 Monaten alt sind. Zum Sommeranfang kommen die Lämmer auf die Welt, die im Herbst verkauft werden sollen. Auch das Weideverhalten spielt eine Rolle. Sind die Schafe im Winter draußen, sollten sie nicht unbedingt lammen, um die Neugeborenen vor der Kälte oder auf Wanderschaft vor zu langen Märschen zu schützen.

Auf die Frage hin, wie es sei, die Lämmer zu essen, denen man selbst auf die Welt geholfen und die man großgezogen hat, antwortete eine Schäferin mit der Gegenfrage, wie man denn Tiere essen könne, bei denen man nicht weiß, wie und wo sie gelebt und was sie gefressen haben.

Zum Lamm isst man in der Region gern Heidenheimer Knöpfle. Das sind im Wasser gegarte Hefeklöße. In den traditionellen Gasthöfen der Region findet man beides auf den Speisekarten.

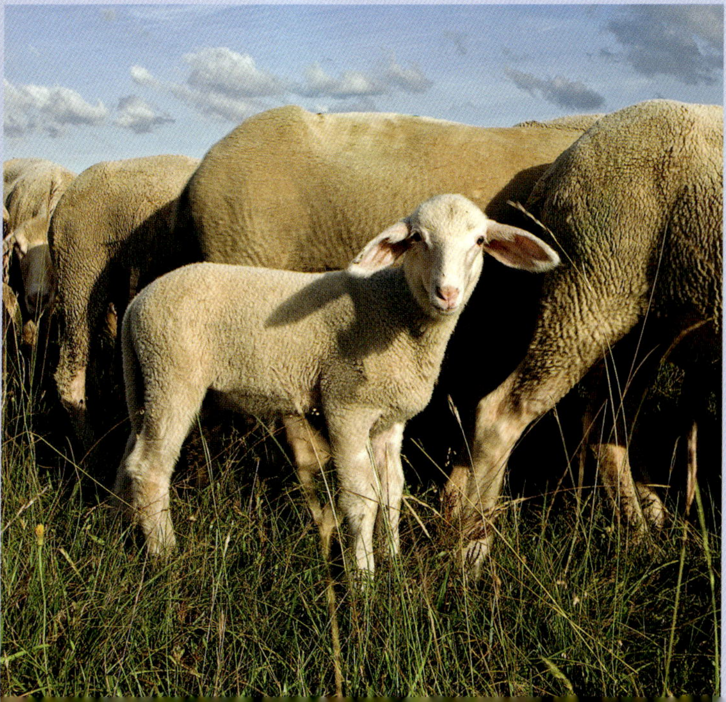

Neresheim bis Ballmertshofen

9

Wasser versickert, Wasser sprudelt, Wasser schafft Leben

3¾ Std.

14,2 km

▲235 ▼261 hm

Mittelschwere Wanderung mit einigen Aufs und Abs und längerer flacher Passage

Vom Etappenende bis Ballmertshofen 1 km

Bahnhof Neresheim – Kloster Neresheim – Tiefental – Burg Katzenstein – Härtsfeldsee – Dischingen – Ballmertshofen

Kloster Neresheim, Burg Katzenstein, Blick auf Härtsfeldsee, Egau, Kirche St. Johannes Baptist in Dischingen, Schloss Thurn und Taxis, Riedlandschaft

Man könnte ein Stück mit der Härtsfeldschättere fahren, doch dann verpasst man einiges. Das Ambiente des Klosters Neresheim ist einmalig, die Abteikirche beeindruckend und nach einer Wanderung durch die Härtsfelder Wälder baut sich vor uns die musterhafte Stauferburg Katzenstein auf. Eine Besichtigung gehört zur Tour, wie ein Entspannungspäuschen am Härtsfeldsee. Auf den letzten Kilometern folgen wir der Egau bis Ballmertshofen.

Startpunkt dieser Etappe ist der Bahnhof in Neresheim ❶. Zunächst wandern wir auf den **Ulrichsberg** zur **Benediktinerabtei Neresheim** ❷. Einen Abstecher ins Innere des Klosterkomplexes sollten wir auf jeden Fall einplanen.

Unser Wanderweg führt außen an den Mauern vorbei, weiter den Berg hinauf. Am Wegkreuz biegen wir nach rechts auf einen schmalen Weg in den Wald hinein ab und wandern durch die **Härtsfelder Wälder**. Angekommen an einer lichten Wegspinne, gehen wir zuerst geradeaus und halten uns dann links, bis wir zum Punkt **Bergholz** gelangen, wo wir nach links bergab in einen schmalen Weg abbiegen. Dieser teils steile und rutschige Abstieg führt uns ins **Tiefental** ❸, wo wir nach rechts in den Schotterweg abbiegen, doch Achtung: Schon bald führt ein Pfad über

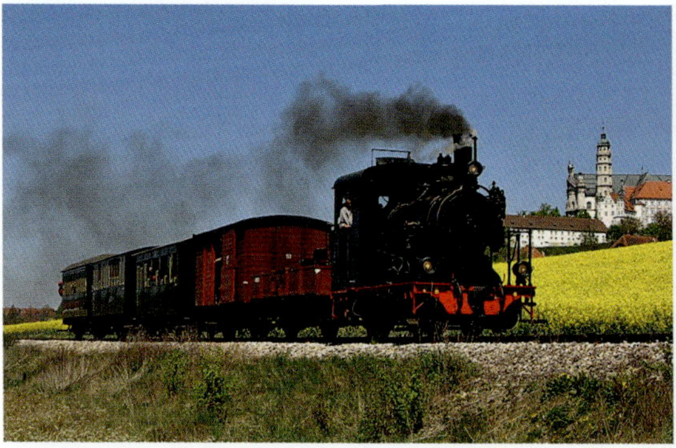

Härtsfeldbahn »Schättere«

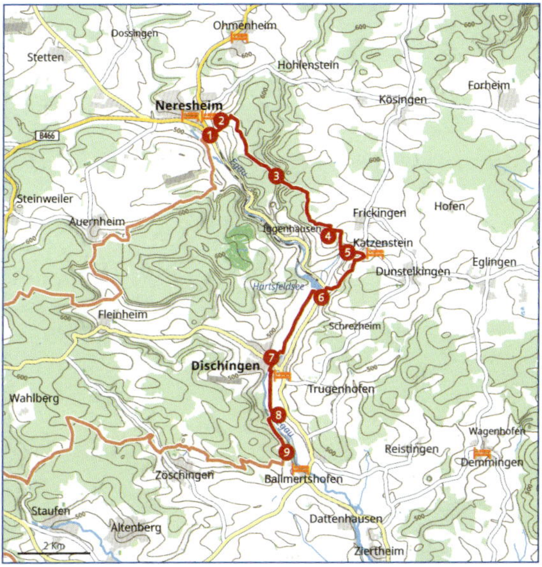

VERPFLEGUNG

Neresheim (S, M, B, E); Katzenstein (E); Härtsfeldsee (E); Dischingen (S, M, B, E); Ballmertshofen (E)

einen Graben nach links in den Wald hinein. Diesem folgen wir, bis er wieder auf einen Schotterweg mündet. Eine Rechts-Links-Abbiegung folgt, wir wandern auf dem Schotterweg leicht bergauf und machen mit ihm eine Rechtskurve. Direkt in der Kurve zweigt unser Albschäferweg auf einen Pfad nach links ab und bringt uns auf eine Wiese.

Am Waldrand geht es nach rechts weiter, kurz durch ein Waldstück hindurch und schon haben wir **Dischingen** und den davorliegenden Härtsfeldsee im Blick. Wir bleiben oberhalb auf der Wiese, gehen am Heckenriegel links vorbei und erblicken die Burg Katzenstein und den **Q-Hof** ❹ der Familie Raunecker mit seinem Q-Café zu unserer Rechten. Hier sind 250 Milchkühe zu Hause, es wird Fleckvieh gezüchtet, zusätzlich werden Bioenergie erzeugt, Maschinen verliehen und Weihnachtsbäume verkauft. Die Familie setzt auf eine nachhaltige integrierte Landwirtschaft, produziert Käse und betreibt ein Café mit selbst gemachtem Kuchen. Wir gehen auf dem kleinen Sträßchen nach rechts und vor dem Hof auf den Wiesenweg nach links. Hinter dem Hof biegen wir schräg rechts vorbei an Pferdekoppeln ab und gelangen in den kleinen Ort Katzenstein. Am Hexenberg angekommen, halten wir uns links und folgen der Straße Unterer Weiler bis unterhalb der **Burg Katzenstein** ❺.

Die Muster-Stauferburg

Die romanische Burganlage geht auf das 11. Jahrhundert zurück. Sie ist die älteste erhaltene Burganlage ihrer Art in Süddeutschland und gilt als staufische Musterburg. Im 13. und 17. Jahrhundert folgten Erweiterungen. Davon sind neben renovierten und restaurierten Gebäudeteilen die Ringmauer, der Pallas, der Burgfried, das Wohnhaus und die Burgkapelle mit ihrem seltenen Wandzyklus original erhalten. Zu den ältesten Teilen der Burg zählt der ca. 20 m hohe Katzenturm. Seit 2006 ist die Burg im Privatbesitz der Familie Nomidis-Walter, die seither sehr viel Geld in die Sanierung gesteckt und die Burg nach Jahren der Schließung wieder geöffnet hat. Heute kann man hier übernachten, Feste feiern, einkehren und an diversen Events wie dem Mittelaltermarkt zu Pfingsten teilnehmen. Im Museum wurde eine Geopark-Infostelle zum Thema Schwabenstein »Suevit« eingerichtet.

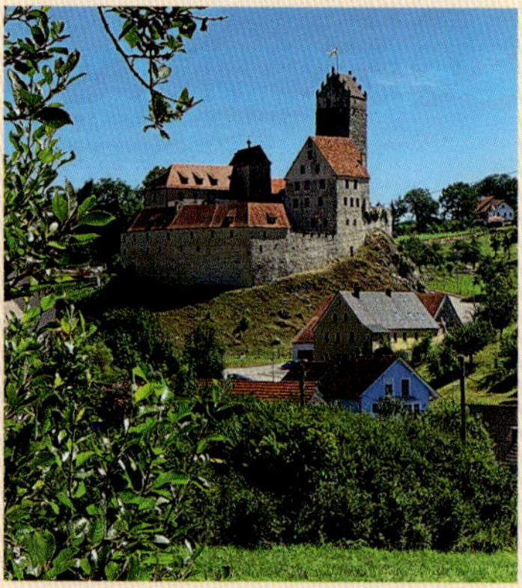

Burg Katzenstein

Schutzacker am Fliegenberg

Da die Heide- und Ackerfläche am Fliegenberg für den Kalkabbau nicht genutzt werden konnte, wurde sie an das Land Baden-Württemberg verkauft. Seit 1994 ist der Fliegenberg Naturschutzgebiet und seit 2011 gehört der Acker zum Schutzgebietsnetz der Deutschen Bundesstiftung Umwelt (DBU) »100 Äcker für die Vielfalt«. Was bedeutet die Ausweisung als Schutzacker für den Landwirt? Er muss sich an einen Fruchtwechsel zwischen Winterfrucht, Sommerfrucht und Kleegras halten, er darf wegen der Lage im Wasserschutzgebiet nur Festmist zur Düngung einsetzen und nur in Ausnahmefällen und nach Absprache mit Herbiziden spritzen. Den durch diese Extensivierung entstehenden Verdienstausfall bekommt er durch die Reduzierung des Pachtzinses ausgeglichen. Ziel ist es, die Ackerwildkräuter, die für den Landwirt als Unkraut gelten, zu erhalten.
Zu diesen Kräutern zählen der Mohn, die Kamille und die weniger vertrauten Arten wie der Blaue Gauchheil, das Flammende Adonisröschen, der Kleine Frauenspiegel und der Finkensame.

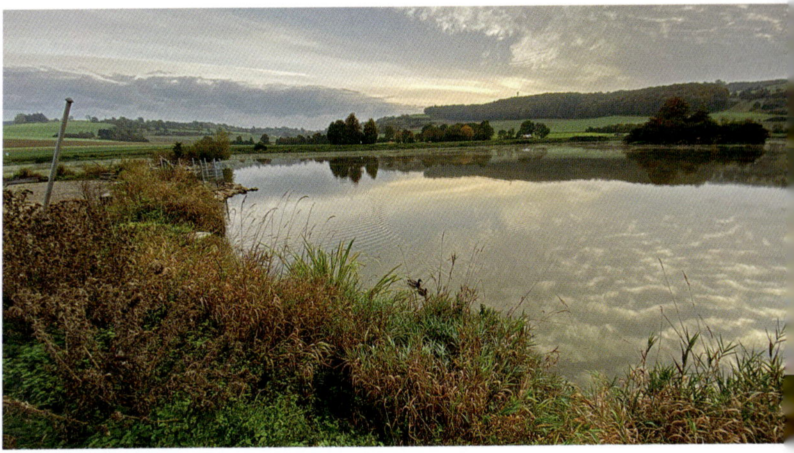

Verträumt liegt der Härtsfeldsee im Morgenlicht.

Zur Burg steigen wir nach rechts auf. Nach einer Besichtigung wandern wir weiter hinauf über den Oberen Weiler bis zum Ortsende von Katzenstein. Nun folgen wir rechts dem Wanderweg Richtung **Härtsfeldsee** (Infos hierzu bei der Zeitspur Herrschaftsweg) 6. Am Punkt **Kahlhof** verlassen wir den Asphaltweg und biegen nach links auf das Feld ab. Am Waldrand angelangt, nehmen wir den schmalen Pfad schräg nach rechts in den Wald und steigen hinab. Wieder draußen aus dem Wald halten wir uns links und haben von hier einen schönen Blick auf den Härtsfeldsee. Weiter im Verlauf stoßen wir auf einen Schotterweg, in welchen wir nach rechts abbiegen und Richtung Straße laufen. Wir gehen links und bleiben unterhalb der Böschung.

Bei der Bushaltestelle queren wir die L2033 und gehen über die Wiese hinauf auf den Stauseedamm. Ein Blick zurück muss sein, denn eine weitere wichtige und unberührte Heidefläche, der sogenannte **Fliegenberg**, breitet sich hier aus. Darüber berichtet die dortige Schäferstele.

Auf der anderen Seite des Sees ist erst kürzlich ein neuer Bahnhof und die derzeitige Endstation der **Härtsfeldschättere** (Infos hierzu bei der Zeitspur Herrschaftsweg) entstanden. Ein Stück folgen wir dem Seerundweg auf dem Damm, verlassen ihn an der **Pumpstation** und gehen auf der rechten Seite an der mit Biberspuren gespickten **Egau** auf einem Wiesenweg weiter nach **Dischingen** 7. Wer vorher noch eine Rast braucht, findet am Kiosk am See ausreichend Möglichkeiten.

INFOS

www.neresheim.de
www.dischingen.de
www.haertsfeld.de
www.hmb-ev.de
www.q-hof-raunecker.de
www.burgkatzenstein.de
www.thurnundtaxis.de
www.lw-online.de

Burg Katzenstein
Oberer Weiler 1–3
89561 Dischingen-Katzenstein
(0 73 26) 91 96 56
www.burgkatzen-stein.de

Landgasthof Goldenes Rössle
Hauptstr. 14
89561 Dischingen
(0 73 27) 3 55 oder
(01 51) 17 27 85 63
www.goldenes roessle.com

Landgasthof Hirsch
Sperrbergstr. 1
89561 Ballmerts-hofen
(0 73 27) 51 71
www.hirsch-ballmertshofen.de

Gasthof Zum Stern
(organisiert Trans-portservice)
Mödinger Str. 4
89561 Dischingen-Demmingen
(0 73 27) 64 72
www.stern-demmingen.de

In Dischingen angekommen, führt uns die Rosenbachstraße in den Ort hinein. Wir biegen in die Fleinheimer Straße nach links ab und machen einen kurzen Abstecher zur **Kirche St. Johannes Baptist**, auch »Klein-Neresheim« genannt. Die gesamte Kirche ist ein Schmuckstück und zählt als Hauptwerk des bekannten schwäbischen Baumeisters Joseph Dossenberger (1721–1785). Er erbaute die Kirche an Stelle einer früheren in den Jahren 1769–1771 im Auftrag von Fürst Alexander Ferdinand von Thurn und Taxis. Durch sein Schaffen prägte er die schwäbische Landschaft, indem er über 40 Sakralbauten konzipierte, fast 20 Pfarrhöfe und verschiedene Profanbauten errichtete.

Auf dem Fußgänger- bzw. Uferweg (vor dem Überqueren der Egau) geht es weiter zu den Sportanlangen von Dischingen. In die Turnstraße biegen wir nach links ab und gehen hinter den Fußballfeldern nach rechts weiter. Für ca. 1,2 km wandern wir durch das **Untere Ried** und können einen Blick auf das **Schloss Taxis** oberhalb des Ortes erhaschen. Am Ende des Schotterwegs können wir uns einen Abstecher zur Kneippanlage gönnen, wenn wir ihm links folgen. Ansonsten geht es geradeaus auf der Wiese am Bachlauf entlang weiter.

Auf Höhe der Gärtnerei ❽ wenden wir uns nach rechts, passieren an einem idyllischen Rastplätzchen die Egau und gehen an der nächsten Abbiegung links. Unser Weg führt oberhalb des Egauwasserwerks der **Landeswasserversorgung**, wo einst die **Buchmühle** stand, entlang. Die Buchbrunnenquelle liefert ca. 950 Liter Grundwasser pro Sekunde, welches vom Egauwasserwerk an etwa 400 000 Einwohner im Nordosten Baden-Württembergs verteilt wird. Die große und recht gleichmäßige Menge der Schüttung hängt mit den – abgesehen von der Egau – nicht vorhandenen oberirdischen Wasserabflüssen auf dem Härtsfeld zusammen. So kommt es zu diesem hohen Grundwasservolumen.

Nach 1 km erreichen wir einen schönen Aussichtspunkt und unser Etappenziel auf Höhe der **Rappenmühle** bei **Ballmertshofen** ❾. Sie wurde 1456 erstmals schriftlich erwähnt. 1912 brannte die Mühle nieder, wurde jedoch wiederaufgebaut. Seit 1962 mahlt sie wegen Unrentabilität nicht mehr, erzeugt jedoch über eine Voith-Turbine Strom. Die Familie Kieninger, in deren Besitz die Mühle seit 1766 ist, hat das Gebäude liebevoll restauriert und ein Café und Restaurant eingerichtet.

Die Familie Thurn und Taxis und die Reichspost

Im Jahr 1490 erhielt Franz von Taxis von Kaiser Maximilian I. den Auftrag, eine Post im Reich aufzubauen. Dieses Vorhaben startete er von Brüssel aus mit dem ersten Kurierdienst in Italien. In der Wende zum 16. Jahrhundert legt die Familie Taxis den Grundstein für ein internationales Postwesen. Zusätzlich zum Briefverkehr setzten sie das Reisen mit der Postkutsche als Strategieziel. Ab dem Jahr 1650 nannte sich die Familie Thurn und Taxis, was von »Turm und Dachs« kommt und mit ihrer Abstammung von der Familie Torriani zu tun hat. Bis 1867 verantwortete dieses fürstliche Haus die Reichspost, danach wurde die Post verstaatlicht.

Das Schloss Taxis war einst die mittelalterliche Burg »Schloss Trugenhofen« und wurde 1734 samt der Ortschaft »Markttischingen« (Dischingen) von der Fürstenfamilie erworben. Seit 1819 nannte man es Schloss Taxis und es galt als die Sommerresidenz der Fürsten. Heute ist es für die Öffentlichkeit nicht zugänglich.

Die Residenz der Familie befindet sich seit 1743/1748 in Regensburg. Nach dem Ersten Weltkrieg wurden in Deutschland mit der Weimarer Reichsverfassung alle Adelstitel und Rechte abgeschafft. Die Familienmitglieder und ihre Nachkommen dürfen jedoch weiter die Titel als Bestandteil ihres Familiennamens tragen.

Schloss Taxis – einst Sommerresidenz der Fürstenfamilie

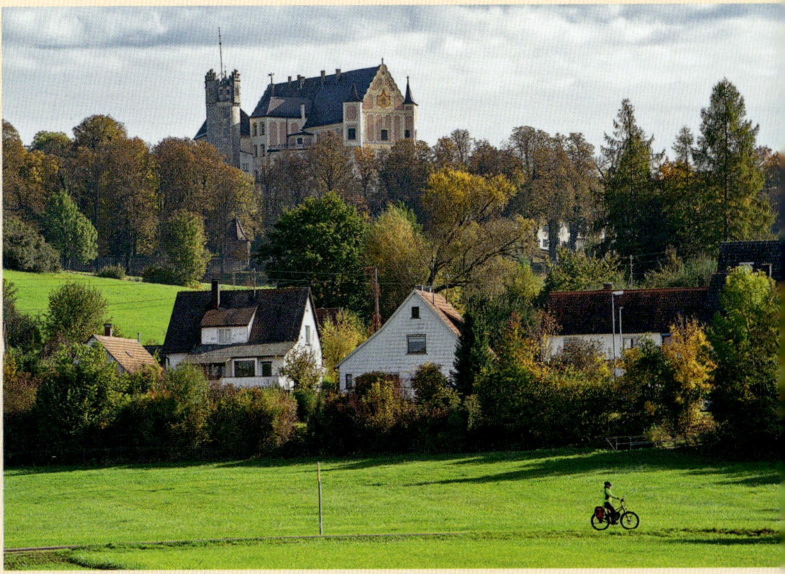

Wie funktioniert das Scheren und was passiert mit der Wolle?

Schon lange geht es bei der Schafschur nicht mehr darum, Gewinne aus dem Wollverkauf zu erzielen, sondern vielmehr um die Gesundheit und das Wohlergehen der Tiere. Die alte Winterwolle wird den Schafen abgenommen, sobald sie in den Stall ziehen oder von der Winterweide zurück sind. Das reaktiviert die natürliche Schutzfunktion der Haut und verhindert die Überhitzung im Sommer oder im Stall. Was früher Aufgabe der Frauen war, erledigen heutzutage professionelle Scherer – und zwar in Akkordzeit. Zur Verfügung stehen Schermaschinen und gelernte Technik, um das Schaf ruhig zu halten. Wie beim Hüten gibt es auch unter den Schafscherern Wettbewerbe, die sogenannten Schafschurmeisterschaften.

Der Verkauf der Wolle deckt inzwischen lediglich die Unkosten. Der Wollpreis auf dem Markt ist einfach zu niedrig. Die Qualitätsansprüche sind gestiegen, die Konkurrenz aus Australien und Neuseeland ist unschlagbar. Die Wolle des Merinolandschafs ist nicht die feinste, aber für Socken, Wolldecken, Filz und manch gröberes Kleidungsstück gut verwertbar.

Nach dem Scheren kauft z. B. die Firma Seybold aus dem nahe gelegenen Lauingen an der Donau Wolle auf, sortiert und presst sie. Da die nächsten Arbeitsschritte wie Waschen und Kardieren vor allem in Asien (China) erledigt werden, muss der größte Teil dorthin. Nur noch wenige und kleine weiterverarbeitende Betriebe gibt es in Europa. Doch es gibt Hoffnung! Immer öfter entstehen Wollprodukte von der Alb bei kleinen Produzenten, wie hübsche Kleidung von Alb Merino und albnah, Wollgarn von Tutto aus Hechingen, sonnenalbfilz, Filzsattel aus Ballmertshofen und einige andere. Wie so oft entscheiden wir Verbraucher mit unserer Kaufentscheidung, wo die Wolle in Zukunft verarbeitet wird!

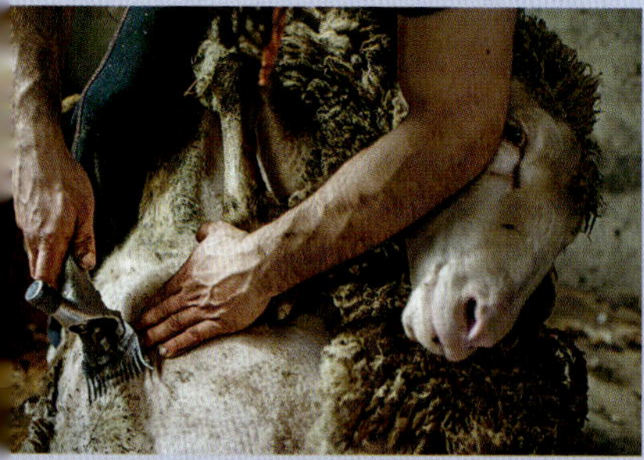

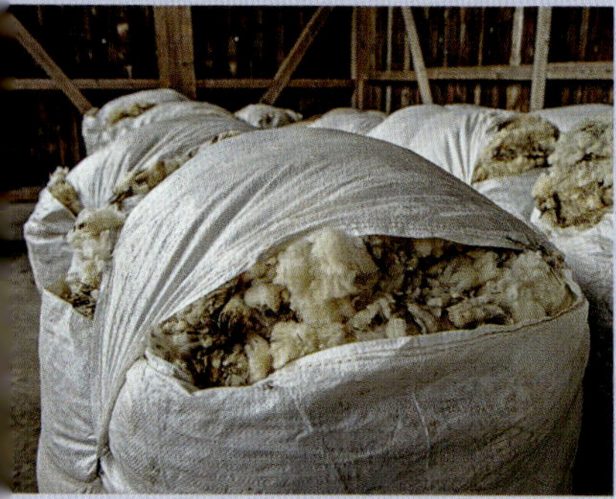

Schafschur

10 Ballmertshofen bis Giengen an der Brenz

Sinne schärfen in Bayern und dem Hölltal entkommen

Es geht auf einen Abstecher ins Bayrische nach Zöschingen. Wir kommen vorbei an einer Wallfahrtskapelle mit Kneippbecken und einem Natursee. Zurück im Heidenheimer Landkreis gehen wir am Rande von Oggenhausen, dem Ort, der Hopfen und Holz vereint, entlang. Über traumhafte Wacholderheiden im Hölltal, mit wunderbarem Ausblick vom Panoramastein, erreichen wir den Schießberg und schon sind wir wieder in Giengen an der Brenz, unserem Ausgangspunkt, angelangt.

Der Startpunkt der zehnten und letzten Etappe des Albschäferweges liegt an der Wegspinne oberhalb der **Rappenmühle** bei **Ballmertshofen** 1 am Heuberg. Ballmertshofen mit seinem um 1500 errichteten Schlösschen wird aufgrund seiner südlichen Randlage auch das »Tor zum Härtsfeld« genannt. Wir orientieren uns bergaufwärts Rich-

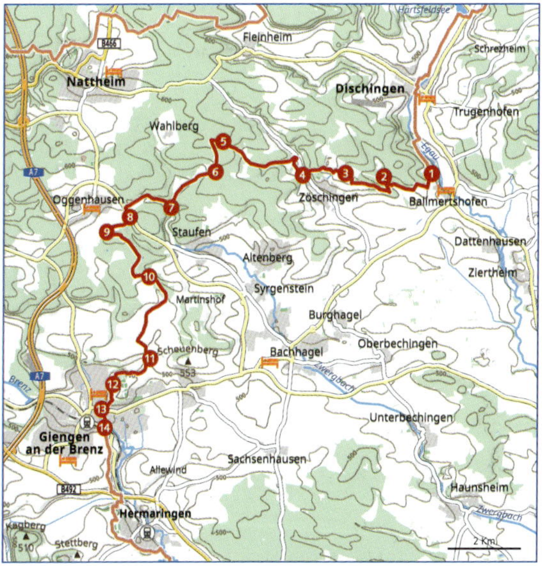

5½ Std.

20,8 km

▲248 ▼264 hm

Schwere Wanderung wegen ihrer Länge mit kurzen Anstiegen zu Beginn und seichtem Auslaufen zum Abschluss

Von Ballmertshofen bis zum Etappenstart 1 km

Ballmertshofen – Kapelle Maria Steinbrunn in Zöschingen – Kreuzbuche/ Windräder – Philippsburg Oggenhausen – Rötenberg – Hölltal – Panoramastein – Marktplatz Giengen – Spitalkirche Giengen

Aussicht ins Zöschinger Tal, Kapelle Maria Steinbrunn, Natursee Zöschingen, Dornhäule, Blick auf Oggenhausen, Hölltal, Panoramastein, Pavillon Giengen, Marktplatz Giengen

EINKEHR

Zöschingen (Dorfladen); Oggenhausen (M, E); Giengen (diverse Versorgungsmöglichkeiten, E)

tung Wald. Dort angekommen, geht es links am Wald entlang und durch ihn hindurch, bis wir zu einer Wasserfassung auf offenem Gelände mit schöner Aussicht bis ins Donautal gelangen. Wir bleiben oben am Hang, gehen zum Waldeck und dann links einen Wiesenweg hinunter. Am Schotterweg geht es rechts weiter.

Im weiteren Verlauf wenden wir uns an der kommenden Spitzabbiegung nach links 2, gehen sanft bergauf und folgen bald einem nach rechts abbiegenden Waldweg. Dieser mündet auf einen Asphaltweg, dem wir nach rechts bergauf folgen. Das bayrische **Zöschingen** im Landkreis Dillingen an der Donau liegt nun unterhalb im Tal. Auf den nächsten Metern gehen wir parallel zum knapp 70 km langen **Donautal Panoramaweg Sinne-Reich**, sehen immer wieder Aufsteller zum Thema Sinne und Landschaftsinformationen. Hinter dem Heckenriegel biegen wir nach links ab und folgen diesem Weg mit seiner Rechts- und Linkskurve.

Wieder stoßen wir auf einen Weg aus Asphalt, biegen nach links ab und sehen bereits die **Kapelle Maria Steinbrunn** 3 mit einem Gnadenbild der Muttergottes aus der ersten Hälfte des 15. Jahrhunderts. Zu ihr führt uns eine Rechtsabbiegung und schon können wir am Rastplatz mit **Kneippanlage**, Holzsehrohr und großartiger Aussicht eine Pause einlegen.

Holzsehrohr hinter der Kapelle Maria Steinbrunn

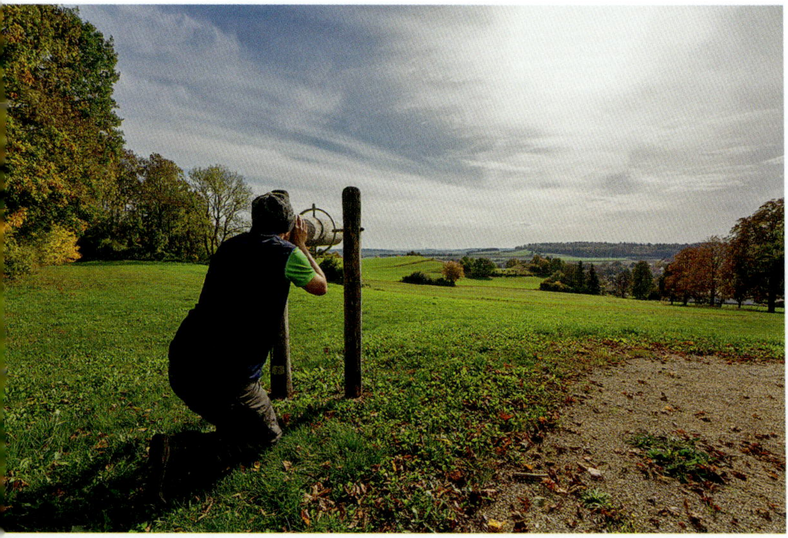

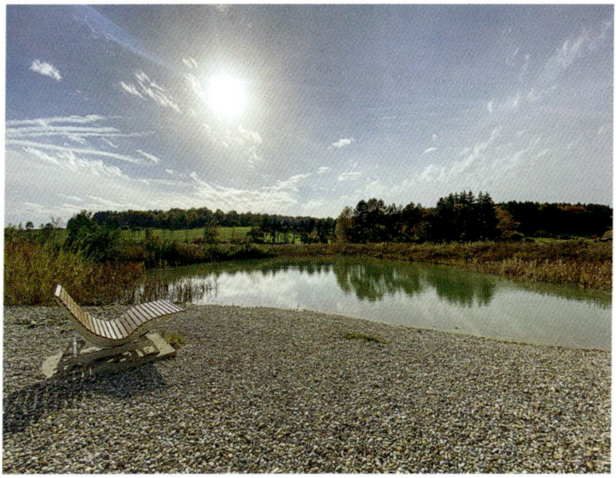

Der Natursee lädt zum Rasten ein.

Vorbei an Holzlagerplätzen, rechts oberhalb der ersten Häuser über die Wiese, geht es schließlich nach links hinunter nach Zöschingen, wo wir die Heidenheimer Straße queren. Auf der anderen Seite halten wir uns rechts und gehen durch eine schöne Anlage mit **Natursee**, **Biotopen** und **Rastplatz** 4 hindurch Richtung Wald. Mit Zuschüssen aus dem bayrischen Naturschutzfonds konnte dieser idyllische Platz für Tier, Pflanze und Mensch 2016 geschaffen werden. Hier trifft man heute auf Sumpfdotterblumen, Orchideen, Erdkröten, Laubfrösche und Bergmolche.

Die Natur und Landschaft eingerahmt betrachten

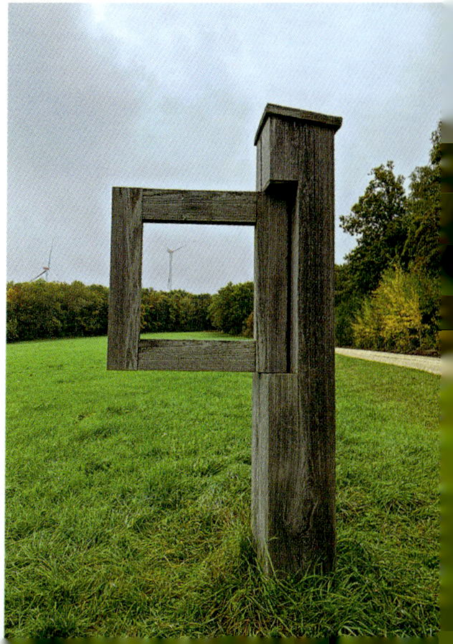

Nun geht es durch das Hürbental und den Zöschinger Forst bis zur Kreuzbuche. Dort kommen wir den **Windrädern des ersten bayrischen Bürgerwindparks** 5 sehr nah. In den Jahren 2012/2013 wurde dieser durch die Finanzierung der Bürger errichtet. Nach der Nuklearkatastrophe von Fukushima 2011 war der Wunsch nach »sauberem« erneuerbaren Strom groß.

An der Kreuzbuche biegen wir links ab und wandern auf den gut ausgebauten Forstwegen weiter durch den **Staufer Forst**. Nach dem Verlassen des Waldes kommen wir zu einer weiten Lichtung mit Wiesenflächen, dem sogenannten **Dornhäule**. Hier lädt ein **Holzrahmen** 6 zum Durchblicken und zum Genießen

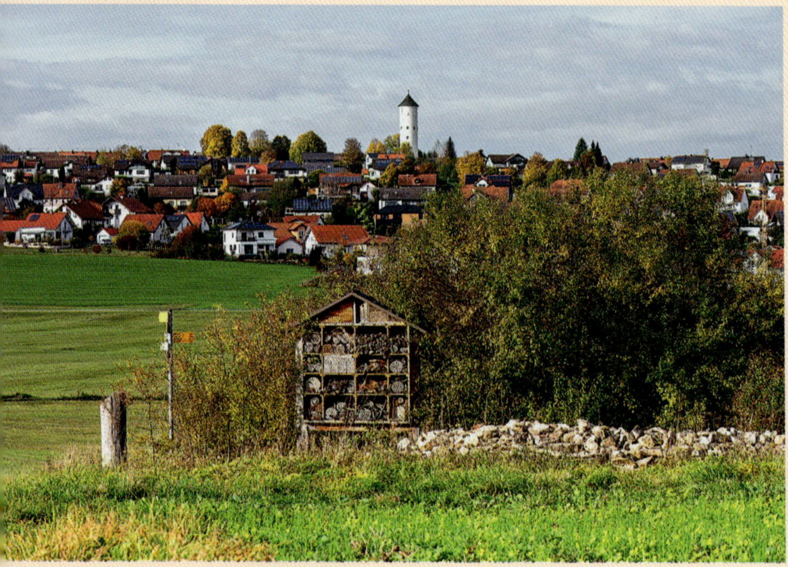

Insektenhotel und Steinriegel auf dem Holzweg von Oggenhausen

Oggenhausen – Hopfen und Holzweg

Ein Abstecher in die zu Heidenheim gehörende Ortschaft mit ca. 1400 Einwohnern lohnt sich. Durstige und Hungrige kommen auf jeden Fall auf ihre Kosten. In der Traube und im König, der Brauereigaststätte mit traditionellem Biergarten, werden köstliche Mahlzeiten serviert. Die Geschichte der Brauerei geht zurück auf das Jahr 1686, als dem Pächter des Gasthofs beim »Oberen Schloss« vom Herzog das Braurecht verliehen wurde. 1827 konnte Familie Majer Gasthof und Braurecht vom württembergischen König Wilhelm I. abkaufen. Seither ziert dessen Brustbild das Wirtshausschild und auch der Name der Königsbräu-Brauerei lässt auf den vorherigen Besitzer schließen. 1870 wurde das Brauereigebäude auf der anderen Straßenseite gebaut, wo die Familie Majer heute in 7. Generation durch Handwerkskunst, heimische Zutaten und ausreichend lange Gärzeiten beste Bier-Spezialitäten herstellt.

Direkt bei der Brauerei startet seit 2015 der in vielen ehrenamtlich geleisteten Arbeitsstunden angelegte, knapp 5 km lange Themenweg »Auf dem Holzweg«. Er vermittelt an 11 Stationen Wissenswertes über den Ort, das Thema Holz, Erzgruben, Insekten und die Oggenhauser »Holzkatzen« – der Spitzname der Oggenhausener, der auf jeden Fall etwas mit den umliegenden Wäldern zu tun hat.

der Landschaft ein. Links und rechts des Schotterweges ist der Einsatz des württembergischen Schäfers auf den weitläufigen Wiesenrändern gefragt. Die Familie Stegmayer aus Giengen hütet hier regelmäßig.

Wir gehen nach rechts am Waldrand entlang bergab und gelangen an einen imposanten Felssturz 7, biegen nach rechts ab und kehren somit zurück auf die Heidenheimer Gemarkung. Kurz darauf verlassen wir den Schotterweg und gehen schräg nach links auf einem Waldpfad weiter entlang der sogenannten **Philippsburg** bis zum Parkplatz 8 mit Infotafel an der Kreisstraße K 3006. An dieser gehen wir auf dem Feldweg wenige Schritte nach links entlang, queren sie und wandern weiter oberhalb der Weiherwiesen bei **Oggenhausen** bis zur Biotopstation auf dem Oggenhauser **Holzweg**, dessen Stationen spielerisch Wissenswertes über Oggenhausen vermitteln. Auf einem Teerweg erreichen wir nach einer Linksabbiegung eine weitere Station mit Albliege und Spielplatz, können rasten und den Blick auf die kleine Ortschaft **Oggenhausen** genießen.

Vorbei an der Schäferstele 9, die uns über die Arbeit der Schafe in Wäldern berichtet, führt uns der Albschäferweg nun erst nach links am Waldrand entlang und dann in den Wald hinein Richtung Giengen. Nach ca. 800 m orientieren wir uns an der Gabelung rechts über den **Rötenberg**. Nach dem Verlassen des Waldes gehen wir nach links und kommen zum **Schratenhof** 10, den wir in einem weiten Bogen umrunden.

Ab dem Parkplatz **Geiwiz** mit Infotafel geht es geradeaus auf Wiesenwegen an einer kleinen Riedlandschaft vorbei. An der Teerstraße gehen wir nach links und dürfen den breiten Wiesenweg, einen typischen Schafstrieb, nutzen. Nach ca. 100 m wenden wir uns nach rechts. Hier lohnt es sich, kurz innezuhalten und die vor uns liegenden Heideflächen zu bestaunen. Diese werden uns jetzt noch eine Weile begleiten.

Auf dem rechts abgehenden Wiesenweg geht es für ca. 100 m weiter und an dessen Ende biegen wir links ab. Hinter der Hecke versteckt sich die letzte Schäferstele. Nun gehen wir schräg nach rechts weiter den Wiesenweg hinunter ins sogenannte **Hölltal** 11, wo einst der Höllbach floss. Durch die Verkarstung des Bodens versickert mittlerweile das Wasser fast vollständig, doch bei enormem Niederschlag kann es vorkommen, dass die Versickerungs-

INFOS

www.giengen.de
www.heidenheim.de
www.dillingerland.de
www.filzsattel.de
www.koenigsbraeu.de
www.oggenhausen-staufen.albverein.eu

Landgasthof Traube
Oggenhauser Hauptstr. 27
89522 Heidenheim-Oggenhausen
(0 73 21) 9 78 70
www.traube-oggenhausen.de

Diverse Hotels und Gästezimmer in **Giengen**: www.albschaeferweg.de/gastgeber oder www.giengen.de

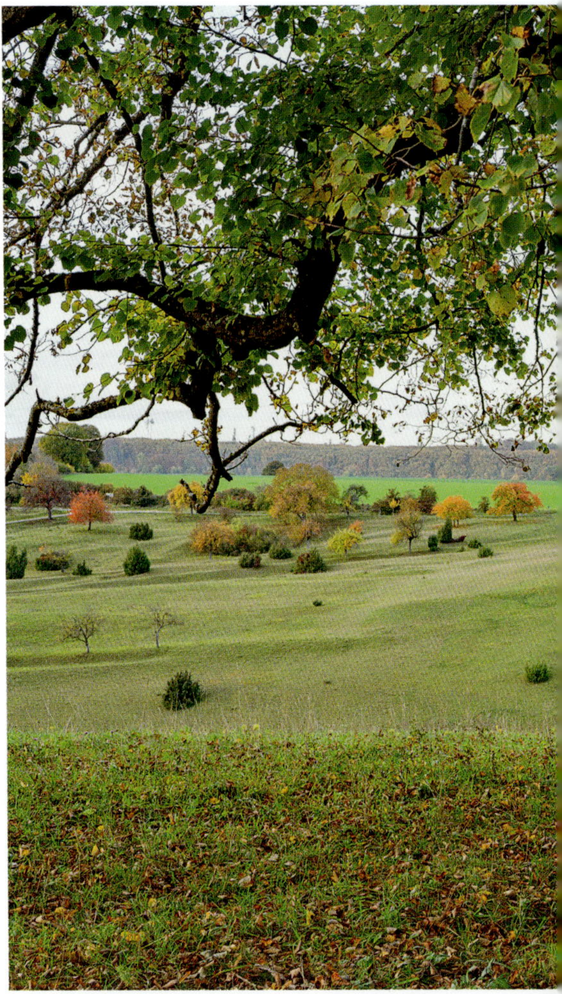

Blick zurück auf das Hölltal und auf die Erlebnisse des Albschäferwegs kurz vor dem Ziel

stellen nicht das komplette Wasser aufnehmen können. Bis zum Bau des Staudamms kam es daher häufig zu großen Überschwemmungen.

Auf der anderen Seite wandern wir nach schräg rechts wieder bergauf. Diese weit ausgedehnten Heideflächen pflegt ebenfalls die Familie Stegmayer. Wir bleiben unterhalb der Hochflächen und erreichen nach dem Tennis- und Hundeplatz den sogenannten **Schießberg** ⓬.

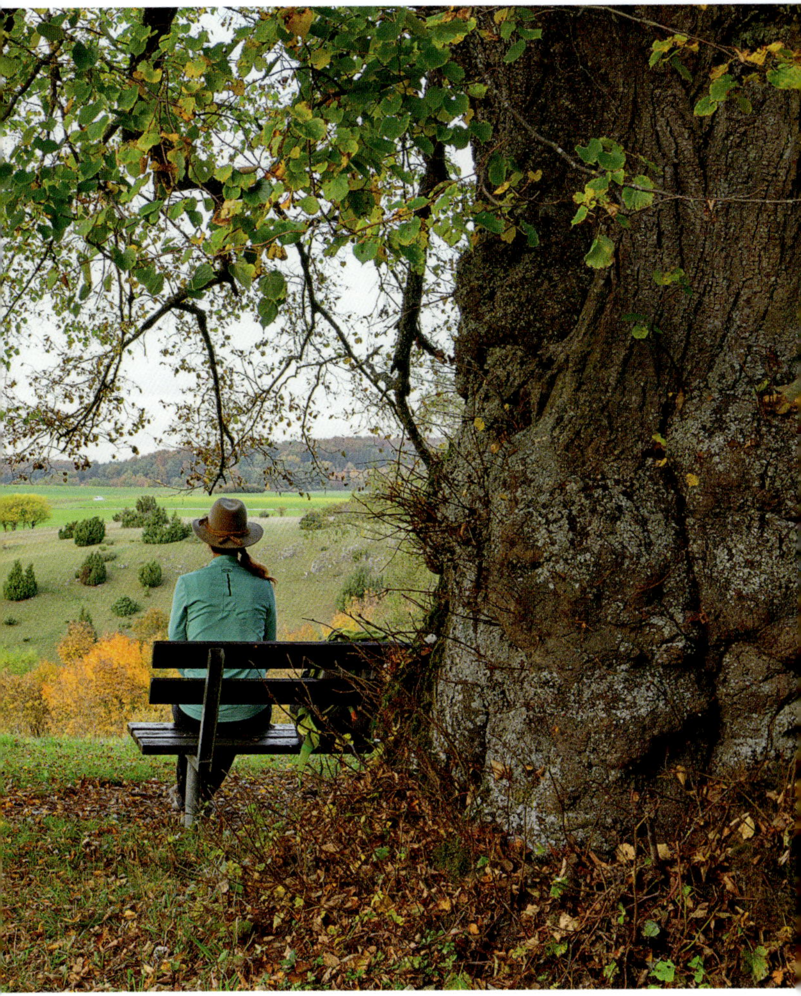

Wir folgen dem Pfad immer weiter geradeaus und wandern nun über eine weitere schöne Heidelandschaft, von der aus wir an verschiedenen Aussichtspunkten auf die Felsenlandschaft des Hölltals und auf die Stadt Giengen an der Brenz blicken. Am **Panoramastein** geht es dann links am Waldrand bis zum Zaun des **Bergbads**. Wir kommen an einer Schafstränke vorbei. Wenn der Schäfer hier oben weidet, muss er immer darauf achten, dass er den Durst seiner

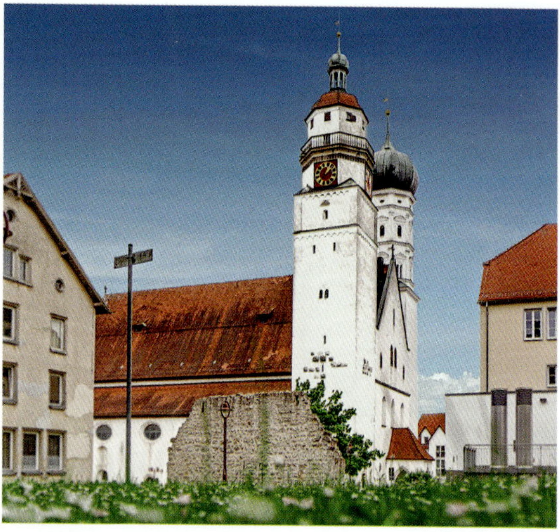

Stadtpfarrkirche von Giengen an der Brenz

Herde stillen kann. Manche Tränken sind an Wasserleitungen angeschlossen, was es dem Schäfer bequemer macht. Sonst muss er das Wasser in großen Tanks transportieren. Nun wandern wir immer am Zaun des Bergbads entlang.

Wir queren ein Sträßchen und erreichen eine schöne Allee, in welche wir nach rechts zum sogenannten **Tanzkreis**, der beim **Giengener Kinderfest** eine große Rolle spielt, einbiegen. Seit über 350 Jahren – das erste belegte Fest war 1659 – gibt es an Pfingsten bereits die Tradition des Kinderfestes in Giengen, man nennt es auch »Nationalfeiertag«. Zu ihm gehören die Stäffelespredigt, Böllerschüsse, der Weckruf durch die Kapellen, ein Festzug durch die Stadt und eben buntes Treiben auf dem Schießberg. Dem Kinderfest gehen die Jahrgangsfeiern der runden Jahrgänge ab 40 voran. Sie treffen sich in den verschiedenen Wirtschaften und reisen inzwischen von der ganzen Welt aus an.

Von hier gehen wir über einen Fußweg hinunter in die Stadt 13. Man sollte jedoch die Chance nutzen und vom Tanzkreis vor zum **Pavillon** gehen. Der Blick auf die **Giengener Stadtkirche** mit ihren zwei unterschiedlichen Türmen ist von hier oben besonders schön. Über die Weinbergstraße, die Planiestraße und die schließlich rechts abgehende Obertorstraße erreichen wir den Marktplatz. Die Hohe Straße und Spitalstraße führen uns hinunter zum Ausgangspunkt an der **Spitalkirche** 14 in Giengen.

Giengen an der Brenz – kleiner Stadtrundgang

Die evangelische Stadtpfarrkirche, ehemals St. Maria, stammt aus mehreren Bauphasen, nicht zuletzt weil sie dem Stadtbrand 1634 zum Opfer fiel. Ihr heutiges Erscheinungsbild, in welches die Überbleibsel der jeweiligen Bauphasen eingebettet sind, stammt aus dem Beginn des 20. Jahrhunderts.

Neben der Stadtkirche befindet sich die ehemalige Markthalle, die heute als die Schranne ein beliebter Ort für kulturelle Veranstaltungen ist. Errichtet wurde der Backsteinbau 1869 und über 60 Jahre lang wurde in ihm der wirtschaftlich wichtige Getreidemarkt abgehalten.

Zu Beginn des 14. Jahrhunderts ist bereits die Existenz eines Spitals zum Heiligen Geist belegt. Das heutige Gebäude wurde 1812 erbaut und die Spitalkirche erhielt 1862/63 ihr heutiges Aussehen. Genutzt wurde das Spital über die Jahre als Altenheim, Armenküche, Wohnung des Arztes und als Krankenhaus. Seit 1967 bietet die Kirche der griechisch-orthodoxen Gemeinde ein Heim.

Zum weiteren Stadtrundgang gehören das Steiff Museum (Infos hierzu bei der Etappe 1) sowie der Skulpturenpfad (Infos hierzu bei der Zeitspur Brenzberge) an der mittelalterlichen Stadtmauer samt Bocksturm.

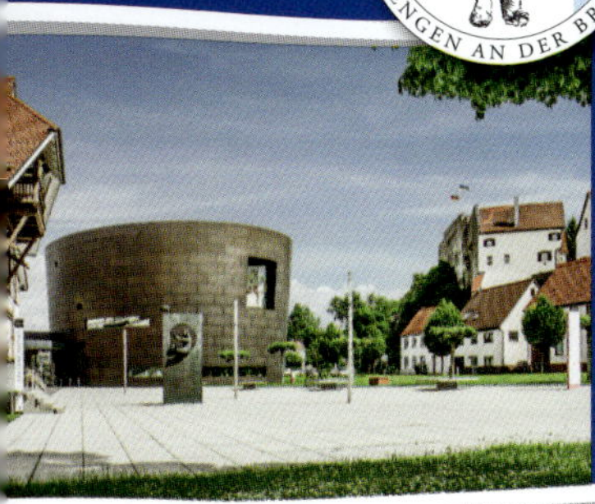

Die Schäferfamilie Stegmayer – Stadtschäfer von Giengen

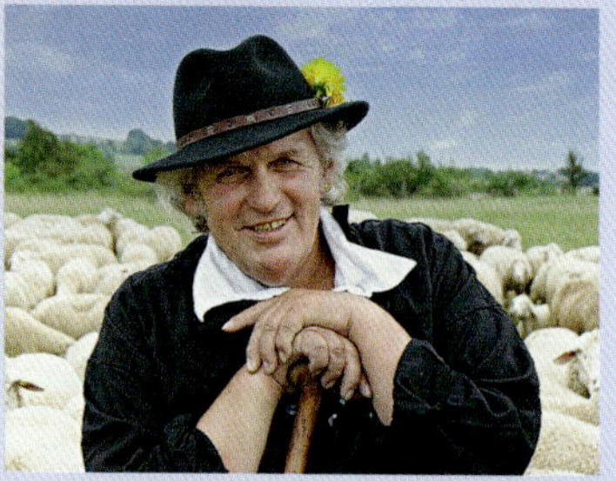

Josef Stegmayer

Vom früheren Hof des Opas in Syrgenstein zogen Josef und Marlies Stegmayer mit drei Kindern auf den Aussiedlerhof in Giengen an der Brenz. Ihre 750 Mutterschafe weiden auf den Landschaftsschutzgebieten rund um den Hof, bei Oggenhausen und im bayrischen Staufen und Syrgenstein. Marlies und Tochter Valerie haben die Ausbildung zur Tierwirtin mit der Fachrichtung Schäferei absolviert und ihren Meister gemacht. Josef ist mit der Schäferei aufgewachsen. Heute führen sie den Hof zu dritt im Haupterwerb als GbR mit Auszubildenden und Praktikanten. Die beiden Frauen schlachten und vermarkten einen großen Teil der Tiere selbst, auch über die Ostalb Lamm-Initiative. Mit Schafswurst, Fellen und sonstigen Produkten rund ums Schaf trifft man sie auf den Märkten der Region und für Führungen sind sie ebenfalls zu haben. Marlies gehört zur »IG Bauernhof erleben«.

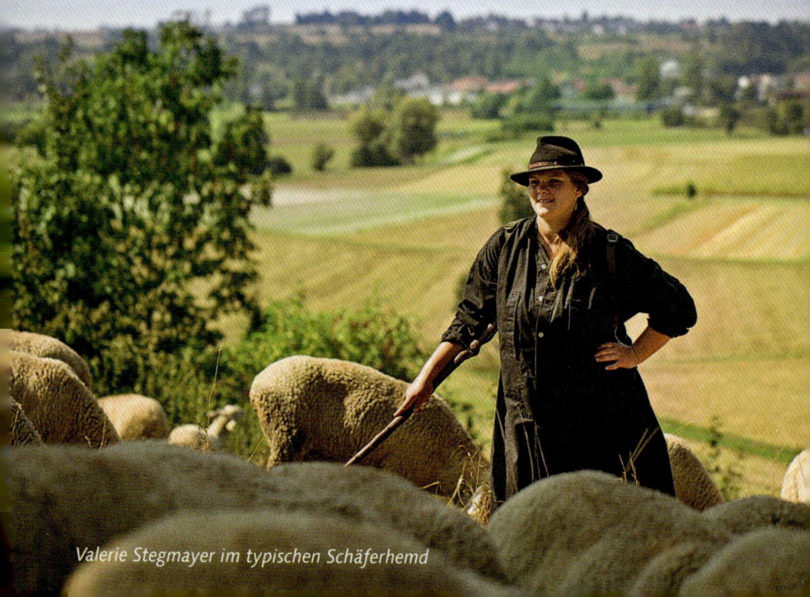

Valerie Stegmayer im typischen Schäferhemd

Albschäfer-Zeitspuren

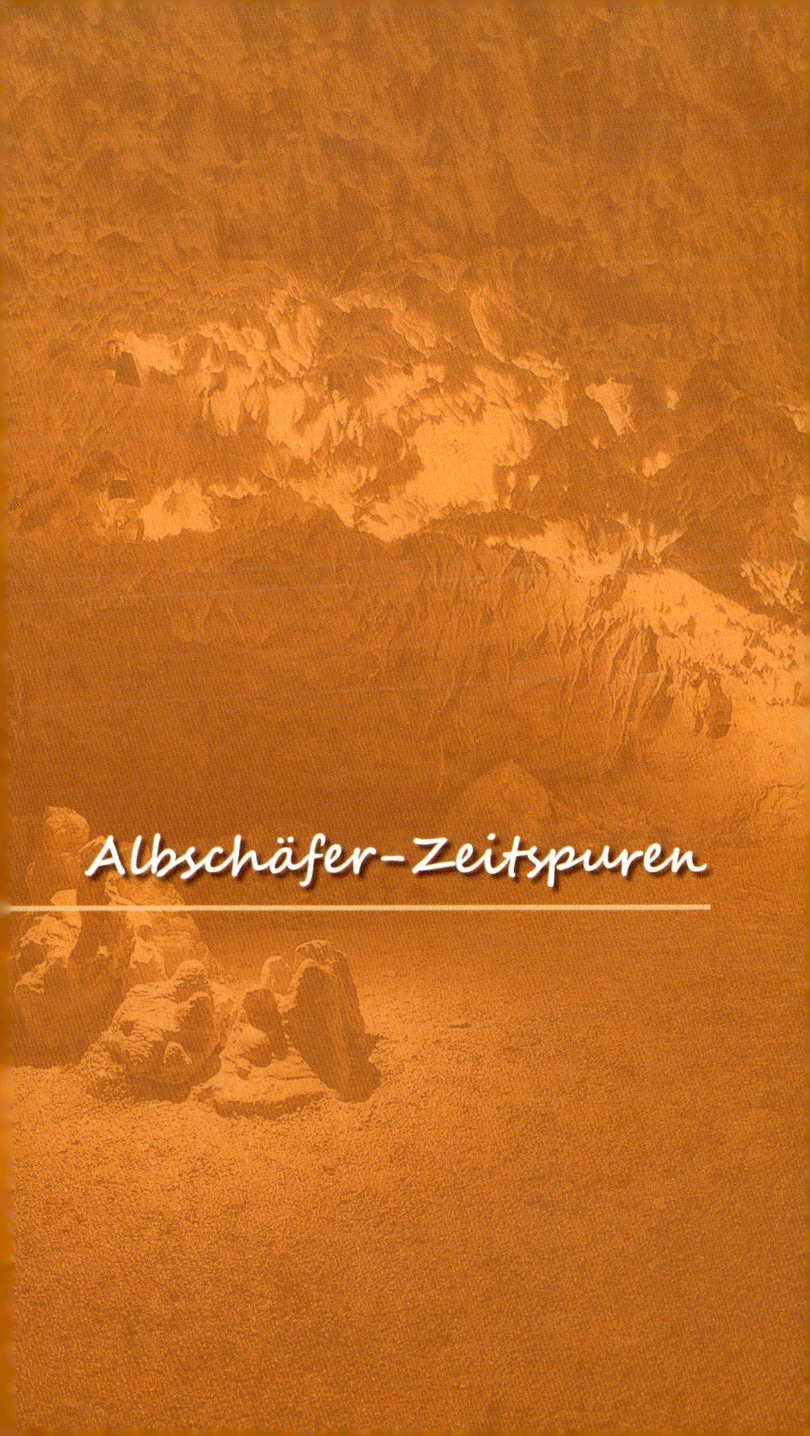

Brenzberge von Giengen an der Brenz nach Hermaringen

11

Über Bruckersberg, Schlossberg, Hirschberg und Benzenberg

3 Std.
11,4 km
▲120 ▼120 hm

Leichte Wanderung mit zwei kurzen knackigen Anstiegen

Bahnhof Giengen
0,5 km

Giengen an der Brenz-Spitalkirche – Ruine Güssenburg – Brenzrenaturierung – Hermaringen – Benzenberg – Giengen

Bruckersberg, Ruine Güssenburg, Brenzrenaturierung mit Brenzturm, Hermaringen, Brenzsee, Benzenberg

www.giengen.de
www.hermaringen.de
www.die-brenz.de
www.heidenheimer-brenzregion.de
www.steiff.com
www.voith.com

Giengen an der Brenz ist nicht nur die Heimat der Steifftiere, es hält auch für Kunstliebhaber etwas bereit. Auf dieser Zeitspur am Albschäferweg wandern wir über die sachten Berge an der Brenz, steigen auf zur Ruine Güssenburg, wandeln auf den Spuren der Brenzbahn, können die Nutzung der Wasserkraft bestaunen und die Schönheit der Wacholderheiden genießen.

Los geht es in der Teddybärenstadt Giengen an der Brenz am Bahnhof. Auf den ersten 500 m bis zur Spitalkirche, wo wir auf die Etappe 1 des Albschäferwegs treffen, passieren wir den **Skulpturenpfad** zwischen Brenzufer und Stadtmauer. Dieser wurde 2004 unter der Leitung des Künstlers Helmut Braig (†2013) angelegt. Gemeinsam mit kunstbegabten Bürgerinnen fertigte er neun Skulpturen im Steingussverfahren. Dabei kamen 40 Sack Zement, Kies, Sand und Farbe zum Einsatz. Der Park würdigt die Kunst und das gemeinschaftliche Engagement. Titel dieser Kunstwerke sind z. B. »Das Kleidchen«, »Brenzorgel« und »Versteinerte Gesellschaft«.

Der Skulpturenpfad an der Stadtmauer von Giengen an der Brenz

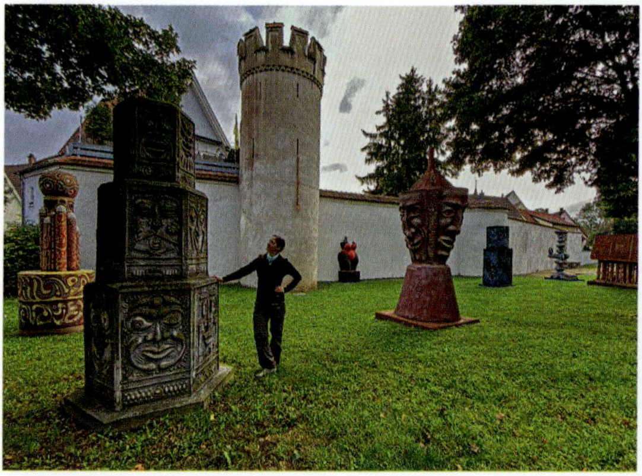

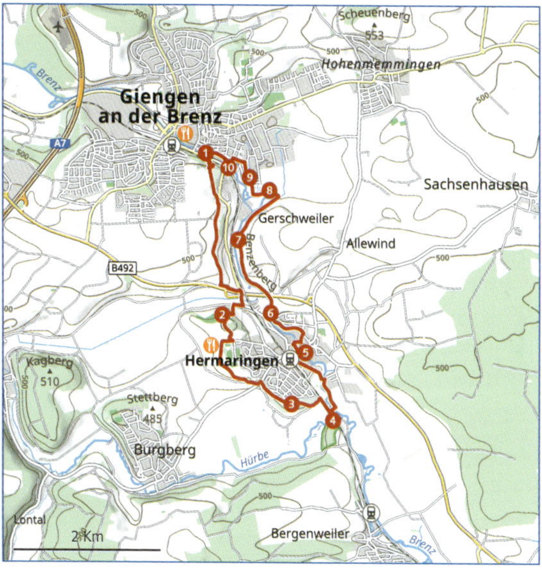

EINKEHR

Hermaringen (Sportgaststätte, E); Giengen (E)

Zur Orientierung konzentrieren wir uns auf die grünen Wegweiser mit dem Zeitspur-Zeichen und die Markierungen mit dem gelben Ring auf weißem Grund. Wir starten unsere Zeitspur mit dem Aufstieg von der Spitalkirche ❶ auf den 501 m hohen **Bruckersberg**. Von hier und vom **Schlossberg** mit der Güssenburg ❷ erschließen sich immer wieder Ausblicke auf die andere Talseite der Brenz

Blick auf den Benzenberg

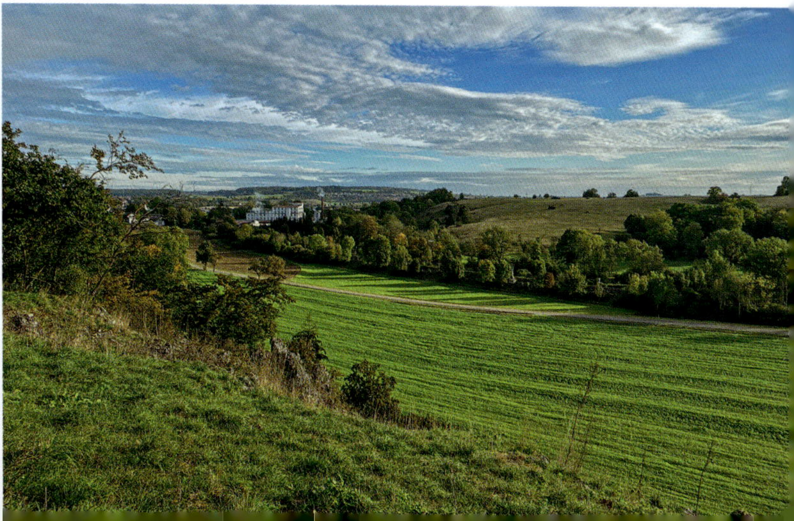

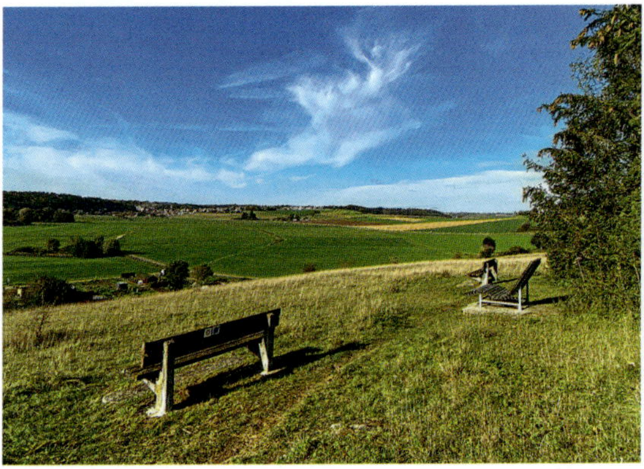

Von hier aus sieht man Schloss Burgberg.

zum Benzenberg. Vom Hirschberg **3** aus blicken wir in das Tal einer alten Brenzschleife mit Umlaufberg Richtung Burgberg. An den **Renaturierungsflächen** der Brenz **4** mit herrlichem Pausenplätzchen und Weidenzelt verlassen wir den Albschäferweg, der am **Brenzturm** und der Brenz entlang weiter nach Sontheim führt. Wir überqueren die Brenz und biegen nach links ab mit dem Gewerbegebiet zu unserer Rechten. Bei der nächsten Möglichkeit passieren wir die Brenz über die Brücke und kommen rechts über die Schillerstraße zum Bahnhof von **Hermaringen** **5**.

Die Brenz(tal)bahn

Die Königliche Württembergische Staatseisenbahn begann 1860 unter der Leitung des Stuttgarter Architekten Georg von Morlok mit dem Bau der Bahnlinie von Aalen nach Ulm mit dem Ziel, eine zweite Verbindung

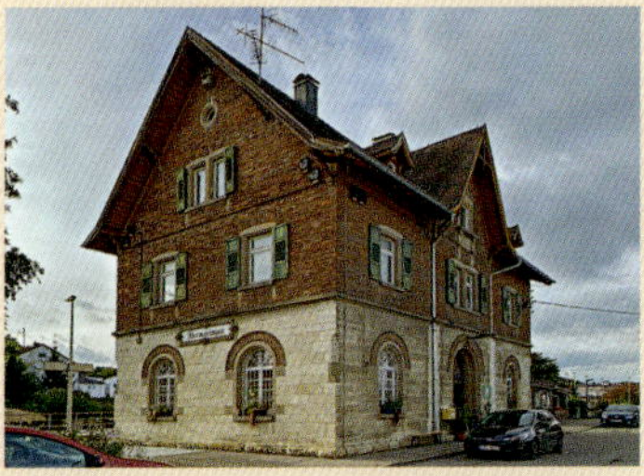

zwischen Neckar und Bodensee zu schaffen. Die Brenzbahn sollte den Anschluss an die Remsbahn liefern. Der erste Bauabschnitt der Brenzbahn wurde 1864 fertiggestellt und endete in Heidenheim. Der Weiterbau nach Ulm verzögerte sich und wurde erst 1876 fertiggestellt. Grund war eine Sperrfrist in einem mit Bayern geschlossenen Staatsvertrag. Die Bahnhöfe an der Strecke sind heute noch architektonische Schmuckstücke. Aktuell wird der weitere Ausbau der für die Region äußerst wichtigen Brenztalstrecke angestrebt.

Stromnetz als Nebenprodukt

Die Schwelle und die Kraft der Brenz hatten schon seit vielen Jahren zwei Mühlen für sich genutzt. In den Jahren 1907/08 erbaute die Firma Voith aus Heidenheim an dieser Stelle die »Elektrische Centrale und Versuchsstation«. Dafür wurde die Brenz zusätzlich gestaut und das untere Flussbett tiefergelegt. Zur Anlage des Wasserkraftwerks gehören ein doppelter Ober- und Unter- bzw. Messkanal sowie das kombinierte Turbinen-, Maschinen- und Wärterwohnhaus. Aufgabe des Wasserkraftwerks war es, die in Heidenheim (11,5 km entfernt) liegende Voithsche Fabrik und Versuchsstation mit Strom zu versorgen. Als Nebenprodukt wurde für Hermaringen ein lokales Stromnetz aufgebaut. Doch was wurde eigentlich »versucht«? In einem separaten Bereich des Maschinenraumes wurden Niederdruckturbinen vor ihrer Auslieferung und im Rahmen der firmeninternen Forschung und Entwicklung getestet. 1970 wurde der Versuchsbetrieb eingestellt, doch die Stromerzeugung ist weiterhin in Betrieb.

Den Bahnhof mit Bioladen und Werkstatt für Weidenkunst lassen wir links liegen und gehen hinab Richtung Ortskern, halten uns rechts und treffen wieder auf die Brenz. Kurz vor dem Rathaus geht es links auf einem kleinen Fußweg in den historischen Ortsteil Hermaringens mit bezaubernden alten dörflichen Gebäuden. Wir passieren die Brenz bei der nächsten Möglichkeit über einen Steg, gelangen in die Mittelstraße und biegen schließlich in die Kronenstraße ab, welcher wir bis zum kleinen aufgestauten **Brenzsee** 6 folgen. Hier laden Bänke zum Beobachten der Enten ein. Am Brenzwehr an der einstigen **Voith-Versuchsanstalt** kann die Fischtreppe bestaunt werden.

Brenzsee in Hermaringen

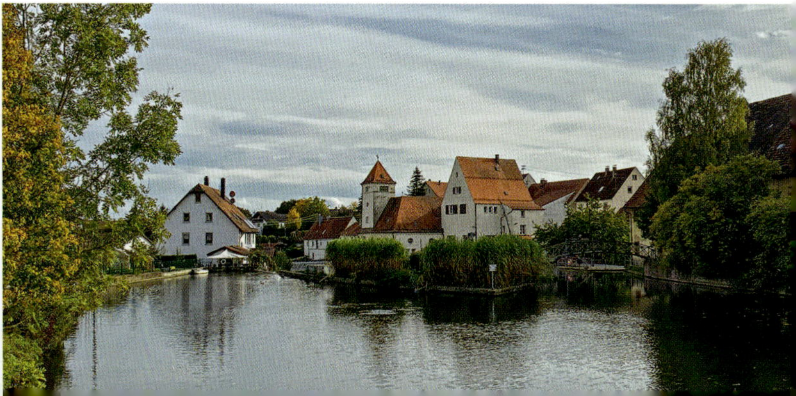

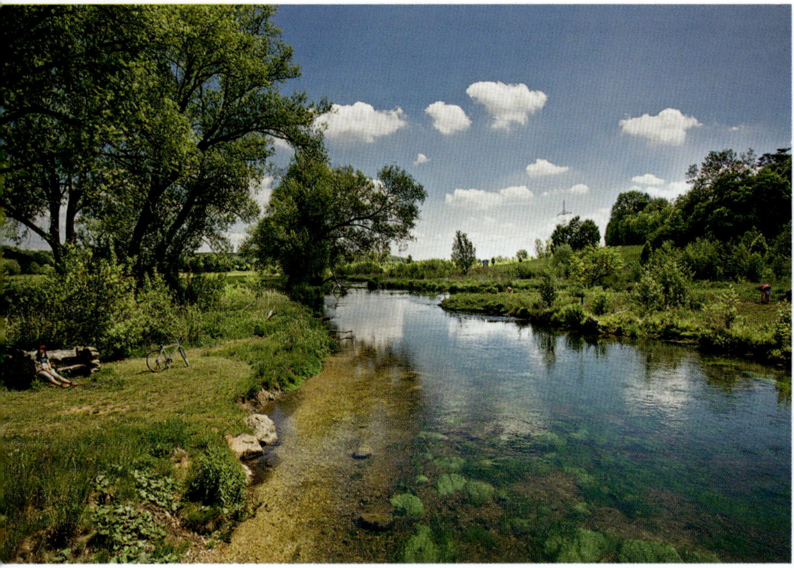

Die Brenz in ihrem renaturierten Flussbett

Dem Weg folgend geht es durch die Unterführung der Bundesstraße unterhalb des 496 m hohen **Benzenbergs** 7 immer an der Brenz entlang. Das Besondere dieses Berges sind seine feste Gesteinsstruktur und die ausgedehnten Heideflächen. Um solch einen Berg rangen sich auch Geschichten und Forschungen. So könnte es sich beim Benzenberg um eine Burg mit Graben gehandelt haben oder um einen Grabhügel aus der Hallstattzeit (800–450 v. Chr.). Ohne Ausgrabung wird man es nicht erfahren.

Die Rückseite des Firmengeländes der **Filzfabrik** liegt gegenüber am anderen Brenzufer. Hier wird es wildromantisch und der Wiesenweg führt weiter bis zum Aischbachsteg 8. Diesen überqueren wir und über eine Wiese, auf der es durchaus auch mal nass werden kann, gelangen wir nach links zur Kläranlage und der Rückseite des OBI-Geländes 9 in Giengen. Ein Stück durch das Wohngebiet und am Ufer der Brenz 10 entlang führt unser letzter Wegabschnitt wieder zurück zur Spitalkirche.

Die Schäferfamilie Zeiner/Stricker

Rund um Hermaringen, an der Güssenburg, auf dem Hirschberg und dem Benzenberg treffen wir auf die ca. 400 Merinolandschafe von Andrea Stricker, ihrem Ehemann Stefan und ihrem Vater Ernst Zeiner, der 1941 geboren wurde und damit der älteste Schäfer des Landkreises ist. Während Andrea und ihr Mann einer Anstellung nachgehen, hütet Vater Ernst die Schafe und versorgt sie tagsüber. Ihr Sohn Julian hilft inzwischen auch fleißig mit, doch ob er mal in die Fußstapfen der Vorfahren treten wird, ist ungewiss. Schäfer Zeiner hat den Beruf nicht gelernt, sondern über seine 60 Jahre Schäfer-Dasein die Herde aufgebaut. Andrea hat auch keine Ausbildung als Schäferin absolviert, sondern vom Vater gelernt. Vor etwa 20 Jahren hat sie den Betrieb übernommen. Allen bereitet die Schäferei Freude und dient als Ausgleich zum Job.

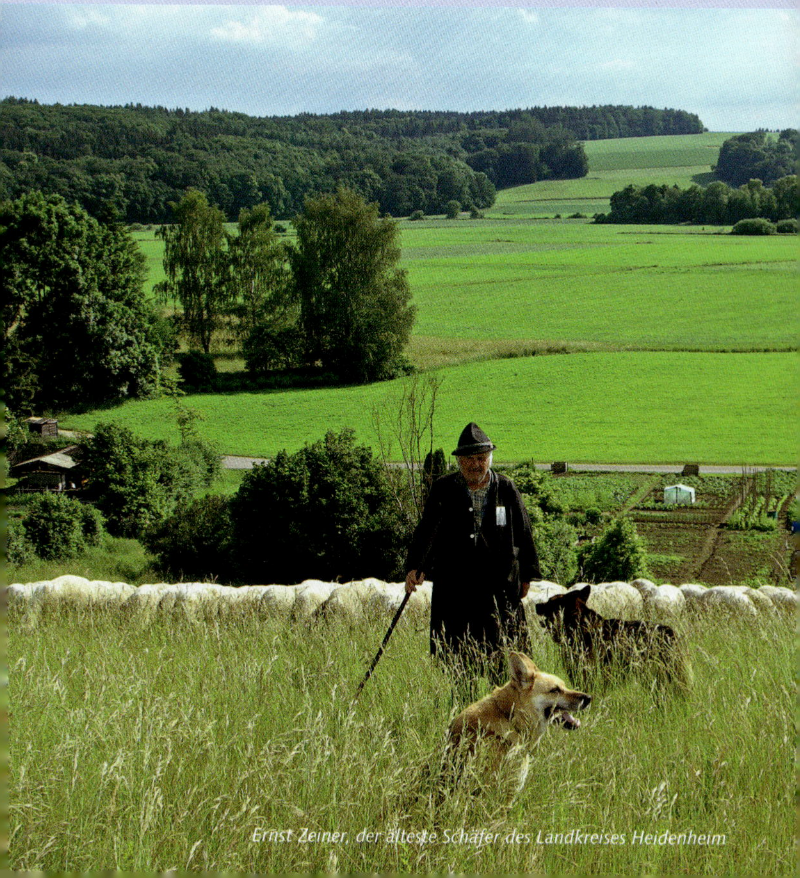

Ernst Zeiner, der älteste Schäfer des Landkreises Heidenheim

Brenztalblick von Hermaringen nach Sontheim an der Brenz 12

Wo das Brenztal ausläuft und das Donautal beginnt

3¼ Std.

12,6 km

▲100 ▼100 hm

Leichte Wanderung ohne steile Anstiege, auf dem Rückweg ggf. Straßenlärm

Bhf. Hermaringen

Hermaringen – Bergenweiler – Sontheim Bahngleise – Schloss Brenz – Alter Steinbruch – Hermaringen

Brenzrenaturierung mit Brenzturm, Schloss Brenz, Galluskirche, Alter Steinbruch

www.heidenheimer-brenzregion.de
www.hermaringen.de
www.sontheim-brenz.de
www.schloss-brenz.de
www.die-brenz.de
www.sontheimbrenz.albverein.eu

Wir wandern entlang der sanft fließenden Brenz, genießen die Natürlichkeit ihres Verlaufs mit Blick vom Brenzturm, planschen vielleicht am Lernort in Bergenweiler und queren die Brenz zwischen Sontheim und Brenz. Das beeindruckende Schloss und die wunderschöne romanische Galluskirche laden zu einer Besichtigung ein, bevor es am Waldrand entlang zurück nach Hermaringen geht.

Unsere Wanderung startet am Bahnhof von **Hermaringen** mit einem Zuweg über die Schillerstraße bis hin zur Brenz ❶. Diese überqueren wir und kommen mit dem Gewerbegebiet zu unserer Linken an eine Stelle der **Brenzrenaturierung** und zum Steg über den Fluss. Hier wurde ein **Erlebnis- und Lernort** mit einem Schatten spendenden Weidenzelt und Zugang zum Wasser geschaffen. Auch wenn wir gerade erst losgelaufen sind, sollten wir uns hier Zeit für einen Aufenthalt nehmen und diesen Ort genießen.

Auf der anderen Seite treffen wir nach wenigen Metern auf die **Hürbe**, die in die Brenz mündet, den **Brenzturm** ❷

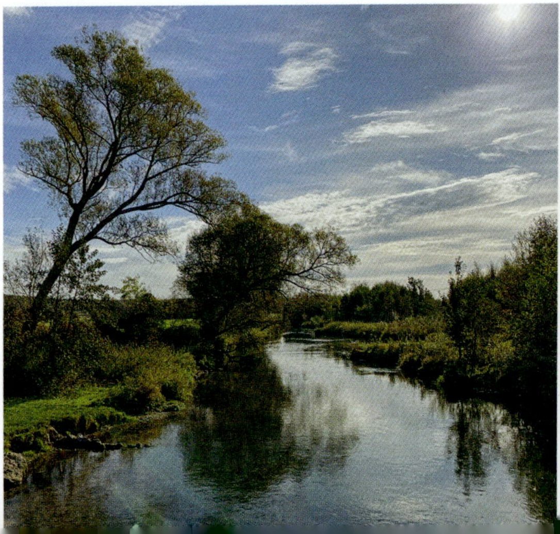

Entspannter Flusslauf

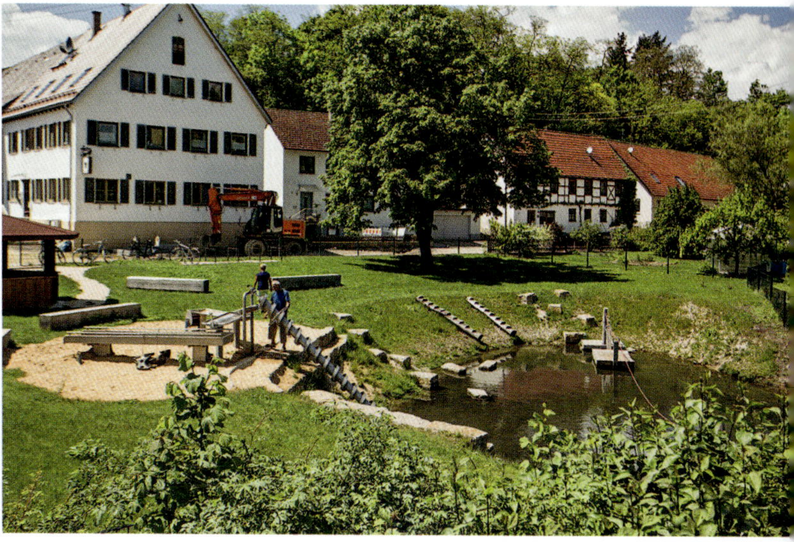

Erlebnis- und Lernort in Bergenweiler zum Thema Wasserkraft

und die Etappe 1 des Albschäferwegs. Diesem folgen wir bis zum Wegpunkt »Versunkene Sohle« kurz vor Sontheim.

In **Bergenweiler** 3 weicht die Zeitspur kurz vom Albschäferweg ab. Wir wandern durch den Ort anstatt um ihn herum. Die Bürger von Bergenweiler tragen den Kosenamen »Windische Unterberger«. Der zweite Teil dieses Kosenamens kommt wohl von der Lage unterhalb der Ravensburg. Die Burgberger nennt man Oberberger. »Windische« geht auf den Kauf des Ortes nach dem 30-jährigen Krieg durch Franz von Welz zurück. Er musste wegen seiner Konfession aus seiner Heimat Kärnten fliehen. Seine Wurzeln hatte er in der Gegend Laibach (Ljubljana), die man die »Windische Mark« nannte.

Erlebnis- und Lernorte an der Brenz

Im Zuge der Renaturierung der Brenz wurden elf Erlebnis- und Lernorte angelegt. Ziel ist hier eine nachhaltige Umweltbildung und die Schaffung von Plätzen zum Erholen und Spielen. Am Mühlenplatz in Bergenweiler geht es um das Thema Wasserkraft. Im 17. Jahrhundert war die Bergenweiler Mühle ein stattliches Anwesen und die neu erbaute Sägmühle einzigartig. Heute wird durch eine mehr als 100 Jahre alte Turbine im Innern der alten Mühle umweltfreundlicher Strom erzeugt.

EINKEHR

Hermaringen (Sportgaststätte, E); Sontheim (E)

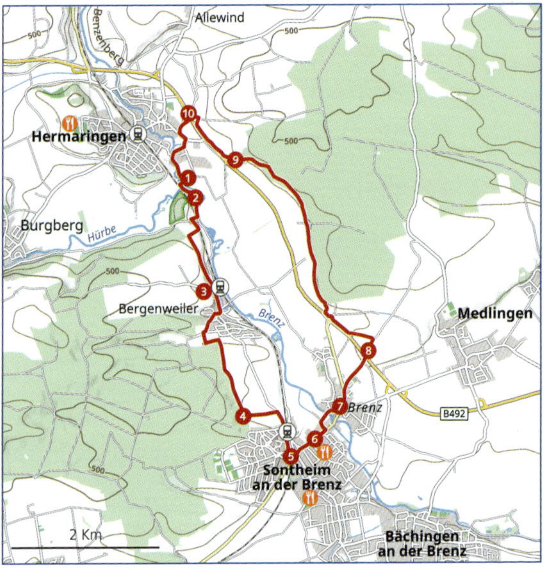

Am Friedhof verlassen wir für ein kurzes Stück den Albschäferweg und folgen der Kirchberg- und Dorfstraße in den Ort. Am **Brenz-Lernort beim Mühlenkanal** erfahren wir Wissenswertes über die Wasserkraft und können eine Rast einlegen.

Wir gehen die Alemannenstraße nach schräg rechts, biegen in die Steigstraße nach rechts ab und gelangen schließlich wieder rechts mit der Kapellenfeldstraße zurück auf den Albschäferweg. An der »Versunkenen Sohle« 4 biegen wir nach links ab und gelangen nach **Sontheim an der Brenz** in den Bergenweiler Weg. Hier gehen wir nach rechts, bis der Bergenweiler Weg in die Bergstraße mündet. An der T-Kreuzung halten wir uns links, passieren die Bahngleise 5 und gehen mit Orientierung geradeaus in die Brenzer Straße. Im weiteren Verlauf der Brenzer Straße kommen wir am Rathaus und einem Einkaufszentrum vorbei, wonach wir links in die Wiesenstraße abbiegen. Gegenüber befindet sich das Gebäude der ehemaligen Molkerei 6 aus Backstein. Es wurde 1893 auf der Gemarkungsgrenze von Sontheim und Brenz erbaut. Im gleichen Jahr wurde die Molkereigenossenschaft gegründet. Knapp 100 Jahre bewährte sich die Genossenschaft, bis sie ab 1990 mit den Milchwerken Schwaben e. G. Ulm (Donau) verschmolz.

Im März sowie September finden in der Sontheimer Hauptstraße Krämermärkte mit vielen Händlern statt. Auch kulinarisch wird einiges geboten – z. B. Hammelbraten, Bratwürste und Saure Kutteln. Übrigens wird beim Sontheimer Albverein der Volkstanz noch sehr intensiv gepflegt. Die Schäfertanzgruppe und -musik kommt aus ihren Reihen.

Nach wenigen Metern können wir uns mit einem Eis aus dem **Eisgenuss-Häusle** direkt vom Hof der Familie Haide selbst versorgen, biegen rechts ab und laufen über die Brücke auf das **Schloss Brenz** 7 zu.

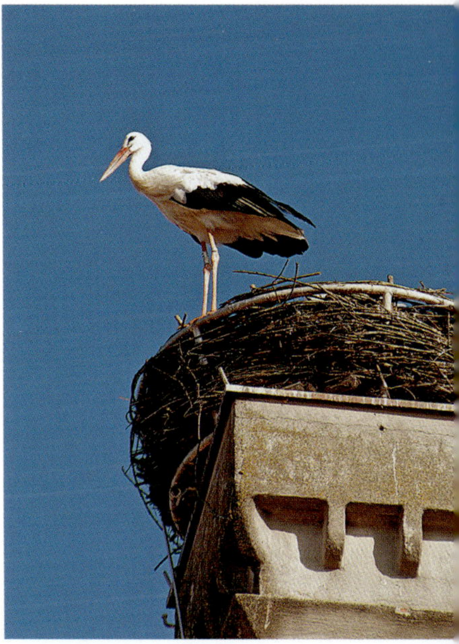

Störche zieht es wieder in die Brenzregion (rechts).

Schloss Brenz liegt oberhalb der Brenz im Ort Brenz (unten).

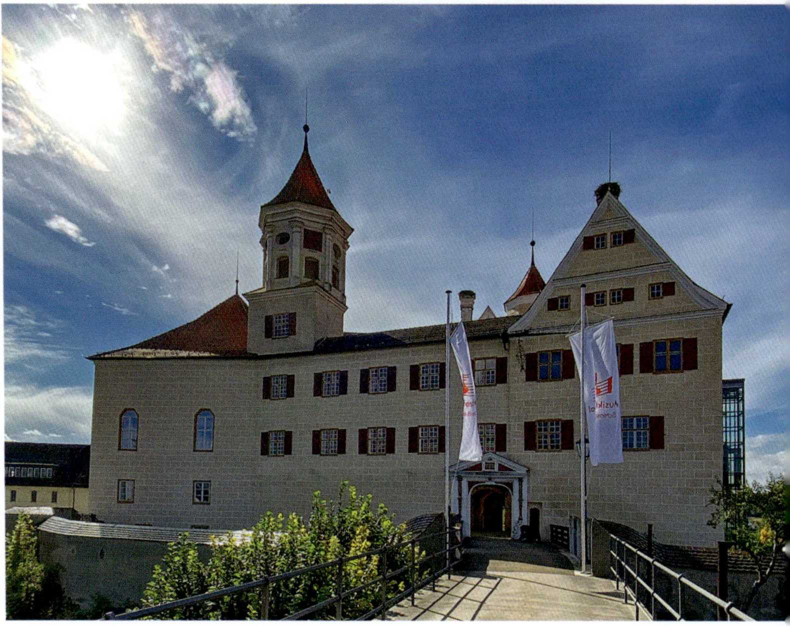

Über das **Schlossgelände** – der Schlosshof ist jederzeit auch über den Hintereingang zugänglich – geht es vorbei an der **Galluskirche** und dem ehemaligen **Pfarrhaus** zum Marktplatz.

Wir bleiben auf der linken Straßenseite der Hermaringer Straße, gehen vorbei am **Gasthaus Hirsch** im sogenannten Schlösschen, wo in früheren Jahren die Münzprägestätte der Hirschgulden untergebracht war, und queren gegenüber dem Sachsenhauser Weg die Straße Richtung Friedhof. Nach der Brücke über die Bundesstraße 8 geht es links auf einem Feldweg wieder Richtung Hermaringen. Parallel zur Bundesstraße führt unser Weg zum Wald hoch, dann naturnah am Waldrand entlang und immer parallel zur Bundesstraße B 492. Bis Ende 2021 herrscht hier herrliche Ruhe, denn die Straße befindet sich unter Vollsperrung im Bau. Es werden die letzten beiden Kilometer der Verbindung zwischen der Autobahn A 7 (Anschlussstelle Giengen/Herbrechtingen) und der B 16 bei Gundelfingen ausgebaut. Nach der Fertigstellung des letzten Bauabschnitts wird es wieder etwas lauter sein. Entschädigt wird man durch die Aussicht auf die Brenzauen, wo sich Störche und Reiher tummeln.

Am alten Steinbruch 9 wandern wir auf einem geteerten Feldweg neben der Bundesstraße und über eine Brücke 10 nach links zurück zum Industriegebiet von **Hermaringen**. Von hier aus nehmen wir den bekannten Weg zum Bahnhof.

Das Schloss Brenz

Imposant ragt es von seinem kleinen Felshügel empor. Der Bau wurde 1672 durch die Herzogenwitwe Juliane von Oldenburg und Delmenhorst und ihrem Sohn Herzog Friedrich Ferdinand initiiert. Vorher hat an dieser Stelle eine Burg gestanden, die im 30-jährigen Krieg zerstört wurde. Im Jahr 1847 erwarb die Gemeinde das inzwischen marode Schloss und baute es zur Schule und zum Rathaus um. 1906 kam ein Heimatmuseum dazu, welches als das älteste Dorfmuseum Baden-Württembergs gilt. Um die 2010er Jahre wurde das Schloss erneut grundlegend teilsaniert. Heute beherbergt das Schloss eine Geopark-Infostelle, steht für standesamtliche Trauungen zur Verfügung und einige Räume, wie beispielsweise der Rittersaal, werden sogar für Feste genutzt. Nicht nur für uns Menschen ist das Schloss im Renaissancestil ein beliebtes Ziel. Auf den Kaminen des Schlosses brüten seit den 2010er Jahren wieder Storchenpaare.

Die Galluskirche

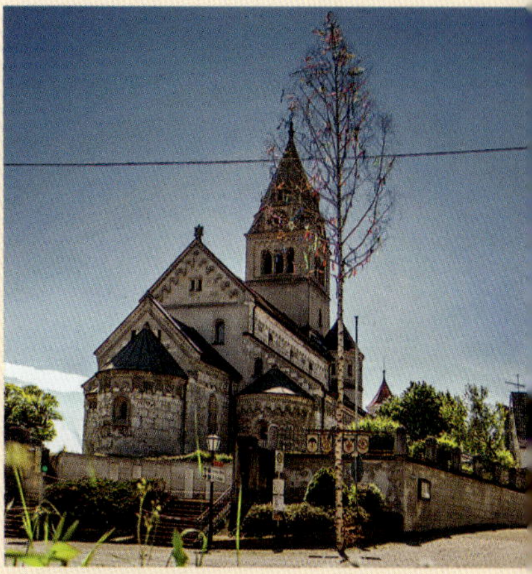

Um 600 stand an ihrer Stelle eine Holzkirche, das belegen die Funde diverser Gräber. Etwa 100 Jahre später wurde sie durch eine Steinkirche abgelöst und die heutige Kirche im romanischen Stil wurde um 1170/80 erbaut. Besonders hervorzuhebende Elemente der Kirche sind der ca. 1180 errichtete Taufstein, der weit und tief genug ist, um den Täufling unterzutauchen, Kapitelle mit Tier- und Pflanzenmotiven und das Säulenportal zum »Paradies«.

Höhlengang von Stetten ob Lontal nach Hürben 13

Auf den Spuren der Vergangenheit in den Tiefen der Alb

2½ Std.

9 km

▲ 152 ▼ 152 hm

Leichte Wanderung mit eventuell rutschigen Abstiegen

Parkplatz Lonetal zwischen Bissingen und Stetten 1,3 km

Parkplatz Lonetal – Archäopark Vogelherd – Stettberg – Ruine Kaltenburg – Charlottenhöhle – Stetten – Parkplatz Lonetal

Archäopark Vogelherd, Ruine Kaltenburg, Blick auf Zusammenfluss von Lone und Hürbe, Charlottenhöhle, HöhlenErlebnisWelt, Blick auf Lontal, Historischer Ortskern von Stetten

Auf dieser Zeitspur tauchen wir ein in die Vergangenheit der Menschheit und die faszinierenden unterirdischen Formen der Schwäbischen Alb. Im Archäopark Vogelherd stoßen wir auf die Wiege der Menschheitskunst, auf der Kaltenburg auf mittelalterliche Baukunst und in der Charlottenhöhle auf sagenhafte Tropfsteine.

Vom Parkplatz Lonetal zwischen Bissingen und Stetten geht es auf einem Zuweg auf der anderen Straßenseite nach rechts, vorbei am **Archäopark Vogelherd** (Infos hierzu bei der Zeitspur Neandertalerweg) und auf einer Strecke von ca. 1,4 km durch den Mehrgenerationenpark bis nach **Stetten ob Lontal**, wo wir unterhalb des Schlosses (1) nach links in die Etappe 2 des Albschäferwegs einsteigen.

Nach ca. 3,3 km auf dem Albschäferweg kommen wir an die Abzweigung nach links um die **Ruine Kaltenburg** (2) herum. Wer den Abstecher bis jetzt noch nicht gemacht hat, der sollte dies nun auf jeden Fall nachholen. Statt der Abbiegung nach links gehen wir geradeaus weiter und genießen neben den Eindrücken der Ruine die Aussicht ins **Lone- und Hürbetal**.

Von der Burg aus wenden wir uns nach links und gelangen nach wenigen steilen Stufen wieder auf unseren Weg,

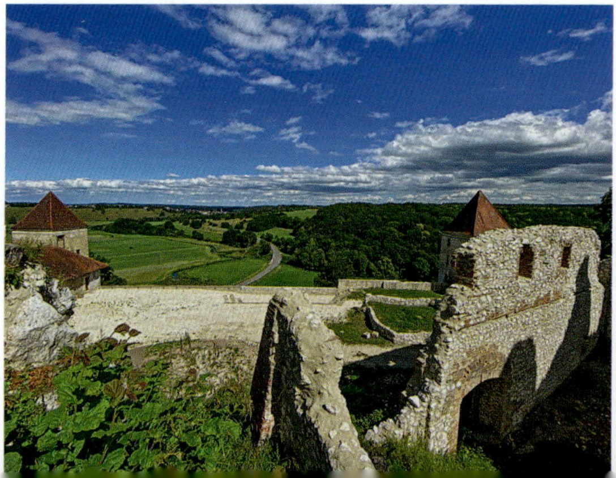

Von der Ruine Kaltenburg hat man einen herrlichen Ausblick.

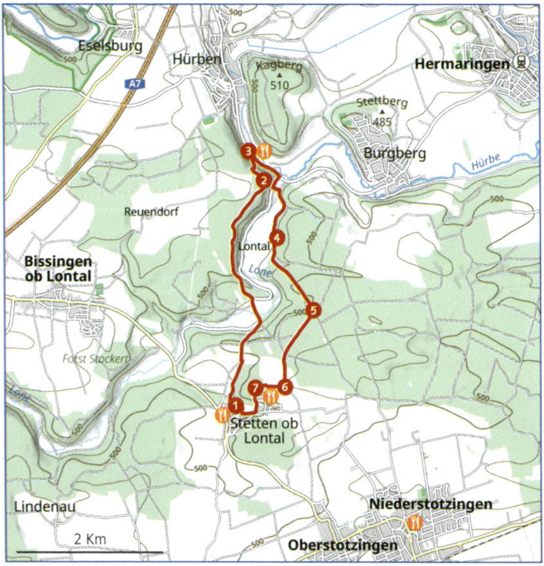

www.giengen.de
www.niederstotzingen.de
www.ig-kaltenburg.de
www.archaeopark-vogelherd.de
www.hoehlenerlebniswelt.de
www.jakobswegle.de
www.geopark-alb.de

gehen bis zum Wanderwegkreuz und biegen hier vom Albschäferweg nach schräg rechts ab. Es sind nur wenige Schritte, bis wir aus dem Wald hinauskommen und uns unterhalb des Eingangs zur **Charlottenhöhle** befinden.

EINKEHR

Hürben (Höhlen-Haus); Stetten (E); Archäopark Vogelherd (Parkcafé und Grillstelle)

Die Höhlen der Schwäbischen Alb

Aus den Ablagerungen des Jurameers, welches vor ca. 200 Mio. Jahren die Schwäbische Alb überzog, entstand das Karstgestein, auch Juragestein genannt. Dieses prägt heute noch die Landschaft und die Böden der Alb. Kohlensäurehaltiges Wasser löste das Kalkgestein auf und so entstanden über die Jahrmillionen unzählige Hohlräume. Zwölf dieser Höhlen wurden im Geopark Schwäbische Alb als Schauhöhlen gestaltet, das heißt, es wurden Wege und Beleuchtungskonzepte angelegt und es finden Führungen statt. Höhlen, in die der Mensch nicht gestalterisch eingegriffen hat, nennt man Naturhöhlen. Wer diese besichtigen möchte, braucht eigene Ausrüstung (z. B. Neoprenanzug und Stirnlampe). Andere Höhlen sind trockenen Fußes und ohne Ausrüstung zu erkunden und wieder andere sind ausschließlich für Höhlenforscher zugänglich. Jede Höhle hat ihre eigene Magie und so kann man eintauchen in ein Paradies aus Tropfsteinen, Schächten, Deckenspalten, Hallen, Sinterfahnen und Sinterbecken.

Die Charlottenhöhle

Die Entdeckung der Höhle erfolgte 1893 über das Hundsloch (Infos hierzu bei der Etappe 2). Da der Einstieg in die Höhle über dieses Loch, in welchem man Tierkadaver entsorgt hatte, beschwerlich war, wurde von innen heraus ein Stollen gegraben – der heutige Besuchereingang. Noch im Jahr der Entdeckung dieser mit einer Länge von 587 m längsten Schauhöhle folgte die Ausstattung mit elektrischem Licht und die Einweihung stand ins Haus. Als Namensgeberin und Schutzpatronin dieser besonderen Tropfsteinhöhle wurde Königin Charlotte von Württemberg eingeladen. Bereits im ersten Jahr zählte die Höhle 15000 Besucher. Heute ist sie mit LED-Beleuchtung ausgestattet und wird vom Höhlen- und Heimatverein Giengen-Hürben betrieben. Für eine Besichtigung, die von April bis Ende Oktober möglich ist, sollte man unbedingt eine Jacke dabeihaben, denn in der Höhle herrschen konstante 9 °C.

Die Charlottenhöhle überrascht hinter jeder Wegbiegung mit neuen Highlights.

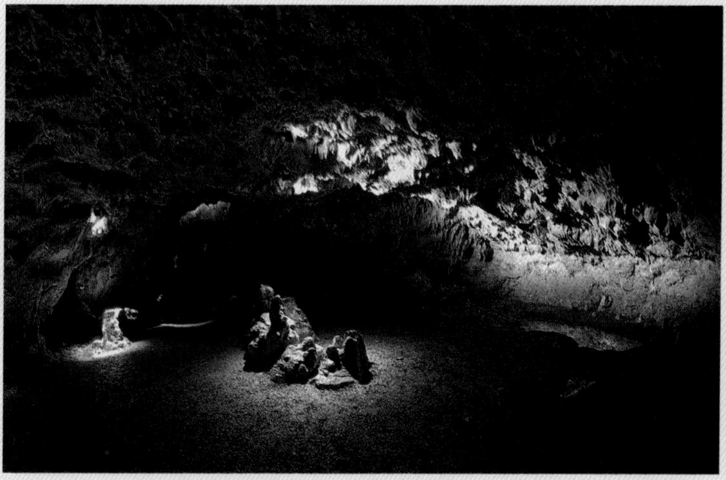

Die HöhlenErlebnisWelt Giengen-Hürben

Zur HöhlenErlebnisWelt gehören neben der Charlottenhöhle auch das HöhlenHaus mit Einkehrmöglichkeit und einer Geopark-Infostelle, ein toller Abenteuer- und Wasserspielplatz, Grillstellen, ein Reisemobilstellplatz und das HöhlenSchauLand. In diesem interaktiven Museum kann man auf Entdeckungsreise durch die Erdgeschichte gehen. Anfassen und Ausprobieren werden hier großgeschrieben.

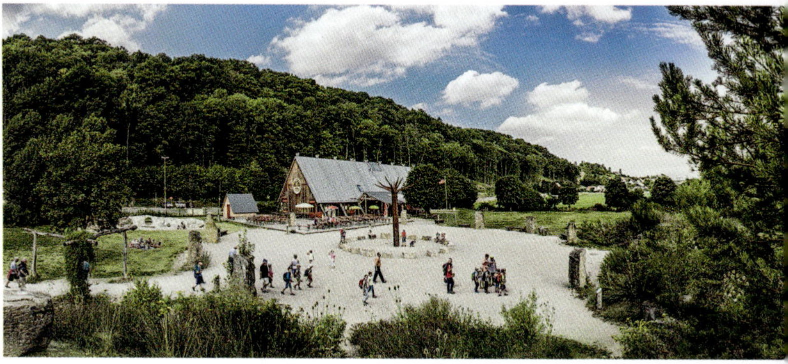

Am HöhlenHaus kommen alle auf ihre Kosten – Essen, Lernen und Spielen sind angesagt.

Ins Tal hinab führt unser Weg über den **Zeitreisepfad**, welcher zur Unterhaltung während des steilen Aufstiegs vom HöhlenSchauLand zur Höhle angelegt wurde. Er informiert uns an acht Stationen über bedeutsame historische Epochen. Beim Absteigen reisen wir vorwärts in der Zeit von der Urzeit und Eiszeit bis ins Mittelalter zu den Staufern. Achtung: Bei Nässe kann es hier rutschig sein.

Das **HöhlenHaus** mit Erlebnisareal auf der anderen Straßenseite bietet die Möglichkeit zur Einkehr und ausgiebigen Rast. Unser Weg führt nach rechts auf dem Gehweg an der Straße entlang zurück ins Lonetal. Unterhalb der Burg biegen wir nach rechts ab und können in einer Infohütte noch einmal in die **Geschichte der Kaltenburg** eintauchen.

Gegenüber der Hütte führt ein Schotterweg an den Waldrand auf der anderen Talseite, wo wir uns nach rechts wenden. Diesem leicht ansteigenden Weg folgen wir und haben dabei eine schöne Aussicht auf den kleinen Ort **Lontal** mit seiner **St. Ulrich Kirche**. Bereits um 1200 wurde die Kirche schriftlich erwähnt. Die heutige Kirche fand 1605 ihre Weihung durch den Bischof von Augsburg. Seit jeher galt sie als Wallfahrtskirche.

An der Weggabelung halten wir uns rechts und folgen dem Weg lange durch den Wald, bis wir an der Wegspinne **Sparenwald Nord** nach rechts und an der nächsten nach links abbiegen. Wir kommen aus dem Wald hinaus und nach links auf einen Teerweg. Von hier öffnet sich der Blick auf **Stetten ob Lontal**. Oberhalb des Ortes am Strommasten biegen wir nach rechts ab und gehen auf die ersten Häuser zu. Leicht nach rechts versetzt wandern wir an ihnen auf der Wiese vorbei und gelangen hinter ihnen nach links über eine Treppe ins Tal und zur Kirchstraße.

Brunnen in Stetten ob Lontal

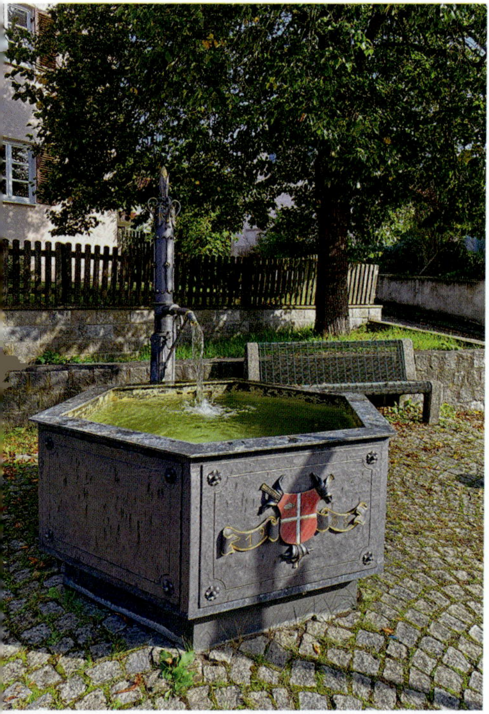

In diese biegen wir nach rechts ein und haben nun die Möglichkeit, einen kurzen Abstecher zum **historischen Ortskern mit der Pfarrkirche Mariä Himmelfahrt** zu unternehmen. Unsere Zeitspur biegt schon bald von der Kirchstraße wieder nach rechts ab und wir erreichen unseren Ausgangspunkt der Rundtour. Wer genau hinschaut, entdeckt auf der linken Seite noch ein mittelalterliches **Sühnekreuz**.

14 Neandertalerweg im Lonetal

Unseren künstlerischen und klugen Vorfahren auf der Spur

Der anatomisch moderne Mensch siedelte sich nach dem Neandertaler auch im Lonetal an. Hier gab es alles, was er zum Leben brauchte, und so blieb genügend Zeit, sich mit dem Herstellen von Kunstwerken und Musikinstrumenten zu beschäftigen. Wir wandeln auf den Spuren der früheren Menschen, bestaunen die Höhlen, wo sie einst lebten, und können uns im Archäopark Vogelherd in die Geschichte entführen lassen.

Der Neandertalerweg startet am Wanderparkplatz Lonetal ❶, an der L 1168 gelegen, mit dem Gang durch das **Lonetal**, welches seit 2017 zum UNESCO-Welterbe »Höhlen und Eiszeitkunst der Schwäbischen Alb« gehört.

Wir orientieren uns am Wegweiser mit dem kleinen Neandertaler. An der ersten Möglichkeit queren wir die Lone ❷ und wandern auf der anderen Seite weiter. Kurz

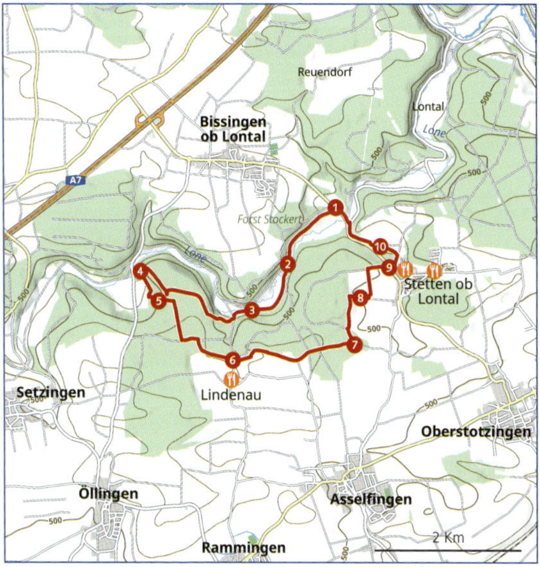

3 Std.

11 km

▲108 ▼108 hm

Mittelschwere Wanderung mit steilem An- und Abstieg, sonst sanfte Tour

Parkplatz Lonetal

Parkplatz Lonetal – Hohlenstein-Höhlen – Bocksteinhöhle – Abzweig Lindenau – Stetten ob Lontal – Archäopark Vogelherd – Parkplatz Lonetal

Hohlenstein-Höhlen, Bocksteinhöhle, Ausblick übers Lonetal, Pfarrkirche Mariä Himmelfahrt Stetten, Archäopark Vogelherd

www.archaeopark-vogelherd.de
www.welt-kultursprung.de
www.lonetal.net
www.stadt-niederstotzingen.de
www.heidenheimer-brenzregion.de

Das Lonetal, die Neandertaler und der frühe Mensch

Dort, wo heute das Lonetal liegt, befand sich vor 200 Mio. Jahren ein tropisches Meer mit Korallen- und Schwammriffen, die die heute noch sichtbaren hellen Felsen bildeten. Als sich das Wasser zurückzog, wurden während der Kreidezeit und des Tertiärs die Täler und so auch die Ur-Lone geformt. Gute Jagdmöglichkeiten und der Schutz der Höhlen machten das Tal zunächst für Neandertaler und später für den anatomisch modernen Menschen interessant. Dieser fand hier alles vor, was er zum Leben brauchte, und nutzte sein Geschick und seine Zeit dafür, die ersten Kunstwerke und Musikinstrumente der Menschheit anzufertigen. Aus Stoßzähnen von Mammuts schnitzten diese ersten Menschen vor 40 000 Jahren heute weltbekannte Elfenbeinfiguren, die wir auf unserer Wanderung kennenlernen.

Die Hohlensteinhöhlen

Das Höhlenensemble gehört zu den wichtigsten Steinzeitfundstätten der Welt. Die Bärenhöhle hat wohl dem eiszeitlichen Höhlenbären als Quartier gedient. Dies belegen etwa 100 gefundene Bärenschädel und zahlreiche fossile Bärenknochen. Im Stadel wurde die ca. 40 000 Jahre alte und stattliche 31 cm große Elfenbeinfigur »Löwenmensch« gefunden. Die ersten Teile wurden bereits bei Grabungen 1939 entdeckt. Erst 1969 konnte die Figur zusammengesetzt und als Mischwesen von Höhlenlöwe und Mensch gedeutet werden. Nach weiteren Funden von etwa 700 Einzelstücken wurde sie 2013 in einem aufwendigen Prozess erneuert und ergänzt und kann heute fast vollständig im Museum in Ulm bestaunt werden.

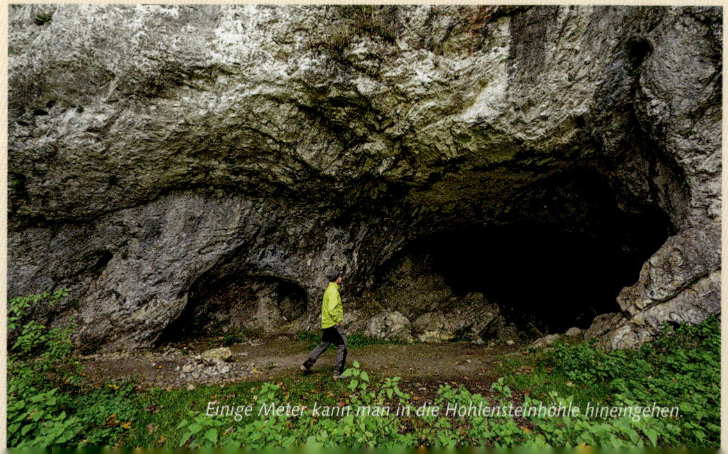

Einige Meter kann man in die Hohlensteinhöhle hineingehen.

nach den **Hohlensteinhöhlen** ❸, der Bärenhöhle (60 m tief) und dem Hohlenstein-Stadel (50 m tief) halten wir uns kurz links und gehen auf einem recht steilen Waldweg nach rechts bergauf.

Wer die Wanderung auf ca. 7,8 km abkürzen möchte, der kann dem breiten Schotterweg weiter geradeaus in Richtung Lindenau folgen.

Für die ganze Runde gehen wir an der nächsten Abbiegung rechts auf einem Schotterweg und später wieder rechts auf einem Waldweg Richtung **Bocksteinhöhle**. Oberhalb der Bocksteinhöhle bietet sich von einer Hütte aus ein schöner Ausblick über das Lonetal. Wir folgen dem schmalen Pfad abwärts zu den Höhlen **Bocksteinschmiede** und **Bocksteinhöhle** ❹. Aus der Zeit der Neandertaler wurden hier 2900 Artefakte, wie Faustkeile, Fäustel, zahlreiche Keilmesser, das bekannte Bocksteinmesser und fein gearbeitete Speerspitzen, entdeckt. Man kann daher davon ausgehen, dass der Neandertaler bereits über ausgefeilte Jagdtechniken und ein komplexes Sozialverhalten verfügte.

Unten angekommen, biegen wir nach links ab und gehen auf dem Wiesenweg aus dem Lonetal heraus. An der zweiten Möglichkeit nehmen wir den Abzweig nach links in den Wald hinein und gehen so lange, bis wir auf den Grubenhau-Weg ❺ stoßen. In diesen biegen wir nach links ein. An der bald kommenden Kreuzung nehmen wir den Schotterweg nach rechts und schon kurz darauf sehen wir **Lindenau** ❻ zu unserer Rechten. Hier lohnt sich ein ca. 300 m weiter Abstecher zum **Gasthof Schlössle**. Im 13. Jahrhundert stand in Lindenau eine berühmte Wallfahrtskirche, was der Grund dafür ist, dass wir hier auf den Jakobsweg treffen. Zur Kirche gehörte ein Hospiz, das später in ein Jagdhaus umgebaut wurde. Über die Jahre nutzte man es als Bauernhaus und inzwischen wird es seit mehreren Generationen als Gaststätte betrieben.

Am Waldrand entlang geht es weiter, vorbei an den Überresten einer Römer-Villa. Gut 2 km gehen wir geradeaus, bis wir uns an einer Gabelung links ❼ halten. Wir verlassen nach wenigen Schritten den Wald, gehen über die Wiese am Waldrand entlang und biegen dann nach rechts in den Wasserhauweg ❽ ab. Nach ca. 250 m verlassen wir diesen vor einer Pferdekoppel mit Dolinenfeld nach links und gehen über einen Wiesenweg auf den Wald zu. Am Waldrand biegen wir nach rechts ab, queren die Landstraße ❾

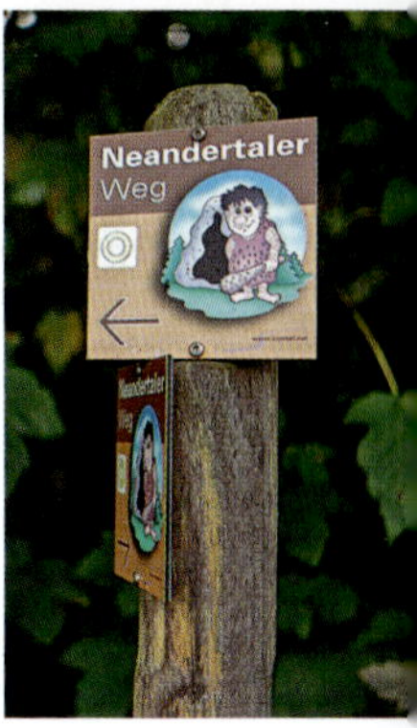

Der kleine Neandertaler weist den Weg.

EINKEHR

Lindenau (Gasthof mit Biergarten); Stetten (E); Archäopark Vogelherd (Parkcafé und Grillstelle)

zum Parkplatz und gelangen über den Hanns-Voith-Weg zum Fußweg mit mehreren Stationen des **Mehrgenerationenparks**. Hier biegen wir nach links ab und kommen zu einem weiteren Highlight unserer Wanderung, dem **Archäopark Vogelherd** ⑩, wo wir uns in das Leben der Steinzeitmenschen im Lonetal vor 40 000 bis 70 000 Jahren

Entdeckungsgeschichte der Vogelherdhöhle

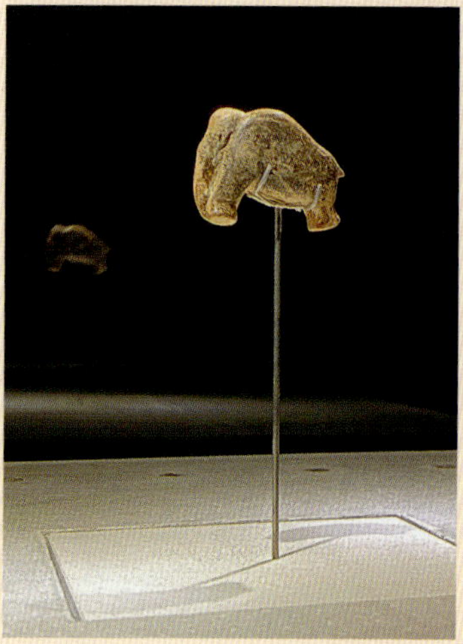

1931 entdeckte der Heidenheimer Heimatforscher Hermann Mohn im Auswurf eines Dachsbaus eigenartige Steine. Damals war die Vogelherdhöhle noch vollständig mit Erdschichten gefüllt. Noch im gleichen Jahr grub der Tübinger Archäologe Gustav Riek die Höhle aus und fand elf Elfenbeinstatuetten, darunter das Vogelherd-Pferdchen, welches nur 4,8 cm groß ist und ein Wildpferd darstellt. Das Original befindet sich heute im Museum des Schlosses Hohentübingen. 2006 wurde unter der Leitung von Nicholas Conard bei Nachgrabungen eine vollständig erhaltene Mammut-Figur entdeckt, ein Sensationsfund, den man heute im Original in der Schatzkammer im Park bestaunen kann. Auch Flötenfragmente, also die ältesten Musikinstrumente der Menschheit, wurden hier gefunden.

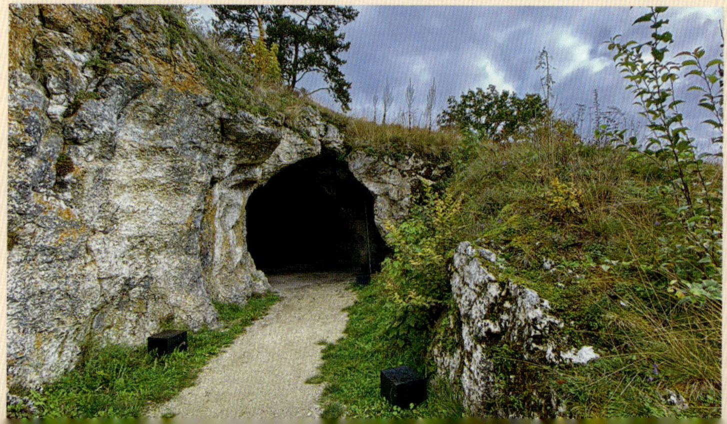

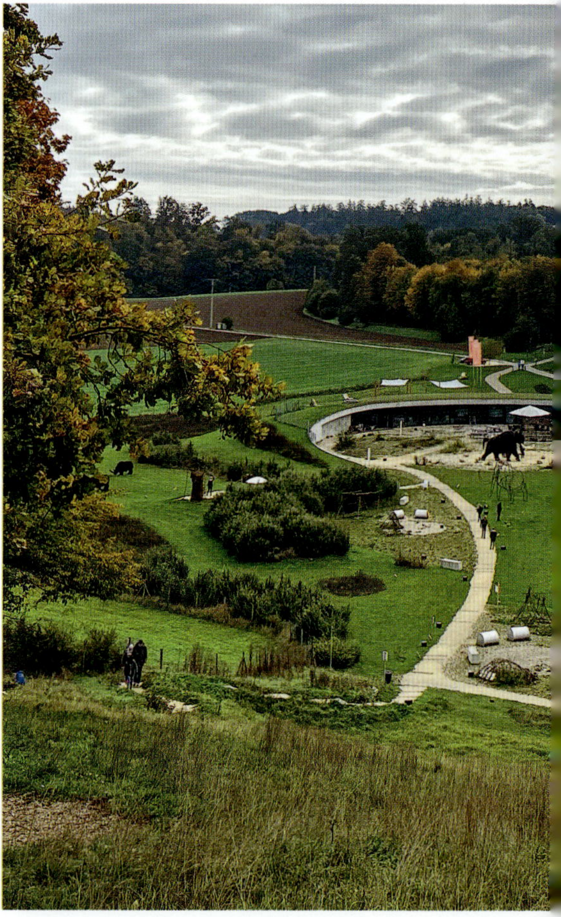

Blick auf den Archäopark Vogelherd

zurückversetzen und das Wahrzeichen des Parks, das kleine Mammut, und seine Fundstätte, die Vogelherdhöhle, bewundern können. Seit 2013 bietet dieser archäologische Themenpark Ausstellungen, Führungen, Mitmachstationen sowie ein Bistro und Grillstationen. Per Augmented Reality-Technik kann man den Tieren aus der Vorzeit in Lebensgröße begegnen und in echt einer lebensgroßen Mammutnachbildung mit Baby.

Nach dieser Besichtigung folgen wir dem Weg am Park entlang und gehen über die Kreisstraße und entlang der Landesstraße zurück zum Ausgangspunkt.

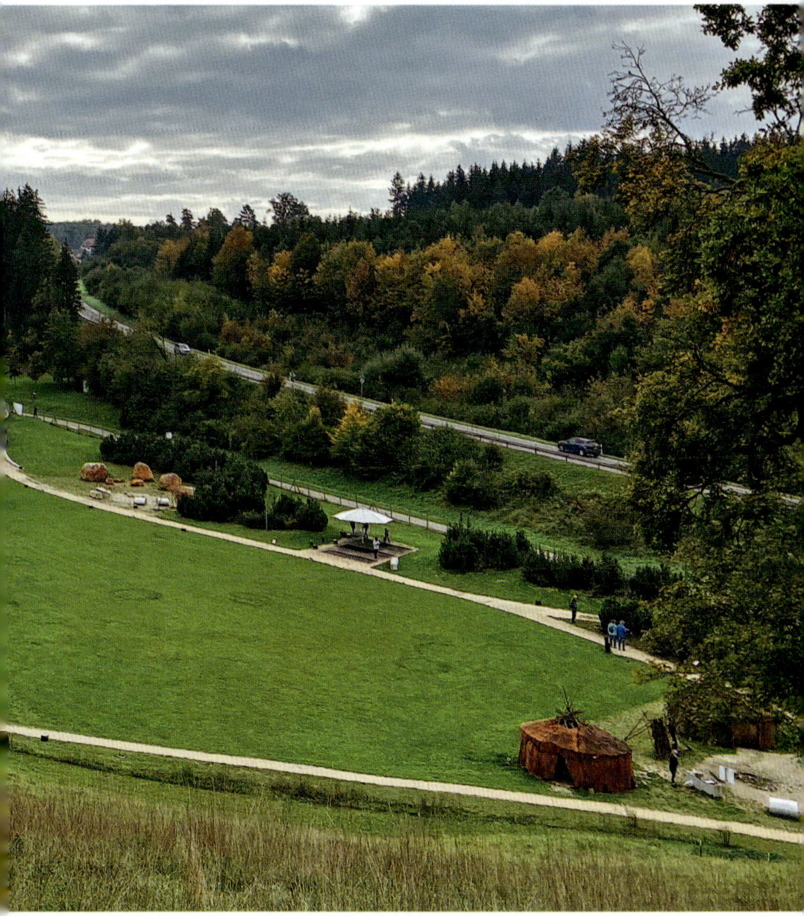

Wer möchte, kann dem Örtchen **Stetten ob Lontal** noch einen Besuch abstatten und auch einkehren. Dafür gehen wir den Wasserhauweg geradeaus bis zum Ort, queren die Landstraße und gehen die Allee hinauf, vorbei am **Gasthaus/Hotel Zum Mohren** und weiter zum **Stettener Keller**. Hier treffen wir auf den Albschäferweg, der von rechts aus dem Wald kommt. Wir folgen ihm nach links hinab in den Ort und kommen über die Kirchstraße (ein Abstecher zur **barocken Pfarrkirche Mariä Himmelfahrt** mit einer Schwarzen Madonna lohnt sich) und den Reitschulweg nach links Richtung **Archäopark Vogelherd**.

Eselsburger Talgang bei Herbrechtingen

15

Entlang des schönsten Brenzabschnittes zu Biber & Co.

3 Std.

10,9 km

▲ 182 ▼ 182 hm

Mittelschwere Wanderung mit ordentlichen Anstiegen, sonst sanfte Wege

Parkplatz am Freizeitbad Jurawell in Herbrechtingen

Parkplatz Jurawell – Abzweig Eselsburg/Infozentrum – Buigen – Jägersteg/Brenz – Domäne Falkenstein – Anhausen – Kneippanlage – Schafhof – Parkplatz Jurawell

Eselsburger Tal, Bannwald Buigen, Ausblick vom Falkenstein, Ausblick vom Stürzel, Stürzel-Heide

www.herbrechtingen.de
www.heidenheimer-brenzregion.de
www.die-brenz.de

Eine traumhafte Flusslandschaft und bizarre Felsformationen bieten dem Biber hier ein Zuhause. Im Eselsburger Tal dürfen wir ihn besuchen, wandern dann über den Buigen, den Umlaufberg, den die Brenz geformt hat, um auf der anderen Seite von der Domäne Falkenstein wieder einen herrlichen Ausblick genießen zu dürfen. Auf dem mit kleinen Findlingen eingefassten Zoeppritzweg gelangen wir zum Kloster Anhausen und über den Stürzel zurück nach Herbrechtingen.

Vom Parkplatz am **Freizeitbad Jurawell** (1) in Herbrechtingen aus geht es rechts der **Brenz** entlang durch das **Eselsburger Tal** mit Blick auf die berühmte Felsformation. Schon nach wenigen Schritten können wir die **Steinernen Jungfrauen** auf der anderen Flussseite sehen. Wer möchte, kann später einen Abstecher dorthin unternehmen.

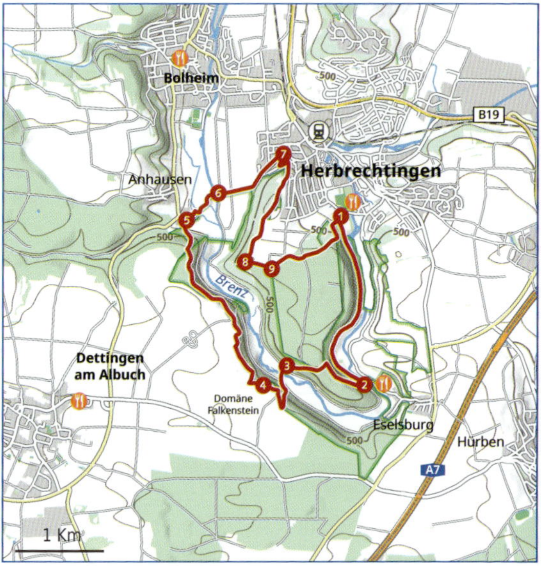

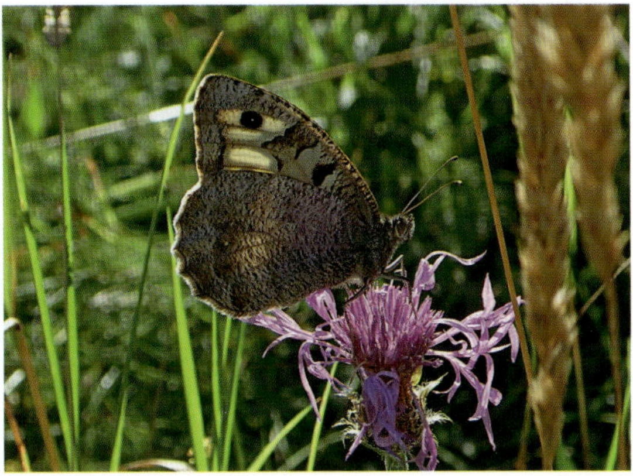

www.domaene-falkenstein.de
www.heimatmuseum-herbrechtingen.de
www.jurawell.de
www.milchmobil.de

Die Berghexe – eine seltene Schmetterlingsart

Das Eselsburger Tal

Geschaffen wurde das Eselsburger Tal bereits durch die Ur-Brenz, die früher in vielen Schlingen und Mäandern verlief. Während viele davon abgeschnitten wurden, blieb der Flussverlauf um den Umlaufberg Buigen erhalten. Ein wertvolles Feuchtgebiet, Wacholderheiden und Hangwälder bieten Lebensraum für seltene Tiere und Pflanzen sowie ein herrliches Naherholungsgebiet. Hier trifft man auf das Blässhuhn, den Eisvogel, Laubfrösche, Gelbbauchunken, Silberdisteln, Enzianarten, die Küchenschelle, die beliebten Märzenbecher sowie seltene Schmetterlingsarten, wie den Schwalbenschwanz und die Berghexe. Ermöglicht wird diese Artenvielfalt durch den Naturschutz und die Beweidung mit Schafen. Wie in jedem Naturschutzgebiet gilt es auch hier, die Wege nicht zu verlassen und beim Klettern den Kletterregelungen zu folgen.

Sage der Steinernen Jungfrauen

Auf der einstigen Eselsburg hoch über dem Tal lebte ein Burgfräulein mit ihren beiden Mägden. Kein Mann war ihm gut genug und so begann es über die Jahre einen Hass auf alle Männer zu schüren. Es verbot auch ihren Mägden den Umgang mit Männern. Diese lernten jedoch eines Frühlings beim Wasserholen einen musizierenden Fischer am Brenzufer kennen und freundeten sich an. Als die Herrin davon erfuhr, wurde sie so wütend, dass sie ausrief, die beiden mögen als Strafe für ihren Ungehorsam zu Stein werden. So geschah es. In der folgenden Nacht schlug der Blitz in ihre Burg ein und sie starb in den Flammen.

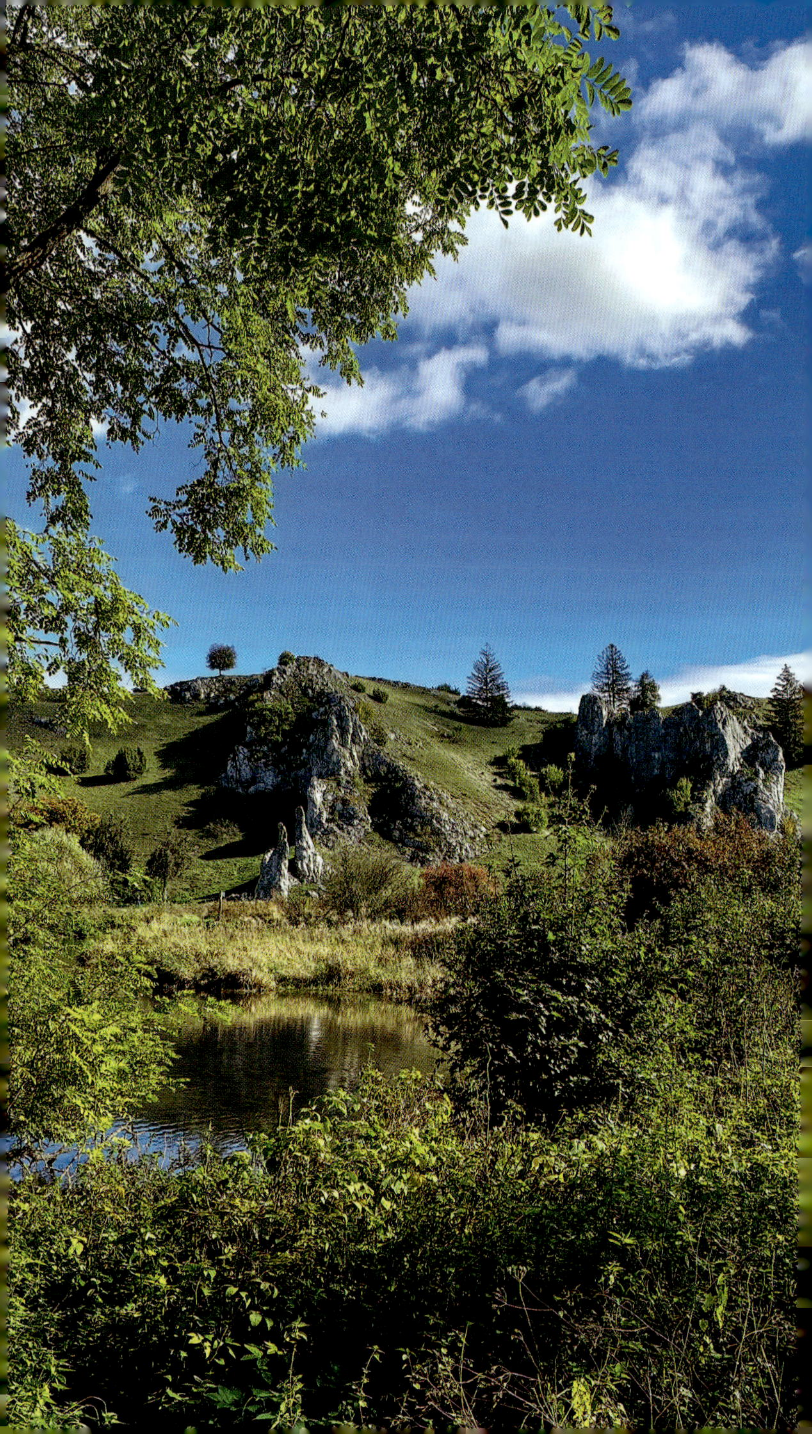

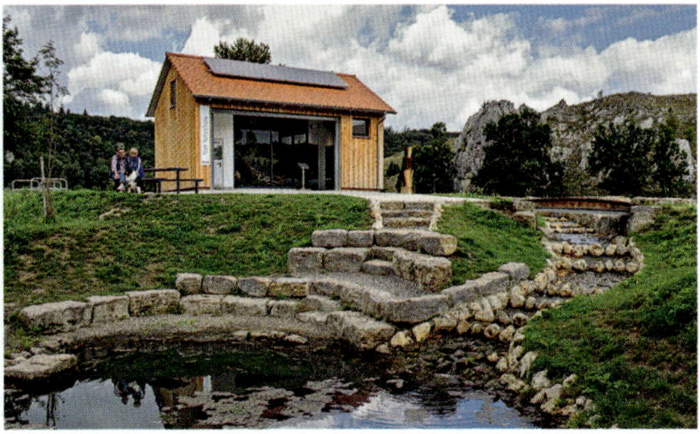

Lernort »Biberbau« mit Informationen über den Biber

EINKEHR

Eselsburg (Talschenke, Hofladen, Café); Herbrechtingen (E)

Wir folgen dem Weg durch das weiter werdende Tal und gelangen zu einer Brücke ②. Queren wir die Brenz, können wir uns am **Biberbau**, einem **Brenz-Lernort** über das Nagetier und seinen Lebensraum, belesen, zu den Steinernen Jungfrauen gehen oder im Ort Eselsburg einkehren. Nachdem er für 180 Jahre als ausgerottet galt, siedelte sich der Biber im Brenztal wieder an. Hier findet er nicht nur Weichhölzer, sondern kann auch am Ufer seine Uferhöhle bzw. Biberburg bauen. Proviant für ein Picknick an den dafür vorgesehenen Stellen kauft man sich am besten im Bioladen der Biotalhofgemeinschaft. Im imposanten Strohgebäude findet man auch viele Produkte aus der Biomusterregion Heidenheim.

Unsere Zeitspur führt auf einem Pfad nach rechts in den Wald und hinauf auf den Umlaufberg **Buigen**.

Der Buigen

In der Zeit zwischen 800 und 500 v. Chr. gab es hier oben einen Bannwall, der 155 m lang, 7 m hoch und von einem 4 m breiten Graben umgeben war. Der Zweck dieser Befestigungsanlage lässt sich heute nicht mehr rekonstruieren. Es empfiehlt sich ein Abstecher zur Buigenhütte (ca. 400 m) mit einem imposanten Ausblick über das Tal.

Außerdem ist es spannend, den Wald etwas genauer zu betrachten, denn hier handelt es sich seit 1995 um einen Bannwald. Das bedeutet, dass von Menschenhand nicht mehr eingegriffen wird: Sturmschäden bleiben liegen und es wird beobachtet, welche Baum- und Straucharten sich im entstehenden Urwald durchsetzen.

Der Name Buigen kommt übrigens vom althochdeutschen Wort »biogan« für »biegen« und spielt auf den gebogenen Verlauf der Brenz an.

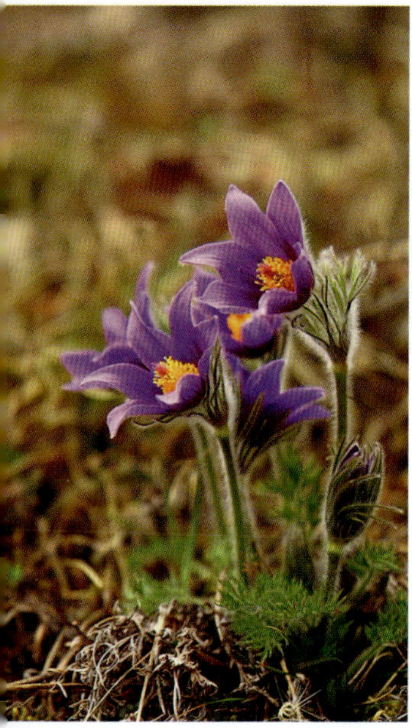

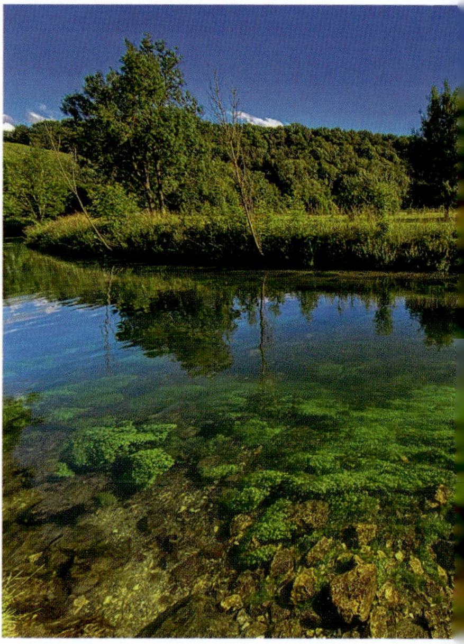

Küchenschelle (links)

Idyllischer Brenzverlauf (rechts)

Links verläuft die Zeitspur wieder hinab, an der Gabelung ebenso links und wir gelangen über einen schönen Pfad hinunter und auf die andere Seite der Flussschlinge. Über den Jägersteg ❸ queren wir die Brenz, es geht geradeaus steil hinauf und nach einer Rechtsabbiegung zur **Domäne Falkenstein** ❹ mit ihrem Aussichtsfelsen. Hier treffen wir auf Etappe 2 des Albschäferwegs und folgen dieser bis Anhausen.

Beim ehemaligen **Kloster** ❺ verlassen wir den Albschäferweg und folgen dem gelben Ring weiter durch die Klosteranlage hindurch, bis wir an dessen Rückseite nach rechts auf die Straße und einen Radweg stoßen. Wir gehen nach links und gelangen bald zur **Kneippanlage Riedmühle** ❻. Von hier führt der Weg zunächst auf der Damaschkestraße in den Ort Herbrechtingen hinein. An der Stelle, wo die Straße zu einer Linkskurve ansetzt, gehen wir geradeaus auf einem Fußweg zur Anhauser Straße ❼ hinauf, in welche wir nach rechts einbiegen. Die nächste Möglichkeit nehmen wir nach links und wiederum die nächste nach rechts, um auf den **Pfaffenberg** mit Blick bis nach Heidenheim zu gelangen.

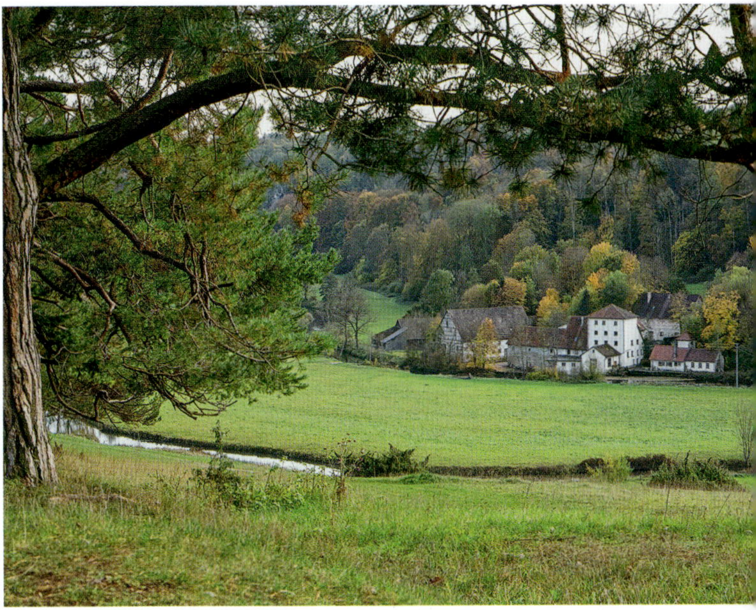

Blick auf die Bindsteinmühle

Wir orientieren uns immer am höchsten Punkt und kommen zum **Stürzel**, von wo aus wir einen fantastischen Ausblick ins Eselsburger Tal über die **Bindsteinmühle** 8 bis zum Falkenstein haben. Die Mühle hat, über mehrere Generationen in Familienbesitz der Hopfenziz', Getreide zu Mehl verarbeitet. 1960 wurde das Mühlrad durch eine Turbine der Firma Voith ersetzt, sodass bis heute neben Mehl auch Strom produziert wird.

Hier biegen wir nach links ab und gelangen am Waldsaum entlang zum **Schafhof Wiedenmann** 9. Hinter den Wiesen biegen wir nach rechts auf einen Weg aus Asphalt ab und erreichen eine **Informationsstation zum Thema Bannwald**. Von hier aus nehmen wir den Weg am Waldrand entlang und orientieren uns talwärts, um zu unserem Ausgangspunkt zurückzukehren.

Jetzt lohnen sich der Sprung ins kühle Nass im Freizeitbad Jurawell mit Saunabesuch, ein Spaziergang durch Herbrechtingen vorbei am ehemaligen Kloster mit Kulturzentrum und Biergarten oder ein Besuch im Heimatmuseum. Es stellt im Gebäude der ehemaligen Sägemühle das Leben in Herbrechtingen vor ca. 150 Jahren dar.

Die Schäfer Herbert Wiedenmann und Florian Feußner

Wie eine Nachfolge für den Hof gefunden werden kann, wenn aus der Familie niemand übernimmt, zeigen Herbert Wiedenmann und Florian Feußner. Herbert ist ausgebildeter Schäfer und übernahm die Herde von seinem Vater. Seine Schafe hütete er auf den Sommerweiden auf den Naturschutzflächen im Eselsburger Tal und Richtung Giengen. Auf die Winterweide im Rheintal zog es ihn schon lange nicht mehr. Doch Florian setzt die Tradition der Wanderschäferei fort. Seine 450 Schafe fressen im Winter nicht im Stall, sondern weiden aktuell im Raum Augsburg. Florians Vater betreibt eine Schäferei in

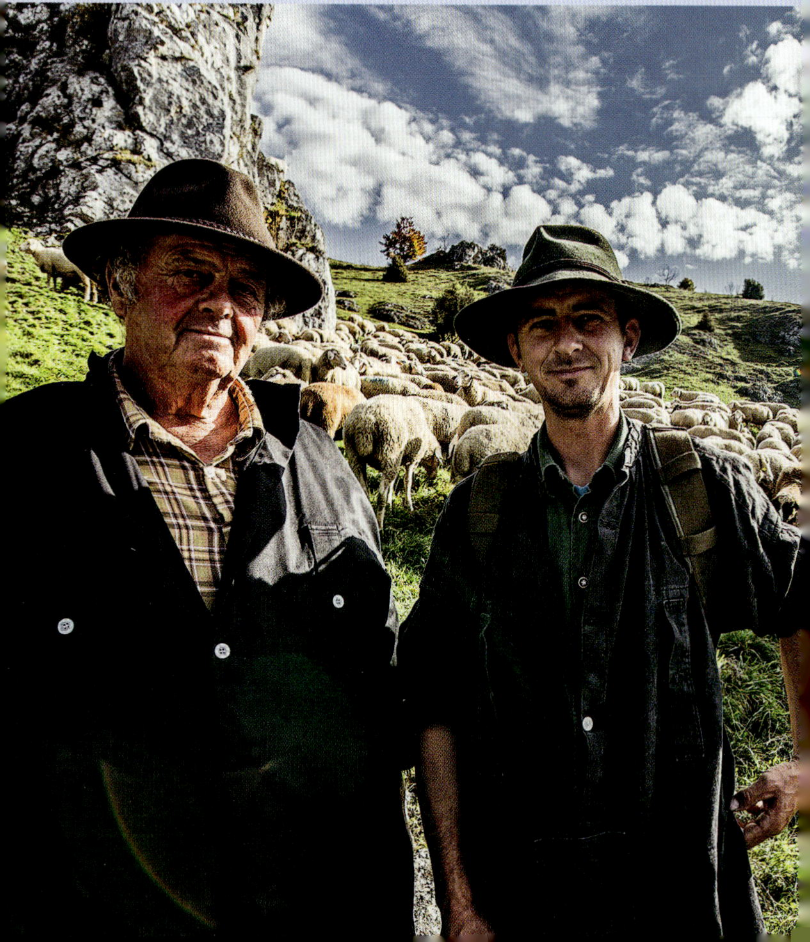

Hessen. Seinen Tierwirtmeister hat er seit 2007 in der Tasche. Da der elterliche Hof keine zwei Familien ernähren konnte, zog er lange als Lohnschäfer umher, lernte darüber Herbert Wiedenmann kennen und ging ihm zur Hand. Herbert hatte viel zu früh seinen Sohn verloren, der eigentlich seine Nachfolge antreten sollte. Und so kam es, dass Florian, der mit seiner Frau und zwei Kindern nun in Herbrechtingen sesshaft ist, einen Teil der Herde und die Weideflächen von Herbert übernahm. Dieser kümmert sich nach überstandener schwerer Krankheit trotz Ruhestand immer noch um eine kleine Herde mit 60 Mutterschafen. Schäfer zu sein ist halt mehr als nur Arbeit und im Alter gebraucht zu werden soll sich positiv auf die Lebensqualität auswirken. Oder arbeitet er noch, weil seine Rente nicht auskömmlich ist? Bei den Schäfern wäre das nicht auszuschließen. Herbert ist schon seit vielen Jahren aktiv in der Lammfleischerzeugergemeinschaft und Vorsitzender des Schäfervereins im Brenztal.

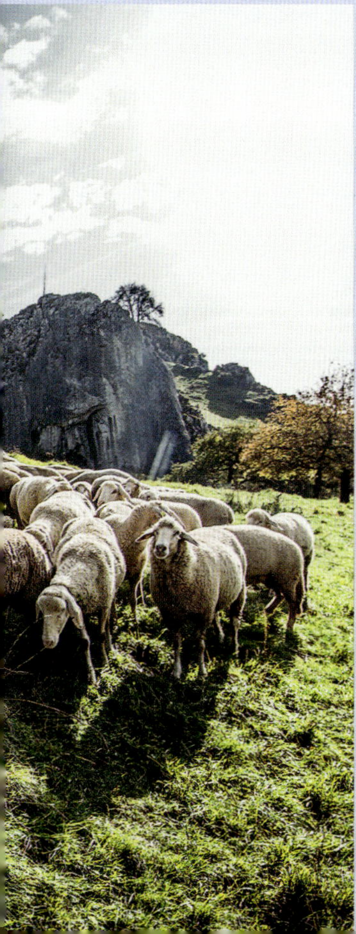

Die Schäfer Herbert Wiedenmann und Florian Feußner mit ihrer Herde im Eselsburger Tal

Kuppenalb von Gerstetten nach Gussenstadt

16

Der Albklassiker – zerklüftet, ländlich, karg

4½ Std.

16,7 km

▲168 ▼168 hm

Mittelschwere Wanderung mit einigen Aufs und Abs, einige Kilometer über freies Feld

Bahnhof in Gerstetten

Bahnhof Gerstetten – Galgenberg – Abzweig Heuchstetten – Gussenstadt – Leerenberg – Bahnhof Gerstetten

Bahnhofsgebäude Gerstetten, Blick auf Heuchstetten, Gussenstadt, Leerenberg-Heide

www.gerstetten.de
www.heidenheimer-brenzregion.de
www.uef-lokalbahn.de
www.eg-gussenstadt.de

Bei dieser Zeitspur kommen Naturliebhaber und Eisenbahnfreunde auf ihre Kosten. Über sanfte Hügel führt die Wanderung von Gerstetten nach Gussenstadt, wo an Sonntagen vom Frühjahr bis zum Herbst die Museumsbahn auf ihrem Weg nach Amstetten Halt macht. Unterwegs treffen wir auf Felder, Wiesen, Wälder, Wacholderheiden, schöne Ausblicke auf die zerklüftete Landschaft und können zum Abschluss im Riffmuseum in die subtropische Vergangenheit der Schwäbischen Alb eintauchen.

Wir starten am **historischen Bahnhof in Gerstetten** ❶, von wo aus heute noch an ausgewählten Tagen ein Museumstriebwagen oder ein Dampfzug fahren. Den Fahrplan der Lokalbahn findet man unter www.uef-lokalbahn.de. Im Bahnhofsgebäude laden außerdem das **Eisenbahnmuseum** und das **Riff-Museum** zu Erkundungen ein.

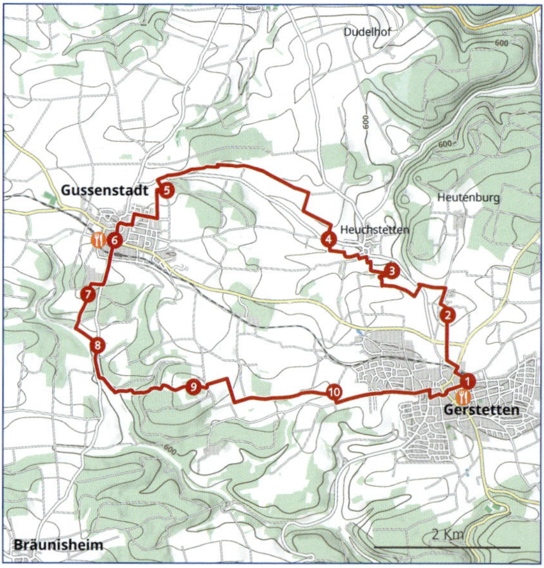

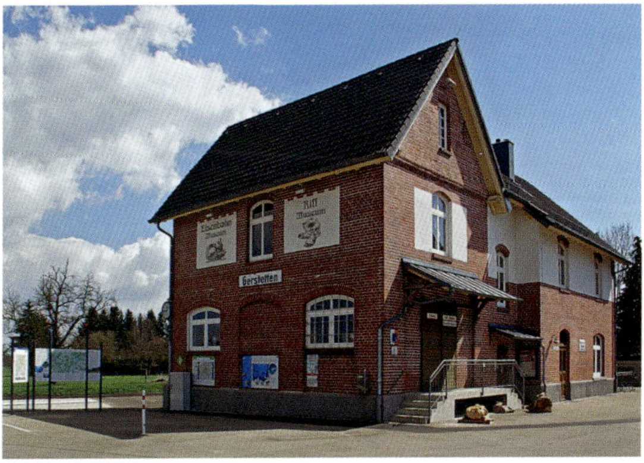

Das Bahnhofsgebäude von Gerstetten beherbergt das Eisenbahn- und das Riff-Museum.

EINKEHR

Heuchstetten (B, Café); Gussenstadt (E); Gerstetten (E)

Von hier aus folgen wir dem Wanderzeichen gelber Ring parallel zu den Gleisen zur Osterstraße, in welche wir nach rechts einbiegen. Nach wenigen Schritten halten wir uns links und gehen in die Heuchstetter Straße, bis wir zu Häusern gelangen. Vor diesen biegen wir nach rechts auf einen Wiesenweg ab und kommen immer geradeaus gehend auf

Bahnverkehr in Gerstetten

1906 wurde die 20 km lange Nebenbahnlinie Amstetten–Gerstetten eröffnet, die prägende Zeiten durchlebte, für wirtschaftlichen Aufschwung sorgte und dennoch 1996 wegen Unrentabilität eingestellt werden musste. Möglicherweise spielte die versäumte Erweiterung der Bahnlinie bis nach Herbrechtingen eine Rolle. Die Ulmer Eisenbahnfreunde setzten sich gemeinsam mit den angrenzenden Kommunen für die Verhinderung des Streckenabbaus ein, weil sie zum einen seit 1982 touristische Fahrten mit Dampflokomotiven durchführten und zum anderen das Bundeswehrdepot in Amstetten mit Gütern (z. B. Dieselkraftstoff) versorgten. So wurde die Strecke gemeinsam von der Württembergischen Eisenbahn-Gesellschaft abgekauft und in sehr vielen ehrenamtlich geleisteten Arbeitsstunden erhalten und restauriert.

Qualmender Dampfzug

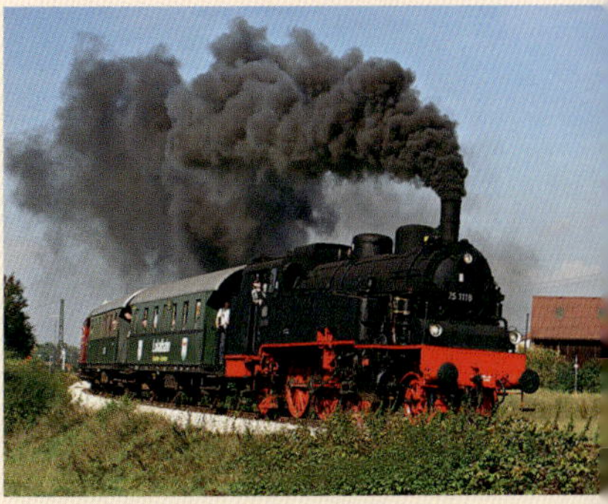

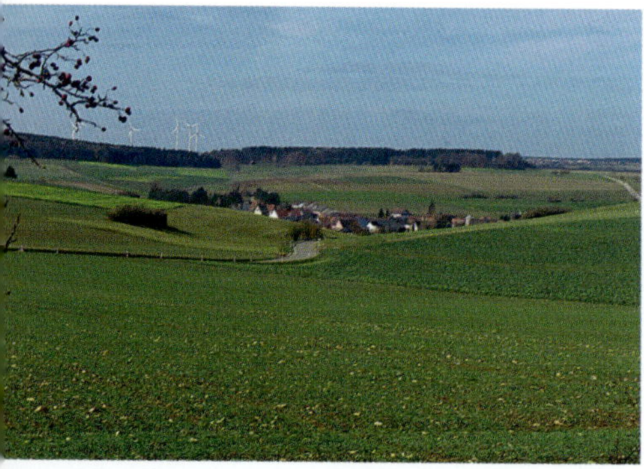

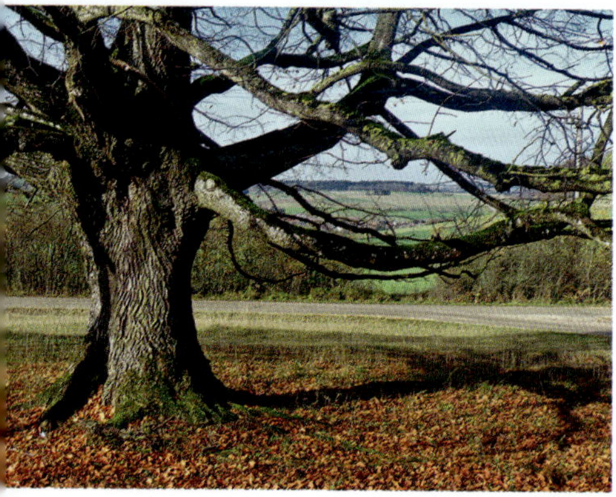

Blicke zurück auf den Galgenberg und Gerstetten

den Galgenberg mit einem schönen Blick zurück auf Gerstetten.

Vor der Anlage des **Kleintierzuchtvereins** ❷ biegen wir nach links ab und gehen ein Stück nach rechts an dem Gemeindeverbindungssträßchen Richtung Heutenburg entlang. Wir folgen dem Wanderweg nach links auf die Wiese. Nach der Überquerung der K3016 tut sich ein weiter Blick über **Heuchstetten** auf und wir wandern über die Wiese mit Orientierung auf die Kuppe weiter, bis wir den Ortsrand von Heuchstetten erreichen. Eine Bank ❸ lädt zum Verweilen ein. Wir schlängeln uns mit dem Weg hinab, biegen zwischen Schuppen nach links und gleich wieder nach rechts ab. Ein Café, der **Kindlesbrunnen** und das neu renovierte **Backhaus** laden zu einem kurzen Abstecher von

Naturraum Kuppenalb

Die Kuppenalb reicht in etwa von Hechingen bis Geislingen an der Steige und wird im Südosten durch die ehemalige Klifflinie des Molassemeeres, die man bei Heldenfingen schön sehen kann, eingefasst. Wo das Meer einst verlief und die Landschaft durch Abrasion geebnet hat, sprechen wir heute von der Flächenalb, an der höchsten Stelle der Alb im Landkreis Tuttlingen von der Hohen Schwabenalb und in nordöstlicher Richtung grenzen die Alblandschaften Albuch und Härtsfeld an die Kuppenalb. Im Norden fasst das Albvorland die Kuppenalb ein. Charakteristisch sind die erhalten Felsen und Erhebungen aus Juragestein und die teils trockenen, teils mit Flüssen durchzogenen muldenförmigen Täler – ein unruhiges Relief.

hier aus ein. Heuchstetten wurde erstmals 1356 genannt und war wohl über die Jahre auch einige Zeit unbewohnt. Zu Beginn des 20. Jahrhunderts war die Dorfgemeinschaft dafür sehr aktiv. Das gemeinsame Backhaus sowie ein Wasch- und Badehaus wurden gebaut.

Der Wanderweg führt nach links an Heuchstetten vorbei und biegt nach 100 m erneut nach rechts über einen Wiesenweg hinauf auf die nächste Kuppe ab. Dort gehen wir links, folgen dem Weg mit seiner Rechtskurve und biegen mit ihm nach links ab. Jetzt gehen wir wieder über die Wiese, passieren schließlich die Verbindungsstraße nach **Gussenstadt** 4, folgen dem kleinen Anstieg und orientieren uns nach links, bis unser Weg nach weiteren 2,8 km wieder auf die genannte Straße stößt. Wenige Schritte gehen wir an ihr entlang und biegen dann nach links ab.

Wir kommen zur **Biogasanlage** 5 und wenden uns nach rechts. Dank ihr nennt sich Gussenstadt **Bioenergiedorf**, denn die Gülle und der Mist der Bauernhöfe im Umkreis von 6 km sowie Mais- und Ganzpflanzensilage werden hier eingespeist, wodurch Strom und Wärme für den Ort erzeugt wird. Die Gärreste nutzen die Landwirte wieder als hochwertigen organischen Dünger für ihre Felder.

Oberhalb einer neuen Wohnsiedlung stoßen wir auf die Birkholzstraße, gehen nach rechts und folgen dem Fußweg nach links gegenüber der Adlerstraße. Dieser mündet in die Kirchstraße und wir biegen nach rechts ab. So erreichen wir die Marktstraße, die Ortsmitte von **Gussenstadt** 6 mit Infotafel am Bushaltehäuschen.

Gussenstadt

Der Ort gehört heute mit seinen ca. 1400 Einwohnern zur Gemeinde Gerstetten. Er entwickelte sich klassisch von einem Bauerndorf zu einer Arbeiterwohngemeinde. Doch es sind immer noch bedeutende landwirtschaftliche Betriebe ansässig. Der Entwicklung verhalf die Bahnlinie Amstetten–Gerstetten. Herausragend für Gussenstadt ist das 1911 gegründete Heimatmuseum im Ursula-Stift sowie die historische Museumsschmiede. Hier kann man sich über das Leben der damaligen Zeit informieren, Handwerksgegenstände und Prozesse nachverfolgen.

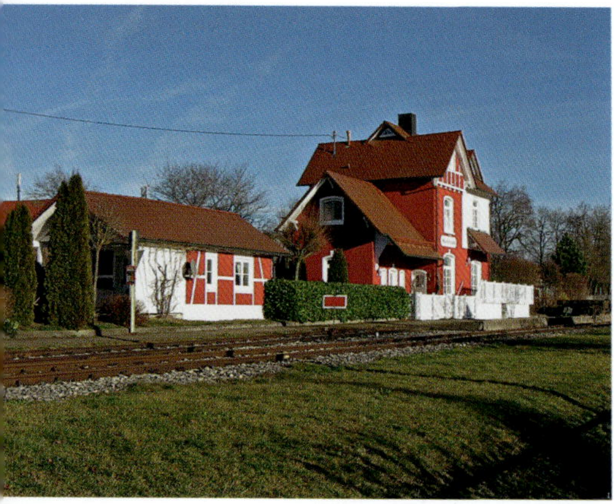

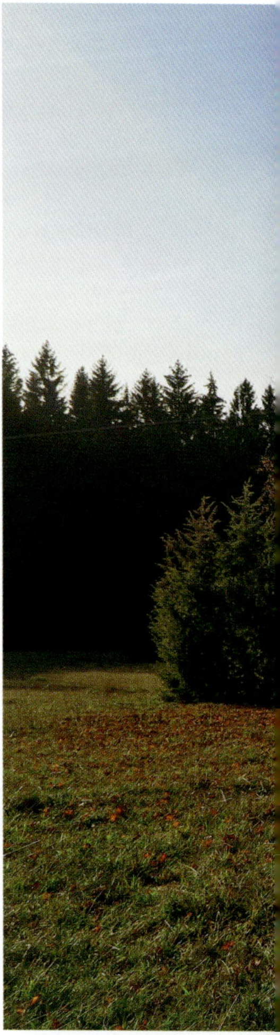

Das Bahnhofsgebäude von Gussenstadt

Rechter Hand lädt der **Gasthof Hirsch** zu einer Einkehr ein. Seit 200 Jahren wird hier gebrannt, mittlerweile sogar ein schwäbischer Whisky. Die Hauptstraße überqueren wir und kommen am **historischen Bahnhof** in Gussenstadt vorbei. Immer weiter der Bahnhofstraße folgend gehen wir an der Firma Pfisterer vorbei und nach etwa 100 m wenden wir uns nach rechts in den Wald. Wir folgen dem geschotterten Weg zunächst ein kurzes Stück durch den Wald, biegen dann links ab und gehen am Waldrand 7 entlang. Ein schöner Blick über die Wiesen- und Heideflächen öffnet sich uns. An der kommenden T-Kreuzung halten wir uns links und gehen auf dem Schotterweg bis zur Gemeindeverbindungsstraße Gussenstadt–Bräunisheim 8. Dieser folgen wir – teilweise auf einem Wiesenweg – nach rechts für etwa 500 m neben der Straße und biegen dann nach links ab. Weiter geht es über die albtypische Wacholderheide und durch die Wälder des **Pfaffenberges** und **Leerenberges** 9 Richtung Gerstetten.

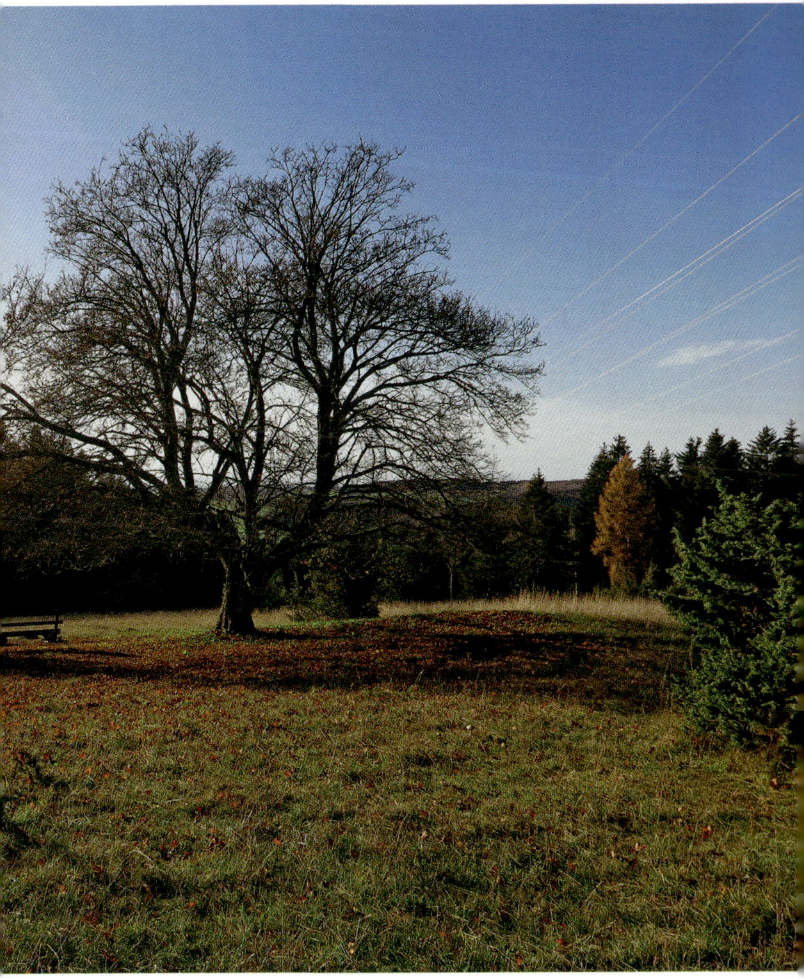

Über Felder und Wiesen folgen wir unserem Wanderzeichen, dem gelben Ring. An einer Kreuzung mit einem asphaltierten Weg gehen wir spitz nach rechts und gehen diesen, bis wir Gerstetten vor uns sehen. Wir biegen schließlich nach rechts ab, um auf den Alten Postweg 10 zu gelangen, und kehren auf ihm nach Gerstetten zurück. Über die Blücherstraße, die Seestraße, die Wasser- und Karlstraße gelangen wir zurück zum Bahnhof, unserem Ausgangspunkt.

Wie wäre es mit einer Rast auf dem Leerenberg?

Meteorkrater-Rundwanderweg um Steinheim am Albuch 17

Was vor 15 Mio. Jahren geschah, ist kein Geheimnis mehr

6¼ Std.

20,1 km

▲438 ▼438 hm

Lange Wanderung mit einigen Auf- und Abstiegen, die Trittsicherheit erfordern

Parkplatz am Meteorkrater-Museum in Sontheim im Stubental

Museum – Burgstall – Siedlung Ziegelhütte – Schafhof Smietana – Zanger Berg – Gnannental – Hirschtal – Museum

Steinheimer Becken, Zentralhügel, Burgstall, Knillwäldchen, Aussicht auf Steinheim, Gnannental, Staudamm, Hirschfelsen und -halde

www.steinheim.com
www.schafhof-steinheim.de
www.geopark-alb.de
www.albuch.de

Der Einschlag eines Meteoriten formte das Steinheimer Becken und prägt die Landschaft bis heute. Wir wandern entlang des Kraterrandes, den einzigartigen Zentralhügel im Blick. Über Heideflächen und durch Wälder führt diese Zeitspur ebenso wie durch ruhige Täler. Wie war es damals, als im Wental noch ein Fluss floss? Das kann man sich heute schwer vorstellen, doch der riesige Damm zeugt davon.

Der Meteorkrater-Rundwanderweg ist markiert mit einem blauen Schild, auf welchem das weiße Geweih eines **prähistorischen Gabelhirsches** abgebildet ist. Diese Tiere lebten zur Zeit des Kratersees an dessen Rand, ebenso wie auch Säbelzahntiger, Nashörner, Hamster und Giftvipern.

Wir starten den Rundweg beim **Meteorkrater-Museum** 1. Von dort gehen wir auf dem Burgstallweg aus dem Ort

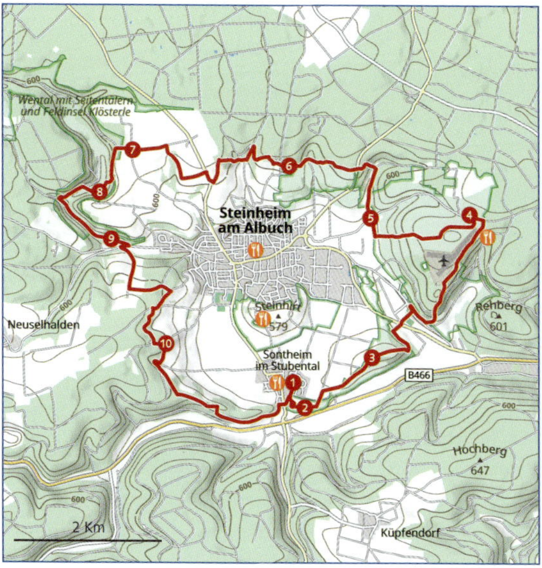

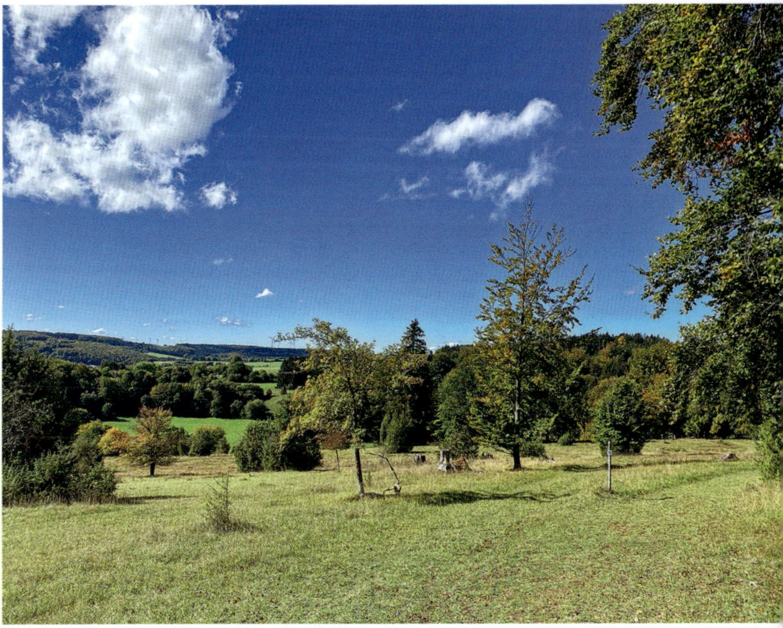

Wacholderheide ziert den Zanger Berg.

hinaus und hinauf zum Kraterrand, an dem sich die Wanderung orientiert. Die ersten 12 km wandern wir auf dem Albschäferweg (Etappen 4 und 5) über den Burgstall 2, durch das Knillwäldchen 3, über die Schäfhalde 4, zum Schafhof Smietana 5 und über den Zanger Berg 6.

Beweidungsprojekt im Naturschutzgebiet

Gemeinsam starteten die Gemeinde Steinheim, der örtliche Landschaftserhaltungsverband und die Naturschutzverwaltung 2017 das Projekt, an der Hirschhalde einen Eichen-Hutewald mit artenreichen Mager- und Trockenrasen zu schaffen. Dafür musste der dichte Wald aufgelichtet werden und Ziegen kommen als Weidetiere zum Einsatz. Sie sind trittsichere Kletterkünstler und fressen Rinde und junge Gehölztriebe. So werden aufkommende Bäume und Sträucher verbissen und zurückgedrängt. Durch das Ausdünnen des Waldes kommt mehr Licht und Wärme an den Boden, was das Wachstum von Kräutern und Gräsern begünstigt. Die durch Ziegentritte zum Teil entstandenen kahlen Flächen am Boden können von Insekten, z. B. Wildbienen, als Nistmöglichkeiten genutzt werden.

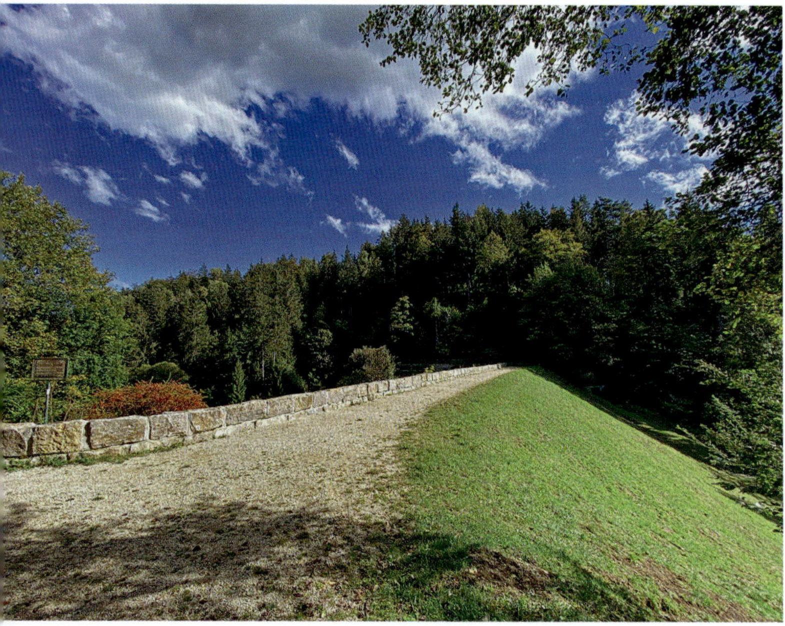

Der Gnannental-Staudamm sollte vor gefährlichem Hochwasser schützen.

Erst am Punkt Gschwein 7 trennen sich die Routen und unser Wanderweg biegt nach links auf einem steilen Abstieg durch die Hölzleshalde hinab ins **Gnannental** 8, einen Ausläufer des Wentals, ab. Unten angekommen, wenden wir uns nach links und kommen zu einem **Staudamm**. Diesen hatte man in den Jahren 1957/58 errichtet, da das Wental, auch wenn es meist ein Trockental ist, bei starker Schneeschmelze bis zu 42 m^3 Wasser pro Sekunde führen und damit die angrenzenden Täler überschwemmen konnte. Diese Hochwasser, unter denen sogar die Stadt Heidenheim leiden musste, wurden »Wedel« genannt. Da sie nicht nur wirtschaftliche Schäden anrichteten, sondern auch Menschenleben kosteten, wurde das bis zum Ende des 19. Jahrhunderts weitgehend waldfreie Wental mit Fichten aufgeforstet. Zusätzlich kam der 700000 DM teure und 16 m hohe Staudamm mit einem Staubecken für 1,35 Mio. m^3 Wasser dazu.

Diesen lassen wir zu unserer Linken liegen und biegen an der kommenden T-Kreuzung nach links ab. Jetzt haben wir die Möglichkeit, den Rastplatz unterhalb des Staudamms zu nutzen und die Dimension und Höhe des Bauwerks von unten zu bewundern. Der Wanderweg führt zum Parkplatz Hirschtal und weiter vorbei am Hirschfelsen und der Hirschhalde 9.

Vom Hirschtal erreichen wir die Kappelstraße, in die wir nach rechts abbiegen, um bei der nächsten Möglichkeit den Aufstieg nach links wahrzunehmen. Nach ca. 600 m biegen wir nach links in Richtung Wald ab, halten uns bei der nächsten Abbiegemöglichkeit rechts, bis wir auf den Grabhügelweg stoßen, in welchen wir nach links einbiegen. Wir folgen diesem Weg mit seiner Links- und Rechtskurve und können immer wieder Abstecher zu **Aussichtspunkten ins Steinheimer Becken** 10 machen.

Wir gelangen an eine Kreuzung und gehen leicht nach rechts versetzt bergauf in den Wald, passieren auf diesem schmalen Waldweg unzählige **Grenzsteine** und sehen schließlich die Bundesstraße 466 parallel zu unserem Weg verlaufen. Wir halten uns links und erreichen Sontheim im Stubental. Der Abbiegung in den Kreuzweg folgen wir und sehen schließlich den **Burgstall** vor uns liegen. Bis zu unserem Startpunkt am **Meteorkrater-Museum** sind es nur noch ein paar Schritte.

Zum Abschluss dieser kleinen Bildungsreise lohnt sich ein Besuch dieses schönen Museums. Hier kann man sich ausführlich über den Ablauf des Meteoriteneinschlags informieren und auch darüber, wie sich der Lebensraum danach verändert hat. Zusätzlich zu den Ausstellungen bietet das Museum einen Animationsfilm mit wissenschaftlichen Details.

Und wer noch Energie übrig hat oder nur eine kleinere Runde gehen möchte, der kann sich den 6 km langen **geologischen Lehrpfad** vornehmen. Dieser passiert unter anderem die **Pharionsche Sandgrube**, wo Nachweise von rund 230 Tier- und 90 Pflanzenarten aus der Zeit des Kratersees erbracht wurden und in der man nach versteinerten Schnecken suchen kann. Außerdem geht es an der **Berghütte Kraterblick** vorbei, wo man wunderbar urig einkehren kann.

EINKEHR

Sontheim (E, Hofläden); Steinheim (Ausflugsgaststätte, Berghütte, E)

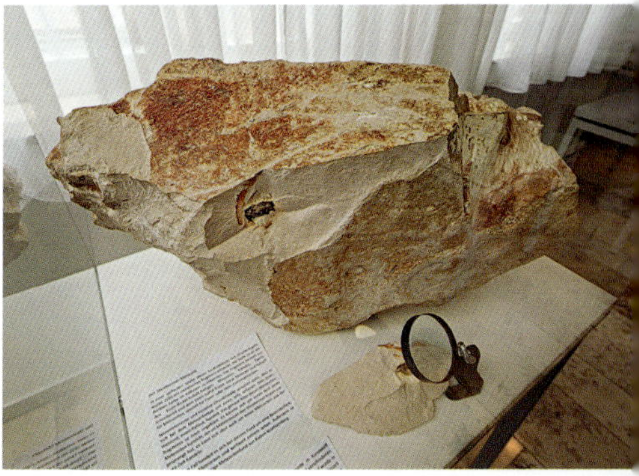

Ausstellungsstück im Meteorkrater-Museum

Meteoriteneinschlag und Besonderheit des Steinheimer Beckens

Vor 15 Mio. Jahren trafen zwei Meteoriten auf die Erde. Der größere traf die Region um das heutige Nördlingen und der kleinere mit ca. 80 m Durchmesser traf die Erde genau hier. Neueste Erkenntnisse lassen vermuten, dass es sich doch nicht um Zwillingskrater handelt, sondern die Einschläge eine halbe Million Jahre auseinanderliegen. Durch den Aufprall wurde Gestein in die Luft geschleudert, welches sich im Umkreis ablagerte. Es entstand eine Vertiefung und anders als in Nördlingen erzeugte der Aufschlag einen 60 m hohen Rückfederungskegel – auch Zentralhügel genannt. Dieser liegt zwischen Sont-

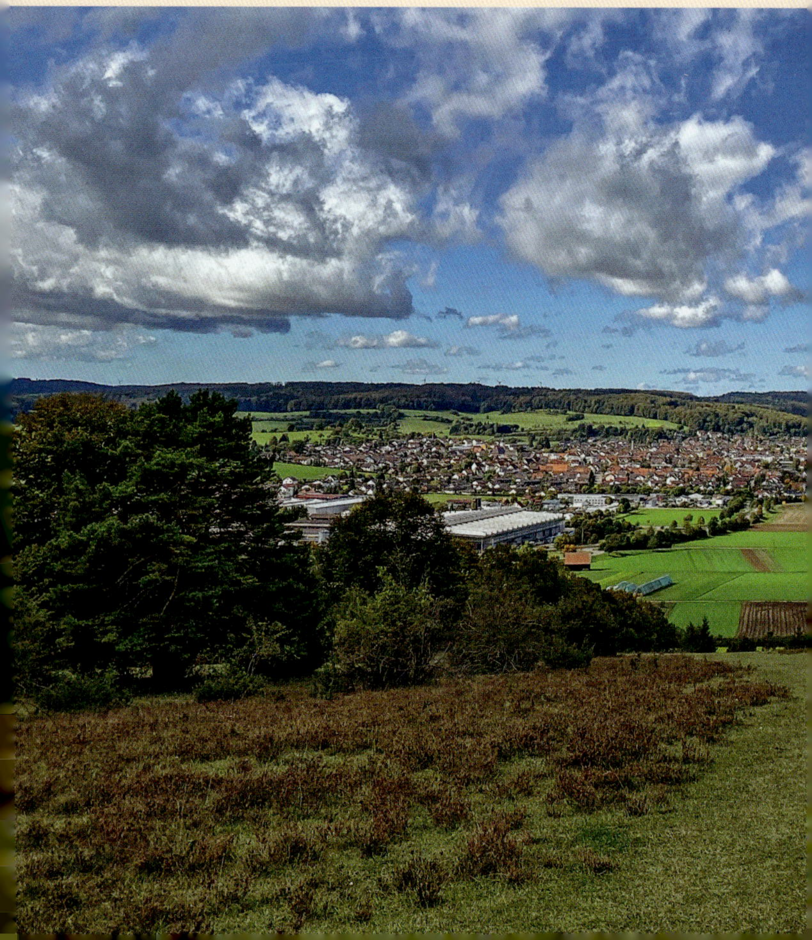

heim im Stubental und Steinheim am Albuch, nennt sich heute Steinhirt und diente als Klosterberg. Die Vertiefung füllte sich in den Jahren nach dem Aufprall mit Grund- und Regenwasser und Tiere und Pflanzen siedelten sich an. Heute ist der See verlandet und das Steinheimer Becken liefert mit einem Durchmesser von 3,5 km und als weltweit besterhaltener Meteorkrater Wissenschaftlern viele wertvolle Erkenntnisse. Unter anderem konnte 1866 anhand der Entwicklung der Tellerschnecke im Kratersee die Gültigkeit der Darwin'schen Theorie von der Entstehung der Arten belegt werden.

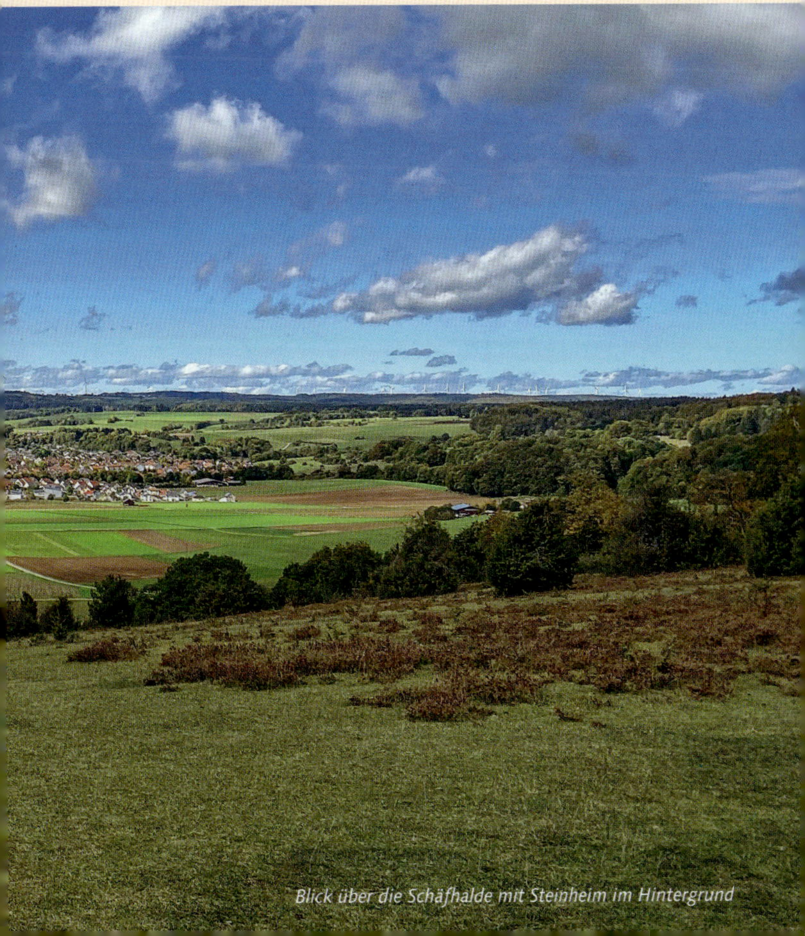

Blick über die Schäfhalde mit Steinheim im Hintergrund

Brenzquellrunde bei Königsbronn

18

Vom Klosterleben zum Zentrum der Schwerindustrie

1¾ Std.

5,8 km

▲97 ▼97 hm

Leichte kurze Tour mit einem langgezogenen Aufstieg und Abstieg über Treppen

Parkplatz der Herwartsteinhalle

Parkplatz Herwartsteinhalle – Klosterhof Königsbronn – Itzelberger See – Ruine Herwartstein – Brenztopf – Rathaus Königsbronn – Parkplatz Herwartsteinhalle

Klosterhof Königsbronn, Brenz, Itzelberger See, Ausblick von der Ruine Herwartstein, Brenztopf, Rathaus Königsbronn

www.koenigsbronn.de
www.kulturverein-koenigsbronn.de
www.die-brenz.de/quiztouren
www.heidenheimer-brenzregion.de
www.shw.de
www.ver-edelt.de

In Königsbronn können wir den Quelltopf bestaunen, uns in die Industriegeschichte einlesen und schließlich das imposante Rathausgebäude anschauen. Auf dem Weg zum Kloster passieren wir die Georg-Elser-Gedenkstätte und befinden uns bald auf dem ehemaligen Klostergelände. Auf den Spuren der Mönche führt unser Weg zum Itzelberger See, durch die Wälder und schließlich vorbei an der Ruine Herwartstein zurück.

Wir starten in Königsbronn am Parkplatz der Herwartsteinhalle und gehen über ein kleines Brenzbrückchen zum **Klosterhof** ❶. Das Areal des ehemaligen Zisterzienserklosters lädt mit viel Sehenswertem und Infotafeln zum Industrie- und Geschichtspfad zum Verweilen ein.

An der **Kirche**, vor welcher der **Stockbrunnen** steht, wenden wir uns rechts Richtung Itzelberger See und ge-

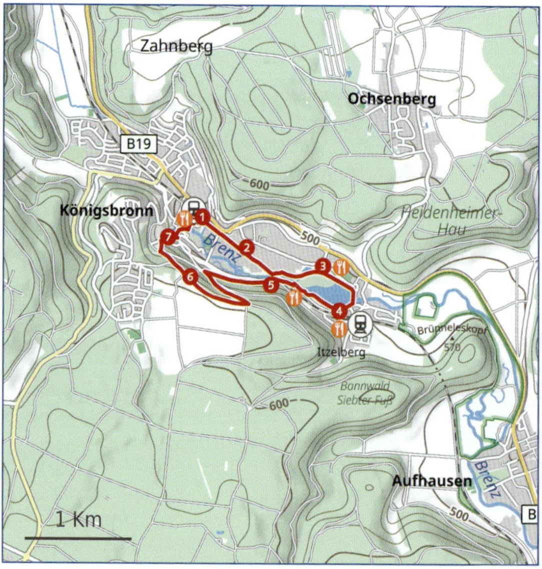

Das Kloster und der Beginn der Industrialisierung

Als Stiftung des habsburgischen Königs Albrecht I. wurde das Zisterzienserkloster 1303 gegründet und der Abtei Salem unterstellt. Der Name, lateinisch »monasterium fons regis«, geht auf seinen königlichen Ursprung und die Nähe zur Brenzquelle zurück und verhalf der heutigen Gemeinde zur Namensgebung. Nach zunächst schwierigen Zeiten und im Zusammenhang mit Schenkungen und dem eingeräumten Recht zum Mühlenbetrieb sowie der Eisenverhüttung durch Kaiser Karl IV. begann ab Mitte des 16. Jahrhunderts die Blütezeit des Klosters. 1529 ließ Abt Melchior Ruoff eine Eisenschmiede am Brenzursprung errichten. Erz und Holzkohle kamen aus den umliegenden Bohnerzgruben und Wäldern. Dies war der Ursprung der Industrialisierung Deutschlands. Fortan wurde der Standort durch das Herzogtum, private Unternehmen und das Königreich Württemberg immer weiter ausgebaut. 1908 endeten der Eisenabbau und die Verhüttung. Doch die zuvor durch die Schwäbischen Hüttenwerke erfolgte Spezialisierung auf die Herstellung von Hartgusswalzen für die Papierindustrie sicherte den Betrieb und bis heute sind die Schwäbischen Hüttenwerke, wenn auch nicht mehr staatlich geprägt, Weltmarktführer auf diesem Gebiet. Das historische Zentrum Königsbronns ist gespickt mit Denkmälern aus dieser Zeit – Hammerschmiede, Feilenschleiferei und Flammofen. Sie alle wurden mittlerweile mit großer Unterstützung durch den Kulturverein renoviert. Die ausführliche und spannende Geschichte kann man auf den Infotafeln nachlesen, die uns auf unserer Wanderung begleiten.

Vom ursprünglichen Klosterkomplex ist nur noch ein Teil der Klostermauer erhalten. Die erhaltenen Gebäude, also die Pfisterei (kombinierte Mühle und Bäckerei, heute Kannenmuseum mit Museumscafé), die Prälatur (Wohnsitz des Prälaten) und das Waschhaus, wurden erst im 18. Jahrhundert errichtet. Die evangelische Pfarrkirche gehörte nicht zum Kloster. Sie wurde 1565 in der Nähe des 1552 im schmalkaldischen Krieg zerstörten Münsters erbaut. Das heutige Torhaus aus der Zeit um 1700 beherbergt das Torbogenmuseum.

Die einstige Klostermauer zieren heute die Epitaphien der Hüttenmeister und Äbte des Klosters.

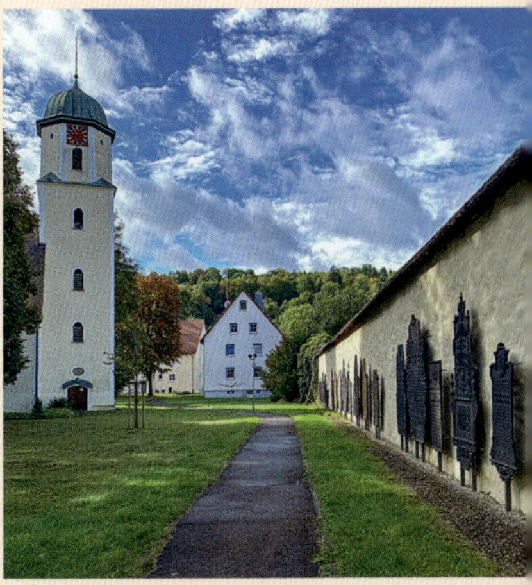

EINKEHR

Königsbronn (E);
Itzelberg (E, Kiosk)

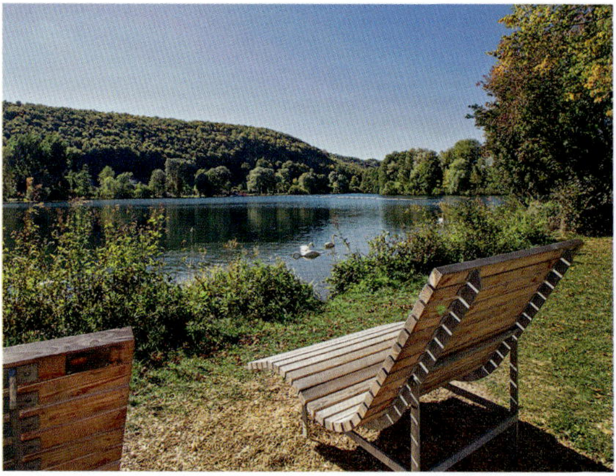

Einfach mal die Beine hochlegen und entspannen am Itzelberger See

hen auf der Paul-Reusch-Straße, die am Ende in einen Fußweg übergeht, weiter. Durch eine Unterführung hindurch gelangen wir nach links direkt zur **Brenz** 2.

Das Holzbrückchen überqueren wir nicht, sondern bleiben auf der linken Seite des **Itzelberger Sees** 3 und umrunden auf dem Seeweg das eindrucksvolle Feuchtbiotop mit seiner Vogelschutzinsel. Viele Rast- und Ruhemöglichkeiten stehen uns hier zur Verfügung. Es geht immer am See entlang, vorbei am Bootsverleih, Minigolfplatz 4 und Kiosk. Dort treffen wir auf den Albschäferweg, den wir jedoch in entgegengesetzter Richtung aus Etappe 6 kennen.

Wieder am Holzbrückchen angelangt, verlassen wir den See, gehen ein kurzes Stück auf dem ruhigen Sträßchen, überqueren die Bahnlinie 5 und wenden uns dann nach schräg links. Nun geht es mit einigen Abzweigungen stetig bergauf und oben angelangt rechts am Waldrand entlang

Blick von der Ruine Herwartstein auf Königsbronn

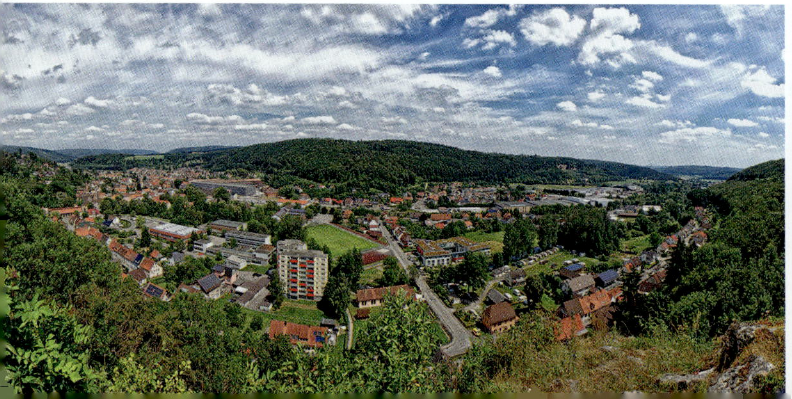

zur **Ruine Herwartstein** 6. Ein kurzer Abstecher zum Aussichtspunkt ist lohnend. Weiter geht es zunächst ein Stück auf der Straße und dann unterhalb der Skischanze auf teils geteerten Pfaden und über Treppen hinab zum 4 m tiefen Quellsee, dem **Brenzursprung** 7, umgeben von einem bezaubernd hergerichteten Areal mit Kneippanlage, dem früheren Zentrum der Eisenindustrie.

Am Brenzursprung sehen wir auch schon das imposante **barocke Rathaus**, welches in den 1770er Jahren als repräsentatives Wohnhaus für den damaligen Pächter des Hüttenwerkes, Johann Georg Blezinger, erbaut wurde. Vor dem Rathaus können wir uns auf Übersichtstafeln über das his-

Der Brenztopf

Aus dieser kesselartigen Vertiefung an der Felswand sprudeln durchschnittlich 1200 Liter Wasser pro Sekunde. Die Schwankungen hängen mit den Niederschlagsmengen zusammen. Da es sich hier um eine Karstquelle handelt, fließt hier kein Grundwasser, sondern gesammeltes Oberflächenwasser, welches sich seinen Weg durch das stark zerklüftete Karstgestein gebahnt hat und hier schließlich austritt. Die Brenz fließt dann nach ca. 52 km in Lauingen-Faimingen in die Donau. Die Ur-Brenz hingegen war ein großer Fluss, der rund 80 km weiter nördlich entsprang und im heutigen Alpennordrand in das Tethysmeer mündete.

Stetig gibt sie Wasser – die Brenzquelle.

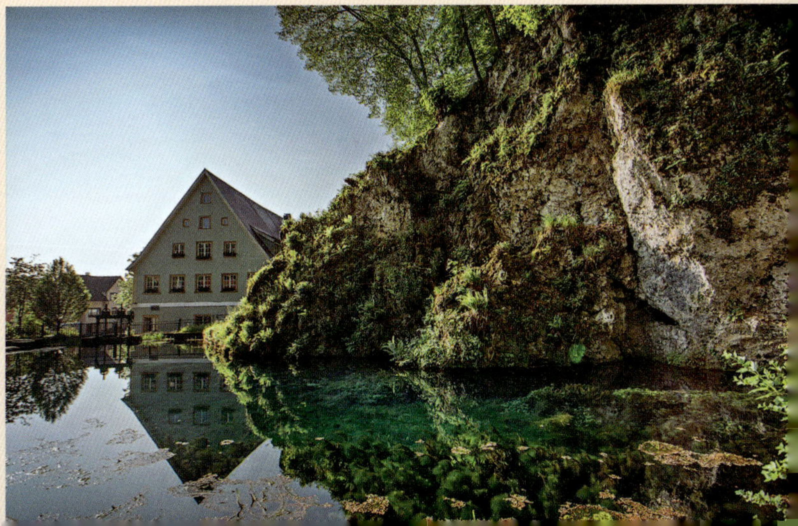

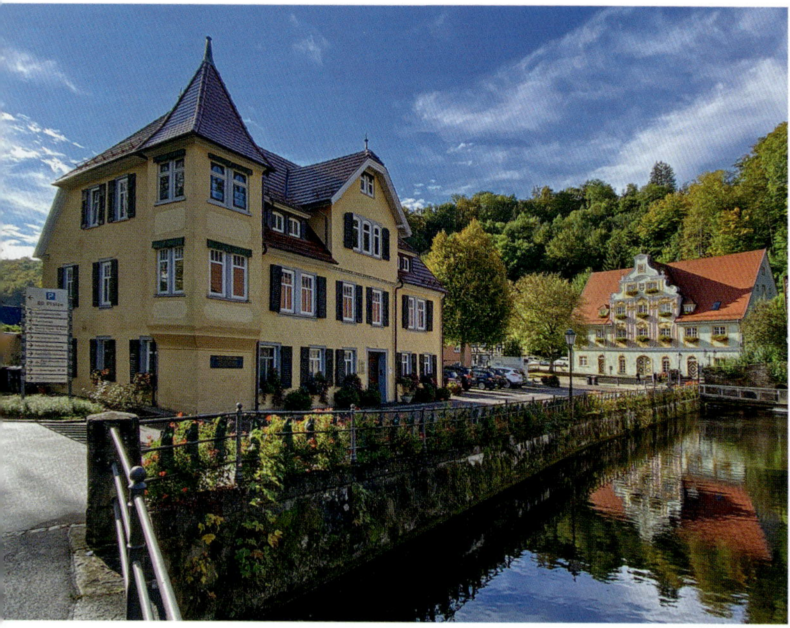

In diesem Haus befindet sich die Georg-Elser-Gedenkstätte.

torische Areal Königsbronns und über die umliegenden Wander- und Radwege, z. B. den Karstquellenrundweg oder den Brenz-Radweg, informieren. Wir lassen das Rathaus zu unserer Rechten, kommen zur **Georg-Elser-Gedenkstätte** und nach wenigen Schritten haben wir wieder unseren Ausgangspunkt erreicht. Im gleichen Gebäude kann man im Café stilvoll sein Kaffeepäuschen genießen.

Informatives und Rätselspaß zur Brenzquellrunde bietet die »Quiztour«-App fürs Smartphone.

Georg Elser, der einstige Widerstandskämpfer

Hier in Königsbronn verbrachte er seine Jugend. Er war der Mann, der am 8. November 1939 im Münchner Bürgerbräukeller das Attentat auf Hitler verübte, das jedoch an dessen vorzeitiger Abreise scheiterte. Bei seiner Arbeit im nahegelegenen Steinbruch besorgte er sich den Sprengstoff. 1945 wurde Elser im KZ in Dachau ermordet. Die Königsbronner hielten sich lange bedeckt, waren doch die Verhöre der Nazis sehr belastend. Ab den 1980er Jahren begann man mit der Ehrung Elsers, 1998 wurde die Gedenkstätte eröffnet.

19

Moldenbergrunde bei Heidenheim-Schnaitheim

Durch Wettkampfstätten und Biotope

Eine kurze Zeitspur abseits jeglichen Trubels liegt vor uns. Der Moldenberg oberhalb von Heidenheim-Schnaitheim ist mit Wald bewachsen, Hülben bieten einen besonderen Lebensraum und im Täschental treffen wir auf offene Heideflächen. Der Aufstieg zurück zum Ausgangspunkt bringt uns zum ehemaligen Steinbruch und über eine wunderschöne Wacholderheide.

Wir starten am Parkplatz ❶ der Sportanlagen der **Turn- und Sportgemeinde (TSG) Schnaitheim 1874 e. V.** Das Vereinsheim mit Gaststube und Biergarten wird seit 2019 mit schwäbischer und jugoslawischer Küche wieder betrieben.

Unser Weg folgt der Etappe 7 des Albschäferwegs bis zur Gehrenhütte ❷. Dort biegen wir nach rechts ab und gelangen auf dem geschotterten Weg zur **Jakobshülbe**. An der

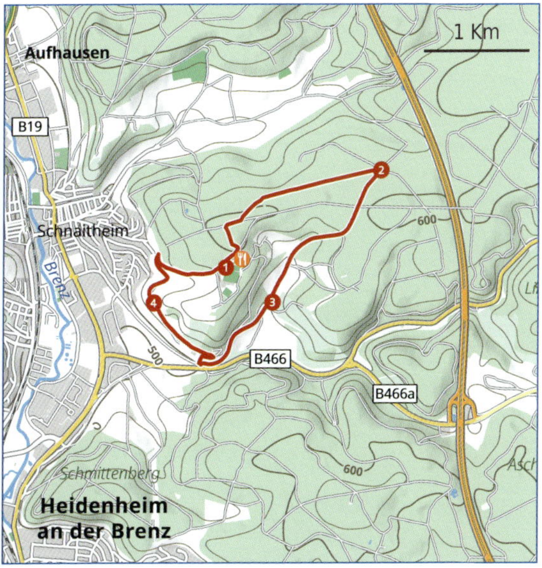

2 Std.

7,1 km

▲110 ▼110 hm

Leichte Tour auf teils rutschigen Waldwegen mit sanftem Anstieg zum Schluss

Parkplatz Sportanlagen Moldenberg Heidenheim-Schnaitheim

Parkplatz Moldenberg – Gehrenhütte – Täschental – Steinbruch Moldenberg – Parkplatz

Täschental, Steinbruch Moldenberg, Moldenberg-Heide, Ausblick auf Heidenheim

www.heidenheim.de
www.heidenheimer-brenzregion.de
www.heimat-kultur.albverein.net
www.hausdervolkskunst.de

EINKEHR

Heidenheim (Gaststätte Moldenberg, E)

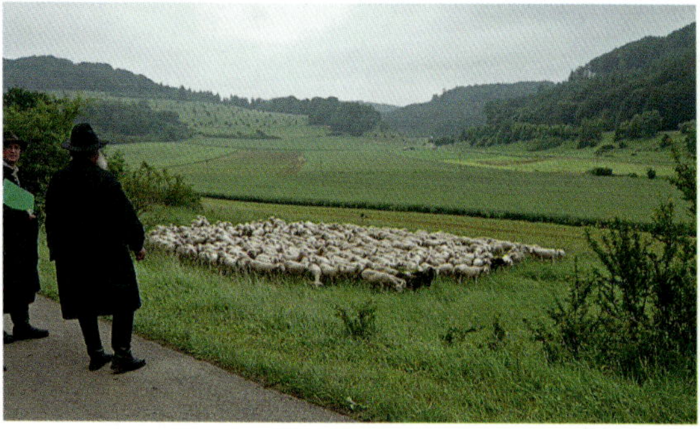

Schafherde im Täschental

kurz danach folgenden Gabelung halten wir uns rechts und gehen im Täschweg weiter bergab ins offene **Täschental** 3, wo beim **Schäferlauf** 2008 das **Leistungshüten** stattfand.

Der letzte Schäferlauf – Was kam danach?

Im Jahr 2008 fand in Heidenheim zum letzten Mal der traditionsreiche Schäferlauf statt. Im kommenden Jahr sprach sich der Gemeinderat Heidenheim-Schnaitheim u. a. aus Kostengründen gegen die Fortsetzung der Tradition aus. Hauptsächlich ging es dabei um den Festumzug und ein Schäferlauf-Wochenende ohne Umzug konnte sich keiner vorstellen. Um die Tradition der Tanzgruppen, der Trachten und der Musik nicht zu verlieren, setzte sich der Kulturrat des Schwäbischen Albvereins unter der Leitung von Manfred Stingel dafür ein, anstelle des Schäferlaufs einen »Abend der Schäfertraditionen« zu veranstalten. 2012 fand dieser zum ersten Mal statt und wiederholt sich seither alle zwei Jahre. Zu Gast im Heidenheimer Konzerthaus sind unter anderem ausländische Folkloregruppen, die Schäfertanzgruppe aus Sontheim an der Brenz und natürlich in erster Reihe die Schäfer der Region. Mittlerweile ist darum eine ganze Albschäferwoche mit verschiedenen Veranstaltungen entstanden.

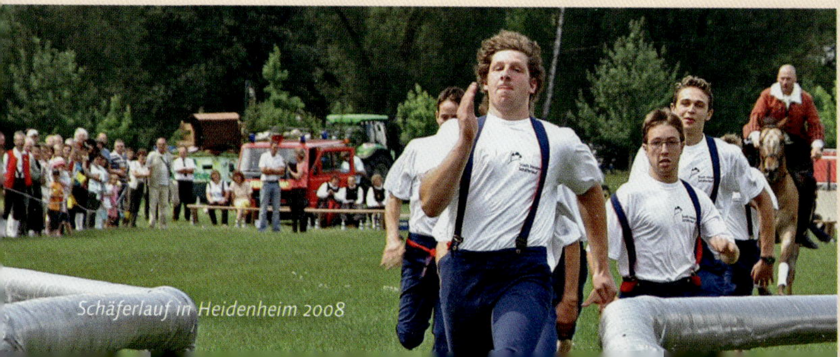

Schäferlauf in Heidenheim 2008

Steinbruch am Moldenberg

Der letzte Betreiber war hier bis Anfang der 1970er die Firma Steinwerke Kraft. Der Schnaitheimer Trümmeroolith wurde sogar im Rathaus von Wien verbaut. Seit der Stilllegung haben sich der Steinbruch und seine Umgebung zu einem wichtigen Biotop entwickelt. Es vereint Fels- und Trockenflächen, Wacholderheiden sowie Heckenlandschaften. Bei den Landschaftspflegemaßnahmen unterstützen die Schafe von Karin Wiedenmann-Riek. Ein solcher Steinbruch ist ein Ort des Staunens und Schauens. Viele seltene Tier- und Pflanzenarten, wie z. B. der Große Perlmutterfalter, Wildbienenarten der Roten Liste und Zauneidechsen, haben sich angesiedelt. Für felsbrütende Vogelarten, wie den Uhu, sind die Steinwände ein Paradies. Um diesen Lebensraum zu erhalten, ist es für uns Wanderer zwingend notwendig auf den Wegen zu bleiben.

Der Steinbruch bietet wichtigen Lebensraum.

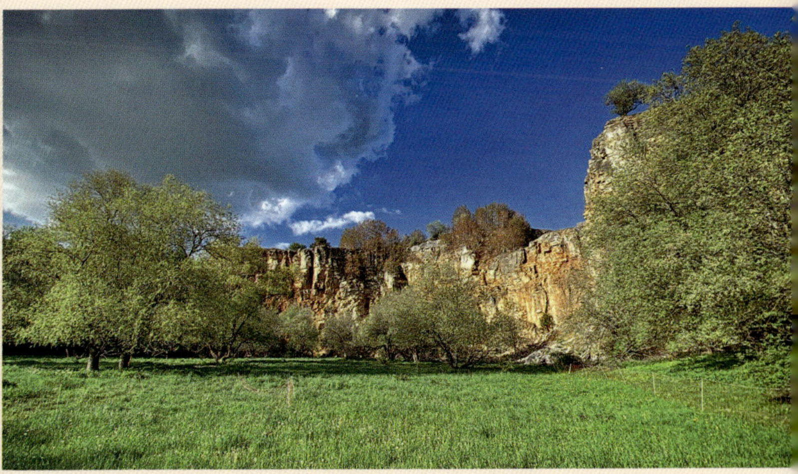

An der Mündung unseres Weges in die Nattheimer Straße wenden wir uns nach rechts und gehen wieder bergauf. Wir kommen zu einer Schranke, nach der wir nur wenige Schritte weiter nach links auf den **Moldenberg** abbiegen. Immer weiter parallel zum Berg wandernd gelangen wir an einen **Steinbruch** ❹ mit imposanter Kliffwand.

Nach weiteren 500 m stoßen wir wieder auf die Etappe 7 des Albschäferwegs und folgen diesem zurück zu den Sportanlagen hinauf.

Herrschaftsweg auf dem Härtsfeld

20

Nach Kirche und Adel herrschen Natur und Eisenbahn

4¼ Std.

16,9 km

▲388 ▼388 hm

Mittelschwere langgezogene Wanderung mit einigen steilen Passagen

Parkplatz am Bahnhof Neresheim

Bahnhof Neresheim – Kloster – Tiefental – Burg Katzenstein – Härtsfeldsee – Hochstatter Hof – NSG Zwing – Gallusmühle – Bahnhof Neresheim

Kloster Neresheim, Burg Katzenstein, Fliegenberg, Härtsfeldsee, Härtsfeldschättere, NSG Zwing

www.neresheim.de
www.haertsfeld.de
www.hmb-ev.de
www.q-hof-raunecker.de
www.burgkatzenstein.de
www.golfclub-hochstatt.de

Im Kloster Neresheim »herrschten« die Mönche und auf Burg Katzenstein die Ritter. Auf dieser Zeitspur können wir die Klosteranlage besichtigen, durch kühle Wälder wandern und das urige Ambiente auf der Burg Katzenstein genießen. Der Härtsfeldsee bietet Erfrischungsmöglichkeiten von innen und außen und durch das Naturschutzgebiet Zwing gelangen wir zurück zum Bahnhof der Härtsfeldschättere.

Die Zeitspur startet am Bahnhof der **Härtsfeldbahn** in Neresheim ❶ mit dem Aufstieg auf den Ulrichsberg zum **Kloster Neresheim** ❷, wo früher die Mönche herrschten, aktuell sieben Benediktinermönche leben, ihren Glauben pflegen und die verschiedensten Arbeiten erledigen. Auf den ersten gut 9 km folgen wir dem Albschäferweg auf seiner Etappe 9. Wir passieren die **Burg Katzenstein** ❸, den einstigen Sitz der Staufer, und den **Härtsfeldsee** ❹. Dieser wurde 1972 durch den Wasserverband

Blick auf Burg Katzenstein

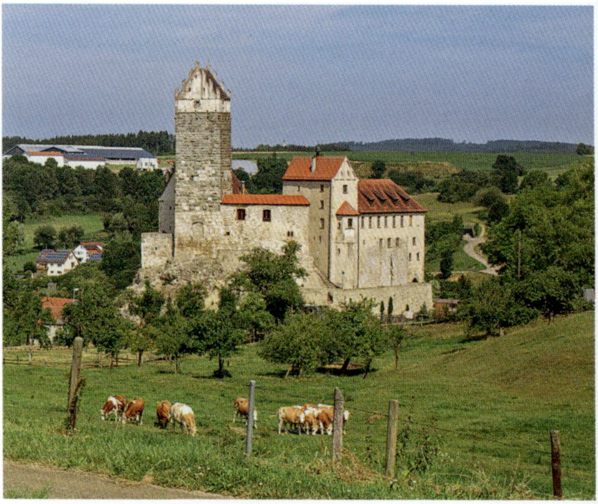

Egau/Dischingen als Stausee angelegt, um die Unterlieger vor Hochwasser zu schützen und Reserven für wasserarme Jahreszeiten zu sammeln, um Fischen und Vögeln Lebensraum und Rastplätze zu bieten und natürlich als Naherholungsgebiet für uns Men-

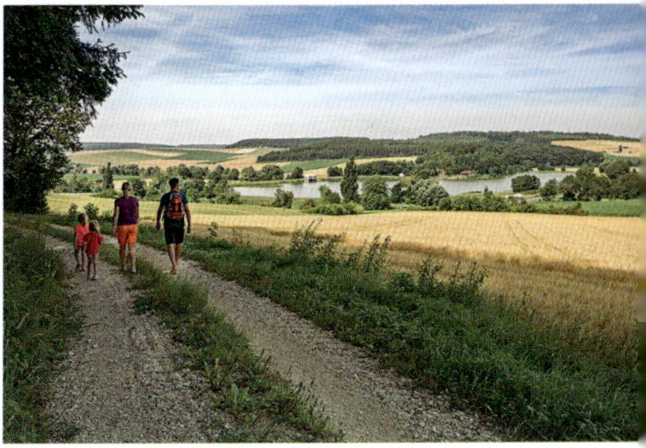

Der Härtsfeldsee lädt zum Entspannen ein.

Härtsfeldbahn und Museum

Die Härtsfeldbahn wurde zwischen 1901 und 1904 auf einer Strecke von 55 km zwischen Aalen und Ballmertshofen und später bis nach Dillingen gebaut. Somit verband sie Württemberg mit Bayrisch-Schwaben. Ziel war die wirtschaftliche Belebung des abgelegenen Raumes. 1972 musste die Bahnstrecke wegen mangelnder Rentabilität stillgelegt werden. Erst in den letzten Jahren wurde die Bahnlinie durch den Härtsfeld-Museumsbahn e.V. wiederbelebt. Seit Oktober 2001 fährt die »Schättere« von Neresheim bis zur Sägmühle. Ab 2021 wird ein weiterer Bauabschnitt bis zum Härtsfeldsee durch die ehrenamtlichen Gleisbauer fertiggestellt. Den Fahrplan, die Betriebstage und die Öffnungszeiten des Härtsfeldbahn-Museums entnimmt man am besten der Website.

Malerisch fährt die Härtsfeldschättere von Neresheim zum Härtsfeldsee.

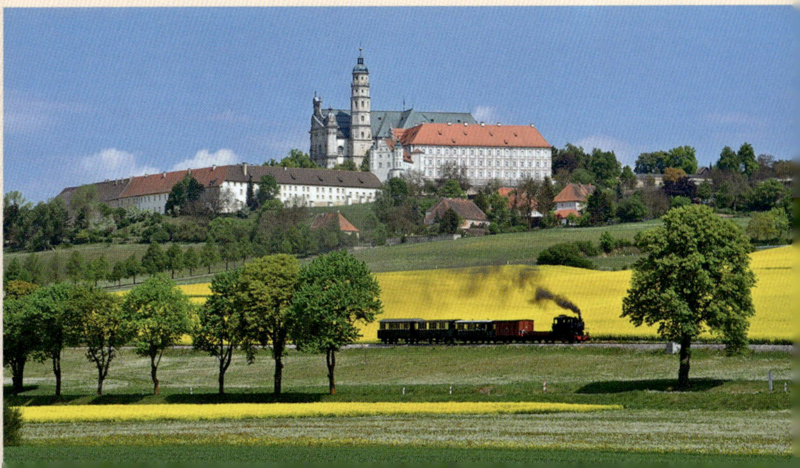

EINKEHR

Neresheim (E); Katzenstein (Burg); Dischingen (Kiosk am Härtsfeldsee, Restaurant am Hochstatter Hof)

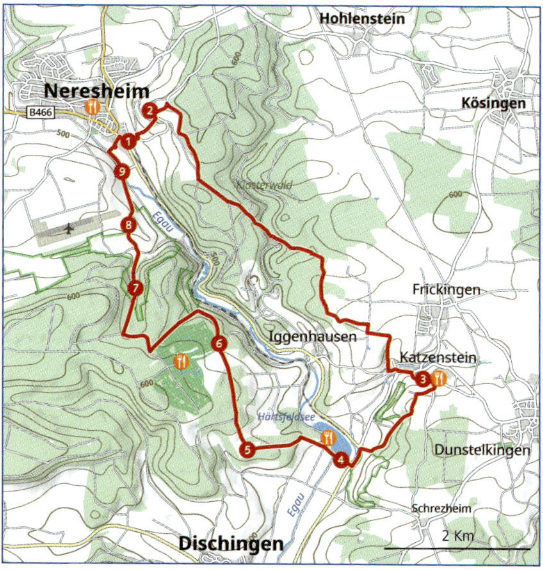

schen. Biber, Karpfen, Edelkrebse und spielende Kinder teilen sich heute den bis zu 4,2 m tiefen See. Eine schöne Liegewiese sowie ein Kiosk machen den See für uns Wanderer zu einem herrlichen Rastplatz.

Am See trennt sich unsere Zeitspur vom Albschäferweg und wir gehen statt vom Damm hinunter zur Egau weiterhin oberhalb, bis wir kurz vor dem Kiosk zum Wanderparkplatz gelangen. Hinter diesem biegen wir nach rechts ab und gehen geradeaus hinauf bis zum Wald, in welchen wir nach links abbiegen. Oben auf dem freien Feld angekommen, gehen wir nach rechts 5, bis wir unterhalb vom **Hochstatter Hof** zu einem Sträßlein 6 gelangen. In dieses biegen wir nach rechts ein, gehen jedoch bei der nächsten Möglichkeit wieder nach links in den Wald hinein. Nach einer Linkskurve verläuft der Weg leicht bergan parallel zum **Golfplatz**. Der mittlerweile zur 18-Loch-Meisterschaftsanlage ausgebaute Platz auf dem Hochstatter Hof gehört seit 2004 dem Golf-Club Hochstatt Härtsfeld-Ries e.V. In vergangenen Jahrhunderten herrschten das Kloster Fulda, das Kloster Neresheim und das Fürstenhaus Thurn und Taxis über den einstigen Gutshof.

Oberhalb wandern wir an der T-Kreuzung nach rechts, biegen am **Dornhäule** ebenfalls rechts ab und kommen wieder hinab in ein Tal. Unser Weg führt geradeaus auf dem **Waldlehrpfad**, der einige interessante Details über die dortigen Baumarten vermittelt, weiter, doch ein Abstecher nach links zur **Schauköhlerei** 7 lohnt sich. Möglicherweise sind die Rauchschwaden schon im Wald zu sehen und zu riechen.

Köhlerei

Zum Betreiben der Schmelzöfen im Brenztal wurde Kohle benötigt und diese stellte man in der Nähe her. Hier im Wald treffen wir heute eine Schauköhlerei an, die für die Holzkohlegewinnung nach wie vor das typische Buchenholz verwendet. Auf einer Platte mit einem Durchmesser von 6 bis 8 m wird das Holz in zwei Ebenen kegelförmig gestapelt. Etwa 25 m^3 Holz werden verwendet und mit Heu und Kohlerde bedeckt. Sind die Vorbereitungen getroffen, wird der Kegel von oben angezündet und über die nächsten 4 bis 6 Tage brennt das Holz nieder. Dabei muss es regelmäßig beobachtet werden. Qualmt es schließlich weiß, ist der Prozess abgeschlossen und die Holzkohle kann geerntet werden. 25% des einstigen Volumens bleiben übrig, jedoch mit der doppelten Brennkraft des ursprünglichen Holzes.

Eine Schauköhlerei mitten im Wald

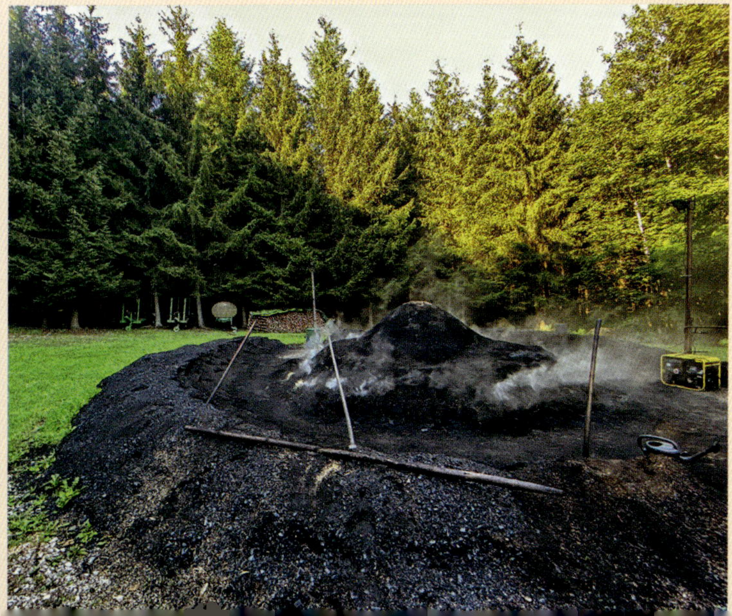

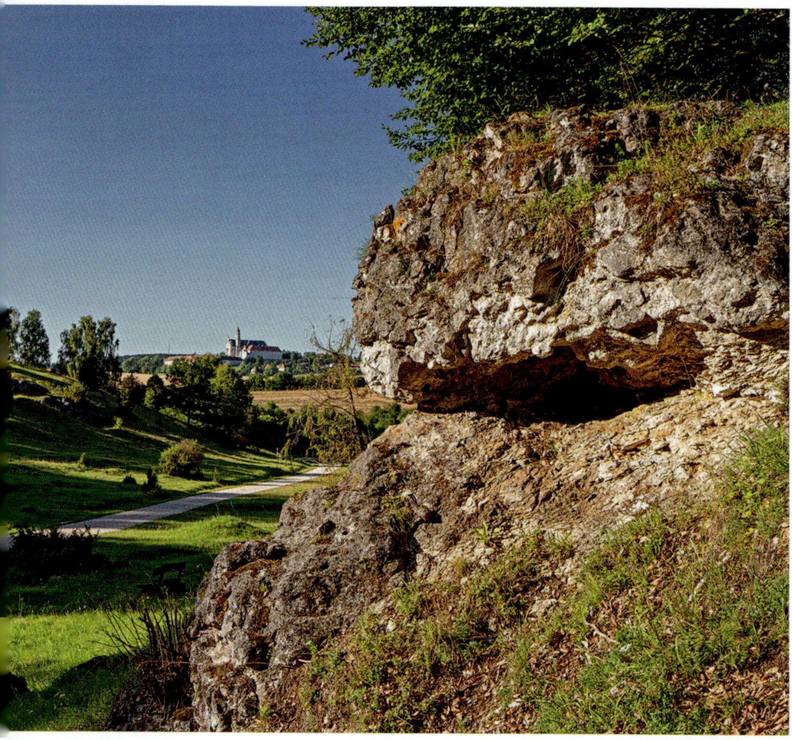

Im Naturschutzgebiet Zwing trifft man auf herrliche Wacholderheiden.

Nach dem Verlassen des Waldes kommen wir in das **Naturschutzgebiet Zwing** 8, gehen mit Blick auf das Kloster auf der Etappe 8 des Albschäferwegs durch Streuobstwiesen und vorbei an der **Gallusmühle** 9 wieder zurück nach Neresheim.

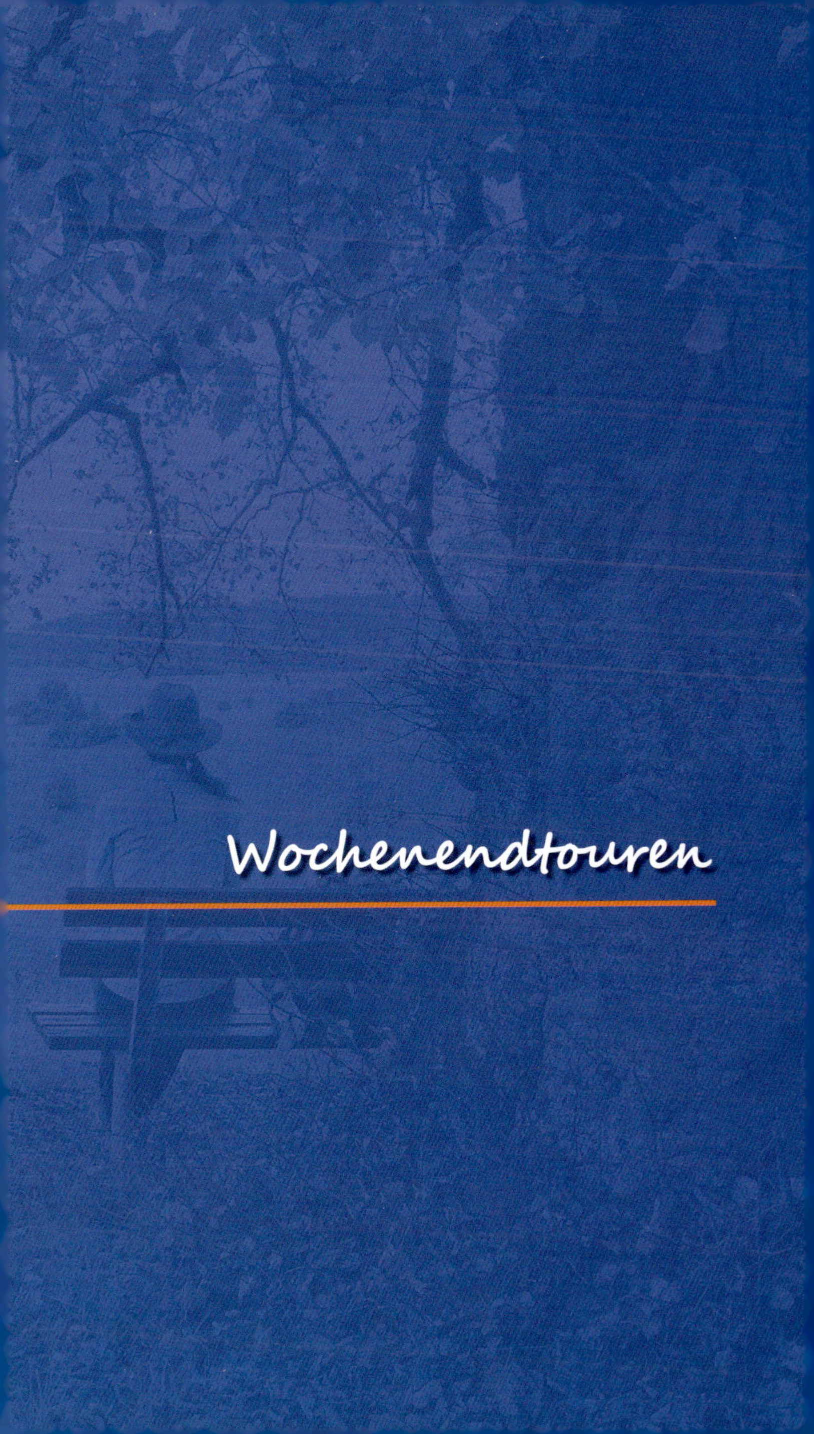
Wochenendtouren

Wochenendtour oberhalb vom Brenz- und Lonetal

21

Begegnungen mit Rittern, einer Königin und dem Jakobsweg

2 Etappen
30,1 km
350 hm

Mittelschwere Wanderung mit einigen Aufs und Abs auf beide Tage verteilt

Vom Bahnhof Giengen (kostenfreie Parkmöglichkeit) bis zum Etappenstart 0,5 km

Giengen-Spitalkirche – Ruine Güssenburg – Bergenweiler – Hermaringen – Panoramastein – Stetten – Ruine Kaltenburg – HöhlenErlebnisWelt – Hürben – Giengen

Bruckersberg, Ruine Güssenburg, Brenzrenaturierung mit Brenzturm, Aussicht auf Schloss Brenz, Galluskirche & Schloss Burgberg, Blick vom Panoramastein, Waldheide Dexelberg, Pfarrkirche Mariä Himmelfahrt und Schloss Stetten, Archäopark Vogelherd, Ruine Kaltenburg, Charlottenhöhle

Eine erlebnisreiche Zeitreise an zwei Tagen liegt vor uns. Wir starten in der Stadt der Teddybären, wandern über die sanften Brenzberge, blicken bis ins Donautal und treffen auf die Wiege der Menschheitsgeschichte in den Höhlen des Lonetals. Ein weiteres Highlight ist die Charlottenhöhle mit ihren sagenumwobenen Tropfsteinformationen. Ein Museum der besonderen Art erwartet uns mit dem HöhlenSchauLand und auf dem Rückweg könnten uns sogar Jakobsweg-Pilger begegnen.

Wir starten in **Giengen an der Brenz**, der Stadt der Teddybären, und folgen den 17 km der Etappe 1 des Albschäferwegs nach Stetten ob Lontal. Wer nach der Wanderung noch Energie hat, der kann die Besichtigung des **Archäopark Vogelherd** anschließen. Sollte es bis zum Ende der Öffnungszeiten am Abend nicht mehr reichen, dann empfiehlt es sich, den Abend ausklingen zu lassen und den Besuch am nächsten Morgen nach einem ausgiebigen Frühstück einzuplanen.

Unser Wanderweg führt uns nun auf der **Zeitspur Höhlengang** über die **Ruine Kaltenburg** zur **Charlottenhöhle**

Das kleine Stetten ob Lontal ist auf jeden Fall sehenswert!

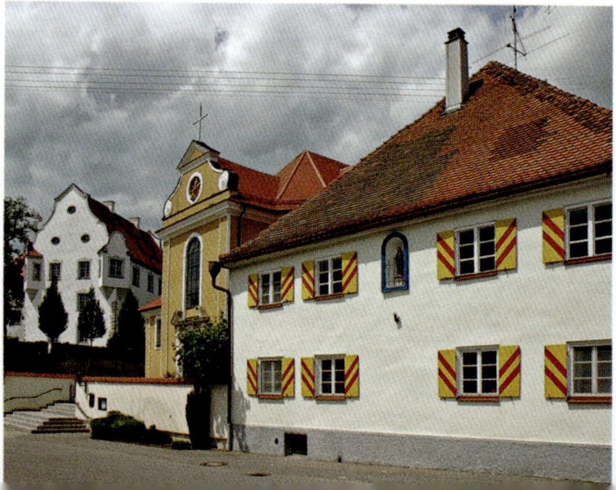

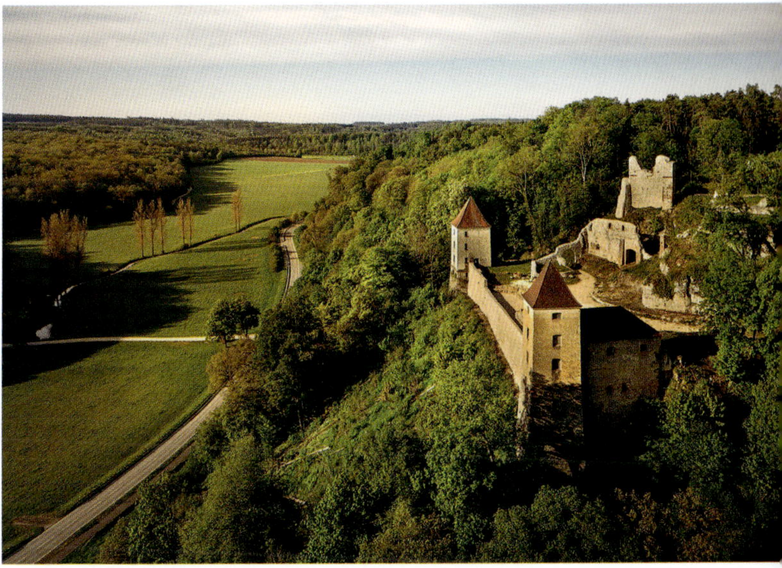

und hinab zum Erlebnisareal der **HöhlenErlebnisWelt Giengen-Hürben**. Hier sollten wir unbedingt die Höhle sowie das HöhlenSchauLand besichtigen und anschließend im HöhlenHaus für Stärkung sorgen.

Die Kaltenburg bzw. ihre Reste thronen imposant auf einem Vorsprung.

Um zurück nach Giengen zu gelangen, verlassen wir hier unten am Höhlenhaus die Zeitspur Höhlengang, doch es geht geschichtsträchtig weiter. Wir folgen nun dem Hauptwanderweg 2 (HW2) des Schwäbischen Albvereins bis Giengen. Zunächst gehen wir über den Parkplatz, queren dann die Hürbe und treffen auf der anderen Seite am Waldrand auf einen Schotterweg unterhalb des Kagbergs. Diesem folgen wir nach links. Während der nächsten Meter Richtung Hürben erfahren wir einiges über die Geschichte des Jakobsweges und des Pilgerns, denn hier wurde das **Jakobswegle**, eine »Simulation« des 2500 km langen Jakobsweges, von Giengen bis Santiago de Compostela angelegt.

Erklärungstafel zum Jakobswegle

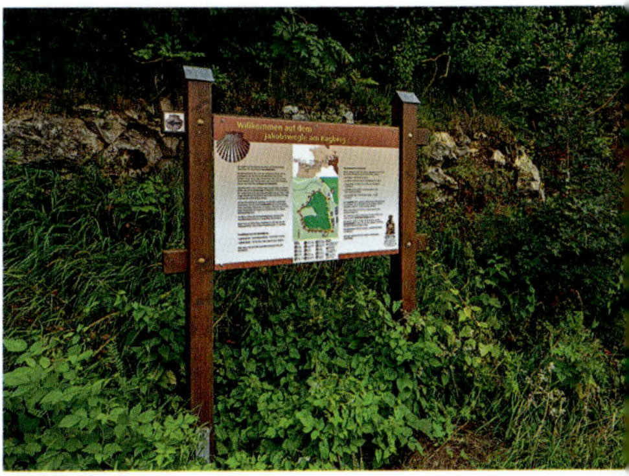

INFOS

www.albschaefer
weg.de
www.giengen.de
www.steiff.com
www.archaeopark-
vogelherd.de
www.hoehlen
erlebniswelt.de
www.jakobswegle.de

Siehe Etappe 1

Siehe Etappe 1
und Zeitspur
Höhlengang

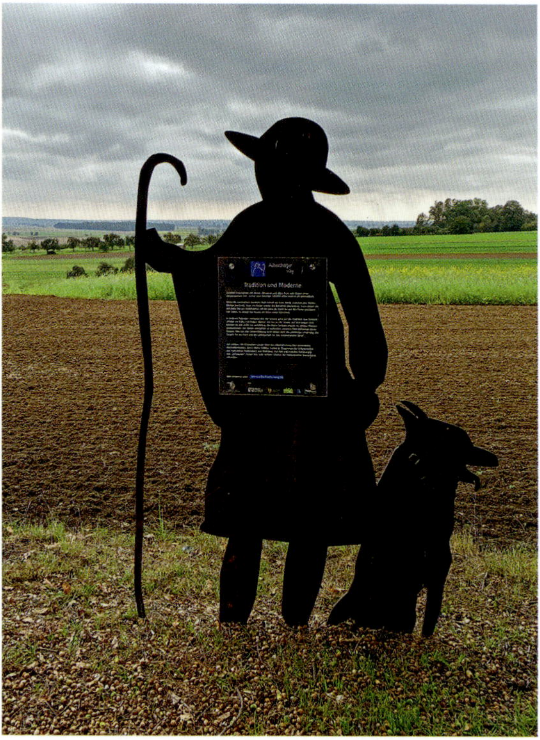

Der Schäferstele am Panoramastein begegnen wir an Tag 1.

Am Ortsrand von **Hürben** gehen wir in die Hurwinstraße nach rechts und folgen dem Pfad oberhalb des Ortes. Nach 350 m erreichen wir einen geschotterten Weg und gehen weiter am Waldrand entlang. Am Schafstall von Andreas Hopfenziz gehen wir nach links, folgen für etwa 100 m der Asphaltstraße und gehen dann nach dem Graben erst rechts, dann links auf dem Wiesenweg am Graben entlang weiter. Bei den Krautgärten queren wir die Verbindungsstraße nach Hermaringen.

Entlang wunderschöner Heideflächen und mit herrlichem Blick zurück auf Hürben kommen wir zur Bundesstraße B 492. Durch die Unterführung können wir diese leicht passieren und wenden uns danach nach links. Wir folgen dem Asphaltsträßchen für 250 m, gehen dann erst links und später rechts und stoßen über Wiesenwege bald auf die uns bekannte Etappe 1 des Albschäferwegs. Hier biegen wir nach links ab und gelangen zurück nach Giengen an der Brenz.

22 Wochenendtour übers Härtsfeld

Karge Alb, herrschaftliche Sitze und ein Grenzübertritt

Ein Streifzug über das Härtsfeld liegt vor uns. Durch Wälder, über Wiesen und wunderbare Wacholderheiden gelangen wir zum Kloster Neresheim, steigen den Ulrichsberg hinauf und wandern weiter zur Burg Katzenstein, einer Musterburg aus der Zeit der Staufer. Zurück im Tal stoßen wir auf den Härtsfeldsee, die Härtsfeldschättere und die Egau, den einzigen oberirdischen Fluss des Härtsfelds. Wir passieren Ballmertshofen und den ersten bayrischen Bürgerwindpark. Von hier geht es über den Wahlberg zurück nach Nattheim.

Los geht unsere Wanderung am Parkplatz »Alter Sportplatz« in Nattheim auf den letzten Metern der Etappe 7 des Albschäferwegs. Am **Schafhof der Familie Wiedenmann-Riek** gehen wir in Etappe 8 über und wandern vorbei an **Fleinheim**, oberhalb von **Auernheim** und am Waldrand entlang mit Blick auf das **Härtsfeld** nach Neresheim. Unterhalb des **Ulrichsbergs** am Bahnhof von Neresheim endet der erste Wandertag.

Blick auf Fleinheim

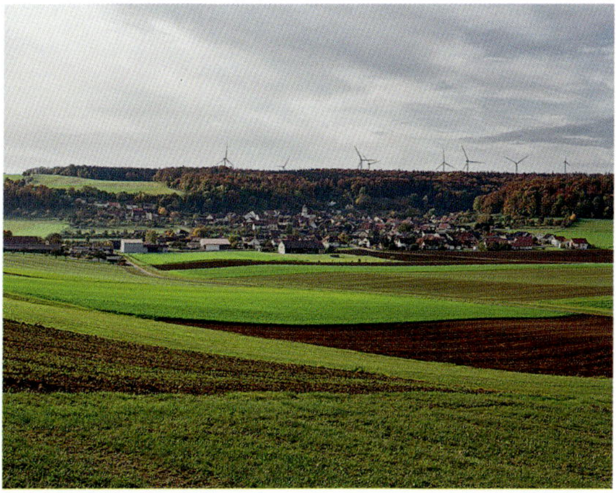

3 Etappen

43,2 km

▲▼ 718 hm

Mittelschwere Wanderung mit einigen Aufs und Abs und längerer flacher Passage an Tag 2

Parkplatz Alter Sportplatz in Nattheim (kostenfreie Parkmöglichkeit)

Schafhof Wiedenmann-Riek – Zitterberg – Fleinheim – Höllteich – Auernheim – NSG Zwing – Bahnhof Neresheim – Kloster Neresheim – Tiefental – Burg Katzenstein – Härtsfeldsee – Dischingen – Ballmertshofen – Kapelle Maria Steinbrunn in Zöschingen – Kreuzbuche/Windräder – Nattheim Parkplatz am Alten Sportplatz

Aussicht von ehemaliger Burg von Auernheim, Härtsfeld, NSG Zwing, Kloster Neresheim, Burg Katzenstein, Blick auf Härtsfeldsee, Egau, Kirche St. Johannes Baptist in Dischingen, Schloss Thurn und Taxis, Riedlandschaft, Kapelle Maria Steinbrunn in Zöschingen, Natursee Zöschingen, Ausblick auf Nattheim

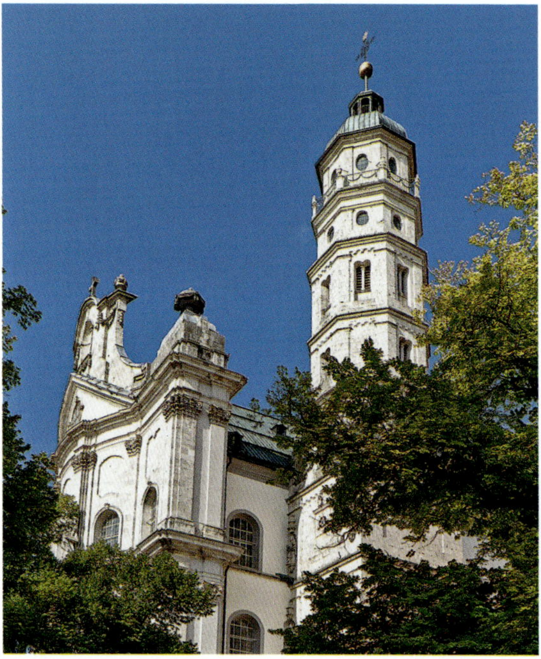

Weiß strahlt die Abteikirche des Klosters Neresheim

Wer im **Kloster Neresheim** übernachtet hat, der hat einen der schweißtreibenden Aufstiege des zweiten Wandertages schon hinter sich, wenn nicht, folgt er jetzt. Oberhalb des Klosters geht unser Weg weiter auf der Etappe 9. Über abwechslungsreiche Wald- und Feldwege gelangen wir zur **Burg Katzenstein**. Der erneute Aufstieg kann durch eine Einkehr und Besichtigung der Burg entschädigt werden. Im weiteren Wegverlauf steigen wir wieder hinab und haben am **Härtsfeldsee** die Chance auf eine kühle Erfrischung von außen und von innen. Von hier ab folgen wir dem Verlauf der **Egau** über **Dischingen** mit seiner außergewöhnlichen Kirche und dem Schloss von Thurn und Taxis, bis wir durch den Wald, oberhalb der Wasserversorgung entlang, **Ballmertshofen** als Endpunkt unseres zweiten Wandertages erreichen.

Kapelle Maria Steinbrunn

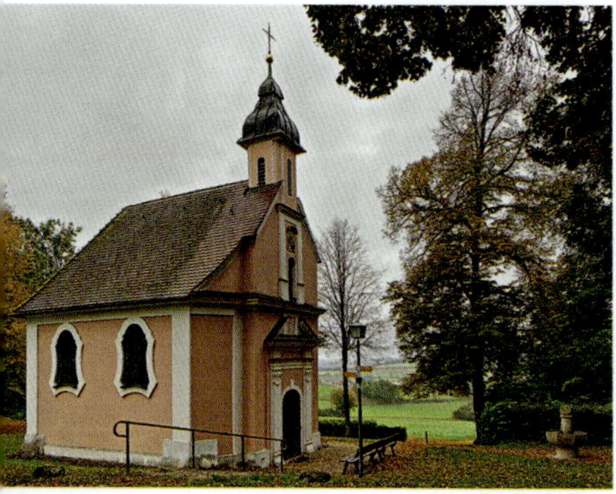

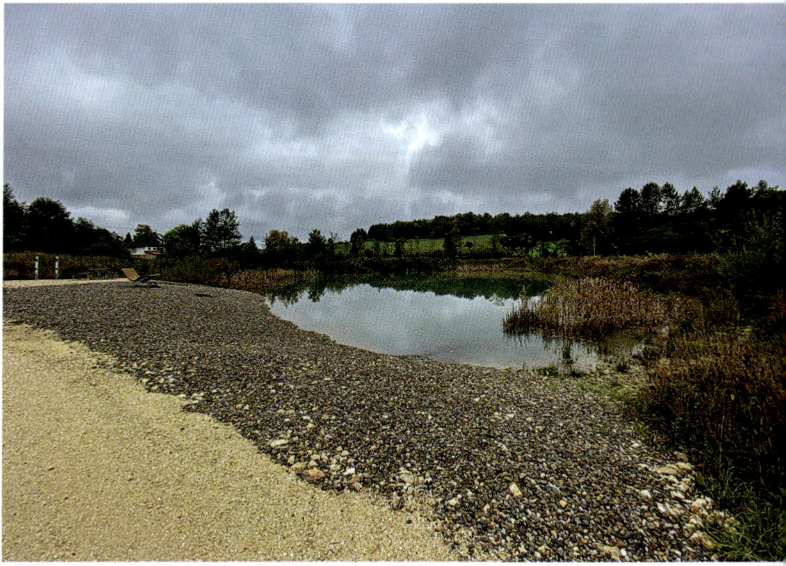

Natursee im bayrischen Zöschingen

Am letzten Tag wandern wir über die Landesgrenze mit Blick ins Zöschinger Tal und haben das Vergnügen, die **Kapelle Maria Steinbrunn** zu bewundern und zu kneippen (Etappe 10 des Albschäferwegs). Erneute Entspannung bietet der Rastplatz am **Natursee** von Zöschingen. Weiter geht es durch den Zöschinger Forst bis zur Kreuzbuche, wo wir auf den ersten **bayerischen Bürgerwindpark** treffen. Hier verlassen wir die Etappe 10 und machen uns auf den Weg nach Nattheim, indem wir geradeaus weiter Richtung **Wahlberg** gehen. Dieser war einst ein Einzelgehöft und ist heute ein bekannter Fohlenhof.

Wir folgen dem Weg mit der **roten Raute** als Markierung, welcher nochmals ein kurzes Stück durch den Wald verläuft, bevor sich der Blick auf **Nattheim** öffnet. Vorbei an Wiesen und Feldern gehen wir nach Nattheim hinunter. Über den Kreuzweg, die Gartenstraße, Fleinheimer Straße, Neresheimer Straße und Pommergasse erreichen wir den Fußweg bei der Schule und Sporthalle. Diesem folgen wir bis zur Dieselstraße, queren im Gewerbegebiet die Daimlerstraße und gelangen über den Carl-Zeiss-Weg zu den Sportanlagen auf der Halde. Auf einem schönen Pfad steigen wir hinab ins Tal zum Parkplatz am Alten Sportplatz.

INFOS

www.albschaeferweg.de
www.schaeferei-wiedenmann.de
www.nattheim.de
www.haertsfeld.de
www.neresheim.de
www.hmb-ev.de
www.q-hof-raunecker.de
www.burgkatzenstein.de
www.dischingen.de
www.dillingerland.de

Siehe Etappen 8 und 9

Siehe Etappen 8, 9 und 10

Wochenendtour auf dem Albuch 23

Am Rande des Meteorkraters über ein Meer aus Felsen zum See der Mönche

2 Etappen
32,1 km
475 hm

Mittelschwere Wanderung mit einigen unebenen Passagen und herrlichen Talwegen

Steinheim Wanderparkplatz Schäfhalde (kostenfreie Parkmöglichkeit)

Schafhof Smietana – Zanger Berg – Doschental – Wentalweible – Felsenmeer – Gmeintal – Wanderparkplatz Zang – Ruine Herwartstein – Itzelberger See – Bannwald »Siebter Fuß« – Wanderparkplatz Dickhölzle – Wanderparkplatz Schäfhalde

Heidelandschaften, Zentralhügel, Kraterrand, Zanger Berg, Ausblick auf Steinheim, Wental, Felsenmeer, Ruine Herwartstein, Itzelberger See, Bannwald

An zwei Wandertagen gehen wir am Rand des Meteorkraters entlang, kommen an den bizarren Felsformationen im Wental vorbei und erreichen die Rodungsinsel Zang. Weiter geht es zur Burgruine Herwartstein mit Aussicht ins Brenztal und der Möglichkeit zum Abstecher zur Brenzquelle, um mehr über die Industriegeschichte Königsbronns zu erfahren. Schließlich können wir am Itzelberger See Kräfte für den Aufstieg zurück ins Steinheimer Becken sammeln.

Wir starten unsere zwei Wanderetappen auf den letzten Metern der Etappe 4 am **Wanderparkplatz Schäfhalde** oberhalb von Steinheim. Über traumhafte Wacholderheiden steigen wir hinab zum **Schafhof Smietana** und dort beginnt die Etappe 5, die uns parallel zum Meteorkrater-Rundwanderweg am Rande des Steinheimer Beckens entlang, hinauf auf den **Zanger Berg**, hinab durch das **Doschental** und vorbei an der **Schreiberhöhle** ins **Wental** führt. Hier gehen wir gemütlich vorbei an pittoresken Steinformationen, z. B. dem **Wentalweible**, können dort auch die Sage dazu lesen und erreichen bald auf der anderen Seite der Landstraße L 1165 das **Felsenmeer**. Wer seinen

Mauerreste der Burg Herwartstein

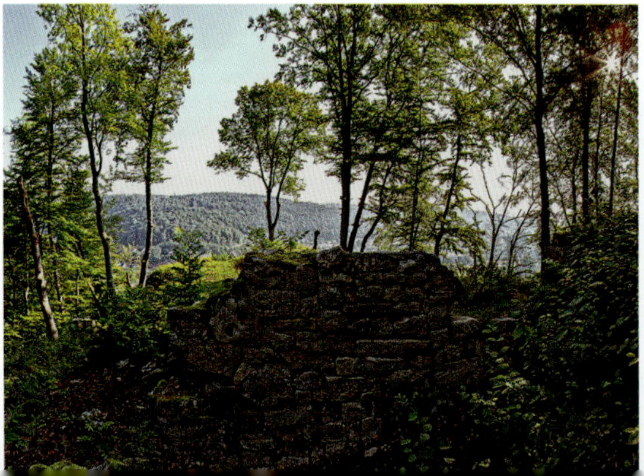

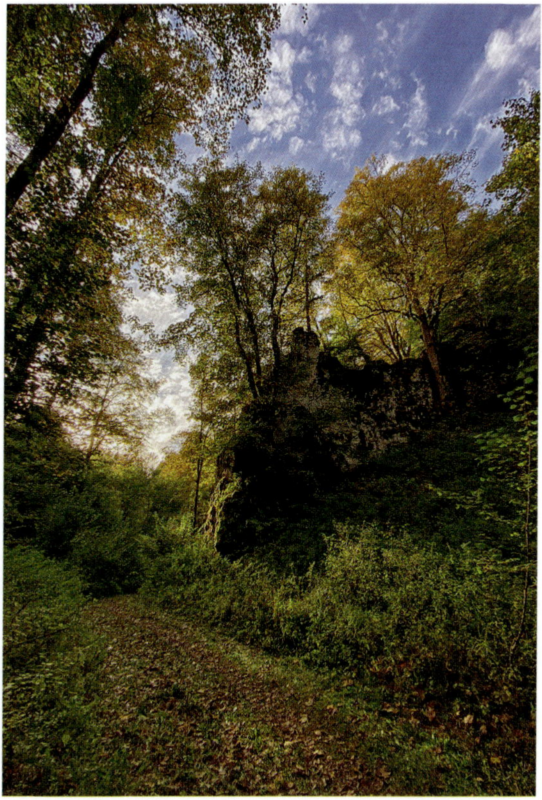

INFOS

www.albschaefer weg.de
www.steinheim.com
www.koenigs bronn.de
www.albuch.de
www.schafhof-steinheim.de

Siehe Etappe 5

Siehe Etappen 5 und 6

Voller beeindruckender Natur – das Wental

Proviant noch nicht aufgegessen hat, der findet hier sicherlich einen wunderschönen Rastplatz. Die letzten Kilometer bis zum Etappenziel **Zang** verlaufen durch eine abwechslungsreiche Waldlandschaft.

Die zweite etwa gleichlange Etappe könnten wir mit verschiedenen Päuschen starten, denn wir gehen entlang des liebevoll gestalteten **Bänkleswegs**. Ein Stück durch den Wald und schon erreichen wir die Königsbronner **Waldsiedlung** oberhalb des Ortes. Wir wandern weiter und stehen bald vor der Wahl, ob wir weiterhin direkt dem Albschäferweg folgen, einen kurzen Abstecher zur **Ruine Herwartstein** machen oder auf die Zeitspur Brenzquellrunde umsteigen und ins Tal zum **Brenztopf** und dem sehenswerten Ort Königsbronn wandern. Jede Möglichkeit hat ihren Charme und führt zum nächsten Ziel, dem **Itzel-**

Der Itzelberger See ist Heimat für verschiedene Vogel- und Fischarten.

berger See, den die Königsbronner Mönche einst angelegt haben. Der See lädt zum Verweilen und die Lokalitäten zum Einkehren ein.

Unser letzter Wegabschnitt führt entlang des **Bannwalds »Siebter Fuß«** mit Ausblicken ins Brenztal durch den Wald hindurch und über ein Wiesenplateau hoch über Heiden-

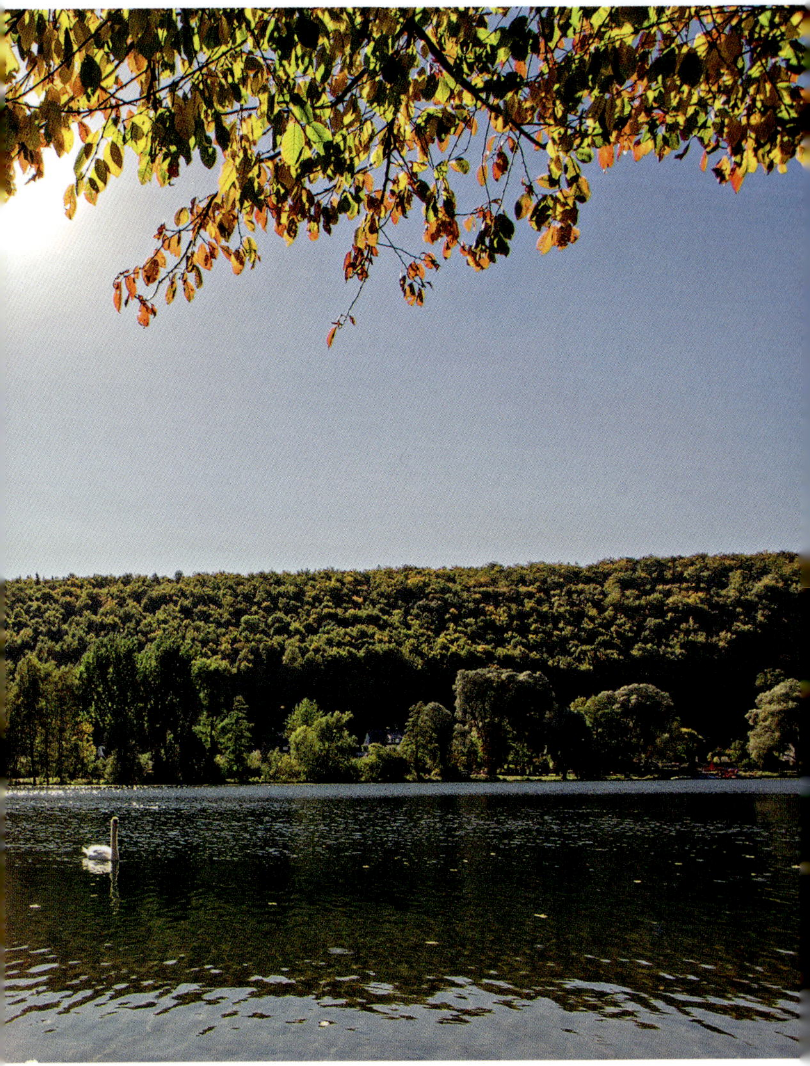

heim zum **Wanderparkplatz Dickhölzle** an der Kreisstraße 3035. Diesen lassen wir links liegen, gehen noch ein Stück auf dem Albschäferweg und dann auf dem geschotterten Waldweg geradeaus durch den **Rauhbuch** weiter bis zum Ausgangspunkt, wo wir uns noch mit einer Einkehr in der Heiderose belohnen können.

Wochenendtour auf der Gerstetter Alb

24

Auf den Spuren von Zoeppritz und Ur-Meeren

3 Etappen

40 km

485 hm

Mittelschwere Wanderung mit drei gleichmäßig langen Etappen, einige kurze Anstiege

Parkplatz am Gerstetter Waldfriedhof (kostenfreie Parkmöglichkeit)

Gerstetten – Wasserturm – Drei-Wetter-Tannen – Küpfendorfer Holz – Ugental – Mergelstetten-Reutenen – Trimm-Dich-Pfad »Schwende« – Kies-Schotter-Werk Bolheim – Hasenloch – Anhausen – Kießental – Heldenfinger Kliff – Schafhof Banzhaf – Hungerbrunnen – Gassental – Gerstetten

Wasserturm Gerstetten, Heidelandschaft, Ugental, Aussicht auf Bolheim, Kießental, Heldenfinger Kliff-Felsküste, Rößeweiher, Hungerbrunnental, Eglenseen

Unsere Tour startet ruhig mit kilometerweiter Natur. Ab Mergelstetten führt uns der naturbelassene Zoeppritzweg oberhalb des Brenztals mit wunderbaren Ausblicken und einigen kniffligen Anstiegen zum Kloster Anhausen. Wir wandern weiter zum Heldenfinger Kliff, der versteinerten Felsküste des tertiären Meeres. Auf dem Weg nach Gerstetten begegnen uns Karstphänomene, wie das Hungerbrunnental. Große Heideflächen und bunte Mischwälder erfreuen uns Wanderer, bis wir wieder den Wasserturm von Gerstetten erblicken.

Drei entspannte Tage durch eine herrliche Landschaft und auf verwunschenen Pfaden liegen vor uns. Wir starten am **Gerstetter Waldfriedhof** und folgen dem Albschäferweg mit seiner Etappe 4 bis zur Wegspinne am **Küpfendorfer Holz**. Dort biegt der Albschäferweg nach links ab, doch wir gehen rechts leicht bergab. Auf den

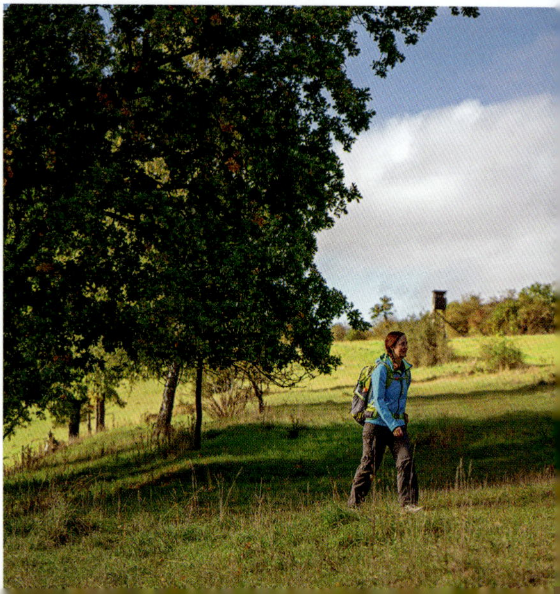

nächsten Kilometern folgen wir der Wegmarkierung mit der gelben Gabel des Schwäbischen Albvereins und gehen Richtung Ugental und Mergelstetten. Nach knapp 1 km biegen wir nach links in das Hennentalsträßle ein, welchem wir auch am Punkt Sulz nach rechts folgen.

Nach einer Linkskurve gelangen wir ins **Ugental** und passieren den kleinen Bach an der Betonbrücke. Unser Weg führt leicht bergauf in den Wald. An der Wegmarkierung Langentalweg in einer Rechtskurve biegen wir auf einen schmalen Waldweg nach links ab. Dieser mündet auf dem **Gemeindeberg** in den Heidenheimer Weg, dem wir erst nach links, dann schräg rechts folgen, bis wir den Ortsrand von **Mergelstetten-Reutenen** erreichen. Unsere neue Wegmarkierung ist die rote Gabel. Am Ortsrand lassen wir die Häuser zu unserer Rechten liegen und gehen bis zum Spielplatz, wo wir nach rechts in den Fußweg abbiegen. Wir gehen nach links in den Haller Weg, an der T-Kreuzung zur Heilbronner Straße rechts und nochmals nach links in die Mergelstetter Reute. An der nächsten Kreuzung passieren wir die M. Reute und nehmen den engen Waldweg schräg nach rechts in den Wald hinein. Jetzt folgen wir der Ausschilderung des Zoeppritzwegs, des Hauptwanderwegs 4 (HW4) und des Jakobswegs mit der gelben Muschel auf blauem Grund. Nur einen Katzensprung von hier entfernt

Immer wieder traumhaft sind die Wacholderheiden (links).

Wegbeschilderung des Schwäbischen Albvereins (unten)

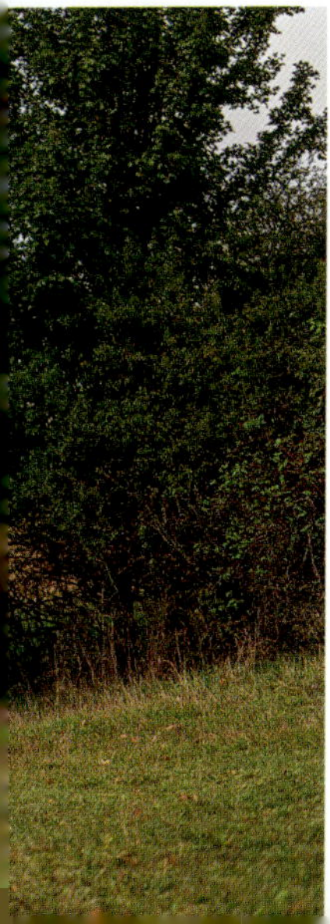

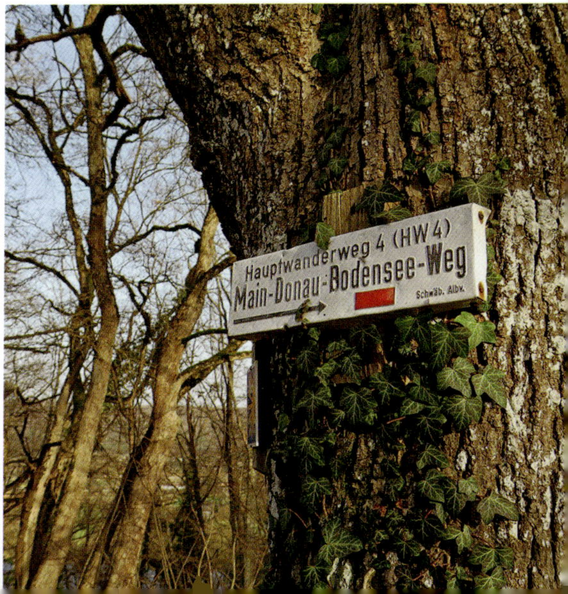

INFOS

www.albschaefer weg.de
www.gerstetten.de
www.gerstetten. albverein.eu
www.kulturhof-erpfenhausen.de
www.heidenheim.de
www.herbrech tingen.de
www.krippe-heldenfingen.de
www.heldenfingen. albverein.eu
www.geopark-alb.de

Hotel Hirsch
Buchhofsteige 3
89522 Mergelstetten
(0 73 21) 95 40
www.hotel-hirsch-heidenheim.de

Weitere etwas abseits liegende Unterkünfte sind unter www.heidenheim.de recherchierbar.

Heldenfingen: siehe Etappe 3

Siehe Etappen 3 und 4

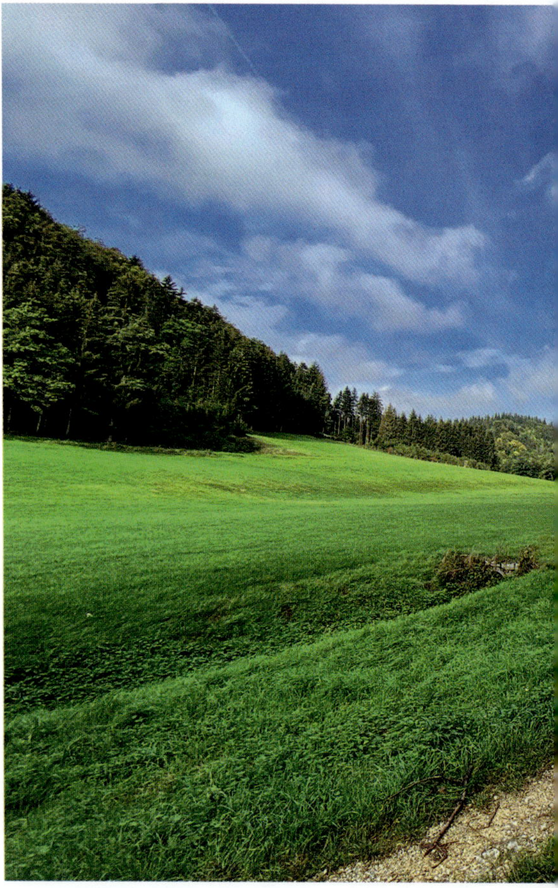

liegt neben weiteren Sportanlagen die Voith-Arena, das Stadion des FC Heidenheim, und das Schloss Hellenstein mit Einkehrmöglichkeit.

Nach ca. 1,3 km kommen wir zur Buchhofsteige. Hier verlassen wir den Weg, gehen nach links Richtung Unterkunft und erreichen das Ende unserer **ersten Etappe**.

Die **zweite Etappe** startet in der Buchhofsteige gegenüber der Kistelbergstraße, indem wir auf dem schmalen Pfad nach links bergauf in den Wald hineingehen. Wir halten uns weiterhin an den HW4, kommen an einem **Kies-Schotter-Werk** vorbei und haben immer wieder eine herrliche **Aussicht** in das unter uns liegende Tal. Auf den Heide-

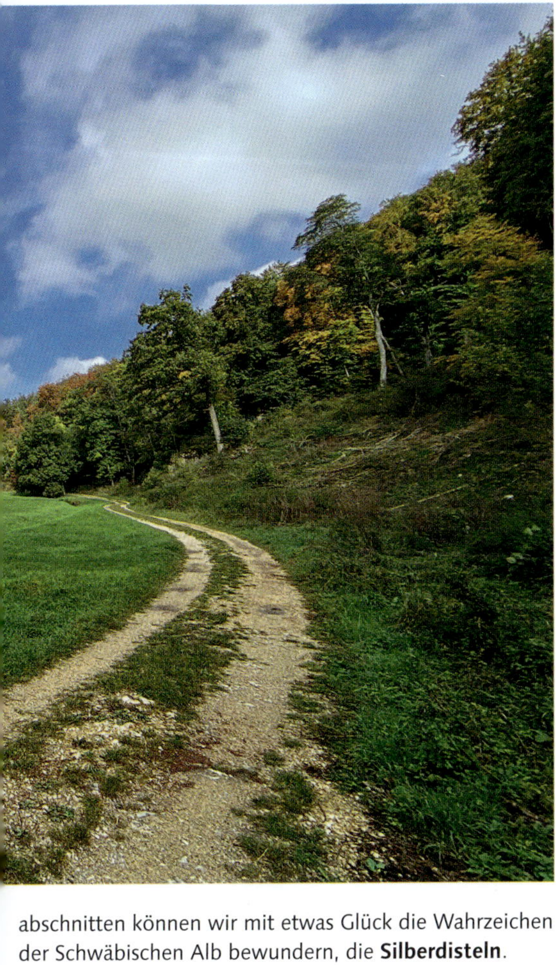

Mal sprudelt Wasser im Hungerbrunnental und mal nicht…

abschnitten können wir mit etwas Glück die Wahrzeichen der Schwäbischen Alb bewundern, die **Silberdisteln**.

Beim Erreichen der Landstraße, die Bolheim und Anhausen verbindet, biegen wir nach rechts ab und gehen auf dem Fußweg an der Straße entlang bis nach Anhausen. Gegenüber dem ehemaligen **Gasthaus zum Tor** stoßen wir auf Etappe 3 des Albschäferwegs. Der Ausschilderung folgen wir bis nach **Heldenfingen**, wo die **zweite Etappe** unserer Wochenendtour endet.

Ab **Heldenfingen** geht es auf dem Weg mit dem weißen Schäfer auf blauem Grund weiter, bis wir wieder unseren Ausgangspunkt, den **Gerstetter Waldfriedhof**, erreichen.

Schäferlied

Schäferle sag, wo willst du weiden?

Schäferle sag, wo willst du weiden?
Drauß im Feld auf grüner Heiden.
Drauß im Feld auf grüner Heiden
tun die lustgen Schäfer weiden.
Und ich sag: Es bleibt dabei,
lustig ist die Schäferei.

Schäferle sag, was willst du essen?
Bratnen Fisch mit spanischem Pfeffer.
Bratnen Fisch mit spanischem Pfeffer
tun die lustgen Schäfer essen.
Und ich sag: Es bleibt dabei,
lustig ist die Schäferei.

Schäferle sag, was willst du trinken?
Roten Wein mit Zucker drinnen.
Roten Wein mit Zucker drinnen
tun die lustgen Schäfer trinken.
Und ich sag: Es bleibt dabei,
lustig ist die Schäferei.

Schäferle sag, wo willst du tanzen?
Drauß im Feld bei Musikanten.
Drauß im Feld bei Musikanten
tun die lustgen Schäfer tanzen.
Und ich sag: Es bleibt dabei,
lustig ist die Schäferei.

Schäferle sag, wo willst du schlafen?
Drauß im Feld bei meinen Schafen.
Drauß im Feld bei ihren Schafen
tun die lustgen Schäfer schlafen.
Und ich sag: Es bleibt dabei,
lustig ist die Schäferei.

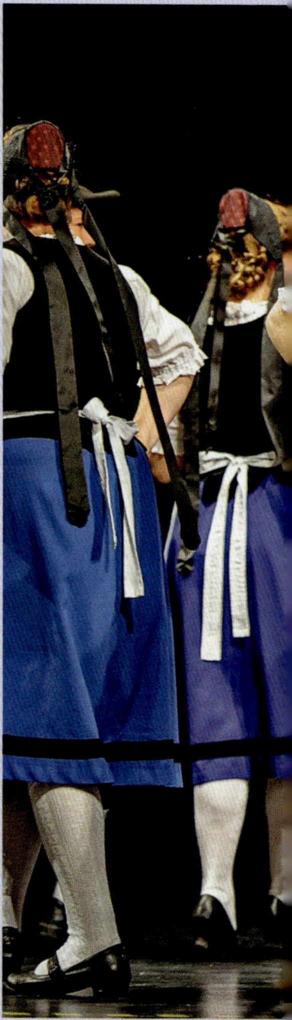

Volkslied (19. Jh.) in geänderter
Form für den Heidenheimer Schäferlauf
(Schwäbischer Albverein)

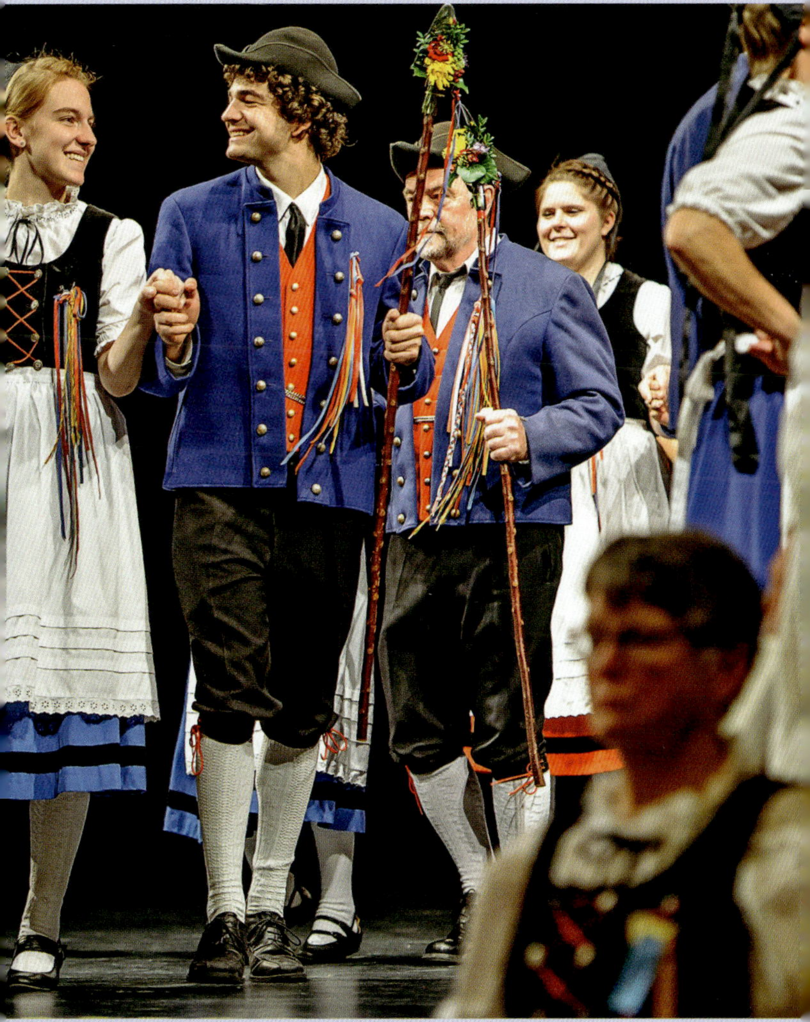

Schäfertanzgruppe beim Schäfer-Traditionsabend 2018, als Ersatz für den Schäferlauf, der in Heidenheim nicht mehr stattfindet

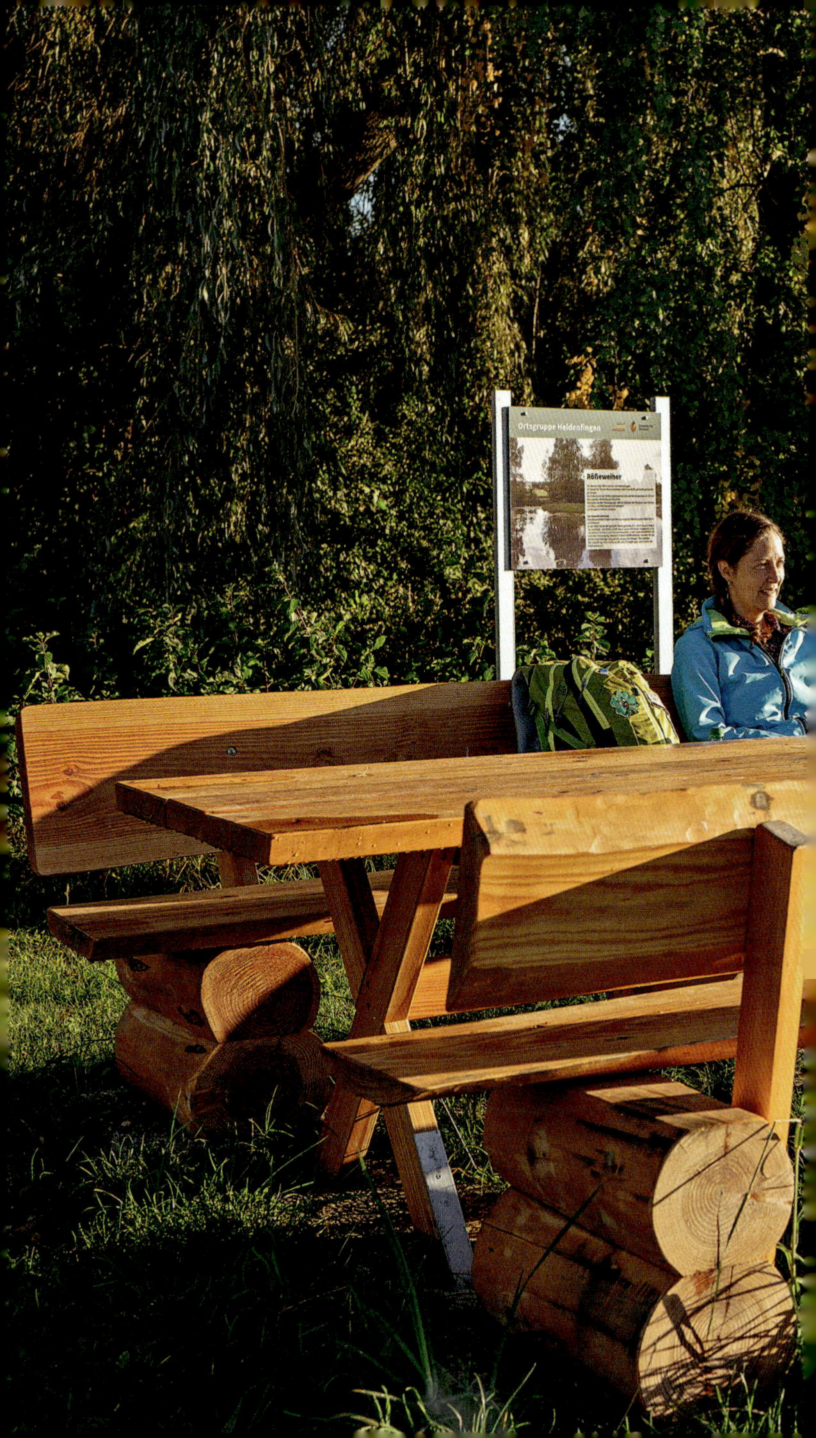
Ortsgruppe Heldenfingen
Rößeweiher

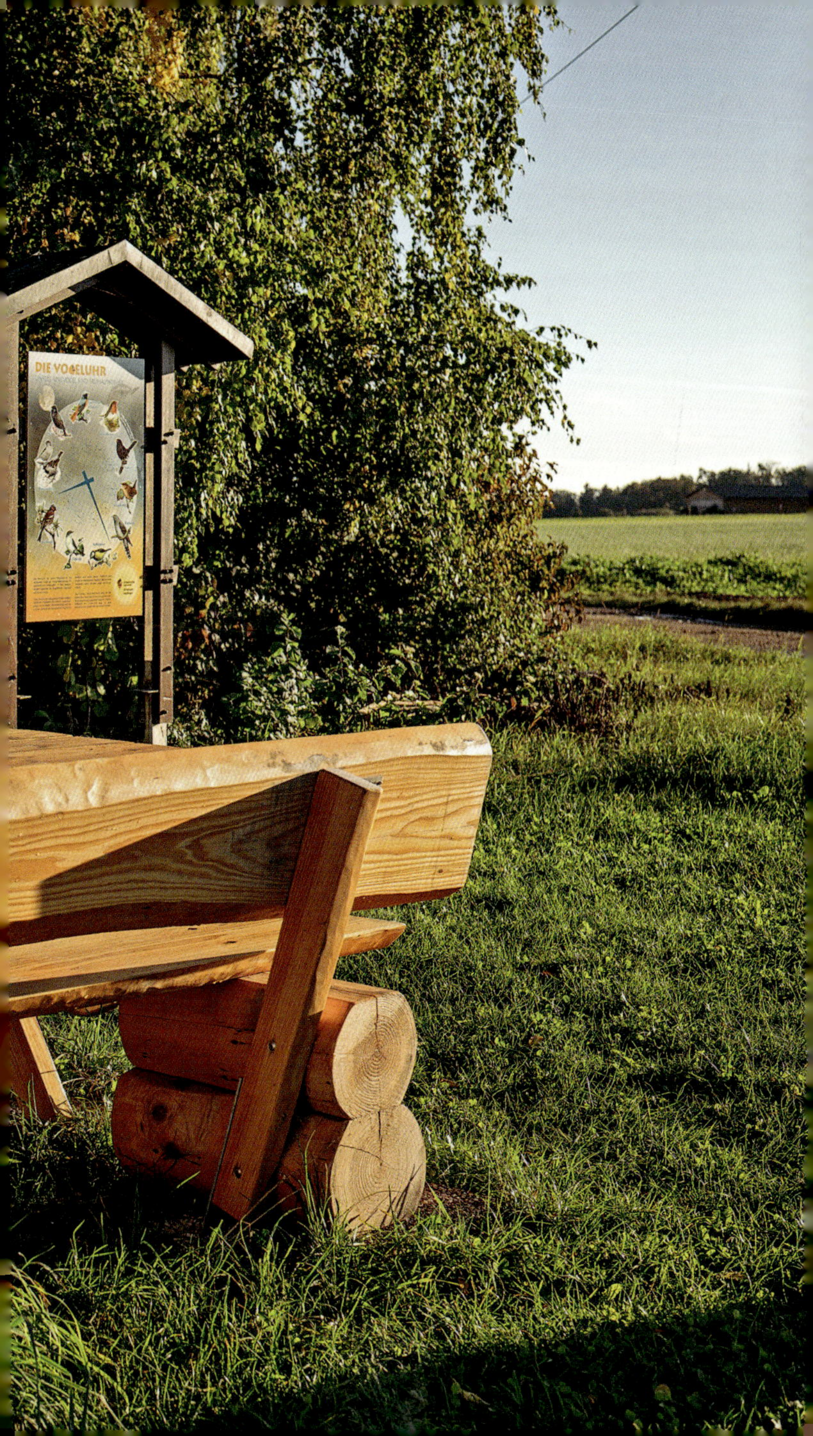
DIE VOGELUHR

Impressum und Bildnachweis

Titelbild, 12, 13, 33, 78, 79, 86, 87, 102, 130, 141, 187: Oliver Vogel; 5, 46, 47, 112 unten, 155, 166, 167 oben: H. Grandel; 9 links: Ingo Depner; 9 rechts, 11 oben, 139: Peter Banzhaf; 10 oben, 17, 23, 42, 60, 70, 81, 95, 110, 112 oben, 123 oben, 128, 160 unten, 178: Guido Serino; 10 unten, 91 unten, 142 links: Vanessa Liebrich-Krismann; 11 unten: G. Herrmann; 25: Steiff Museum; 49: Erika Schiele; 52: Petra Lehmann; 63, 88, 148, 150, 164 oben: Wolfgang Pösselt; 67 unten, 119: Natalja Bese; 74 unten, 80, 118, 121, 125, 160 oben, 161, 180: Fouad Vollmer; 77, 164 unten: Stadt Heidenheim; 89, 151: Monika Suckut; 96, 167 unten: Härtsfeld-Museumsbahn e.V.; 129: Stadt Giengen; 144: Markus Brandhuber; 147 oben: Gemeinde Gerstetten; 147 unten: Helga Winkler; 165: Marcus Fache; 172: Lothar Hänle; 173 oben: G. Bayerl

Alle anderen Fotos: Susi Reiser, Frank Reiser

Titel:	DER ALBSCHÄFERWEG UND SEINE ZEITSPUREN
Untertitel:	Wandern in der Heidenheimer Brenzregion
Autorin:	Susi Reiser
Herstellung:	verlag regionalkultur
Satz:	post scriptum, Hüfingen
Umschlaggestaltung:	post scriptum, Hüfingen
Lektorat:	Nico Batschauer, vr
Projektpartner:	Landkreis Heidenheim, Freizeit und Tourismus

ISBN 978-3-95505-298-0

Bibliografische Information der Deutschen Bibliothek:
Die Deutsche Bibliothek verzeichnet diese Publikation in der Deutschen Nationalbibliografie; detaillierte Daten sind im Internet über http://dnb.de abrufbar.

Diese Publikation ist entsprechend den Frankfurter Forderungen auf alterungsbeständigem und säurefreiem Papier (TCF nach ISO 9706) gedruckt.

Verlag Regionalkultur GmbH & Co KG
Heidelberg · Ubstadt-Weiher · Stuttgart · Speyer · Basel
Bahnhofstraße 2 · 76698 Ubstadt-Weiher
Tel. 07251 36703-0 · Fax 07251 36703-29
E-Mail kontakt@verlag-regionalkultur.de
Internet www.verlag-regionalkultur.de

Dieter Buck

Wandern mit der Bahn in Baden-Württemberg

Mit bwegt zu den 25 schönsten Touren im Land

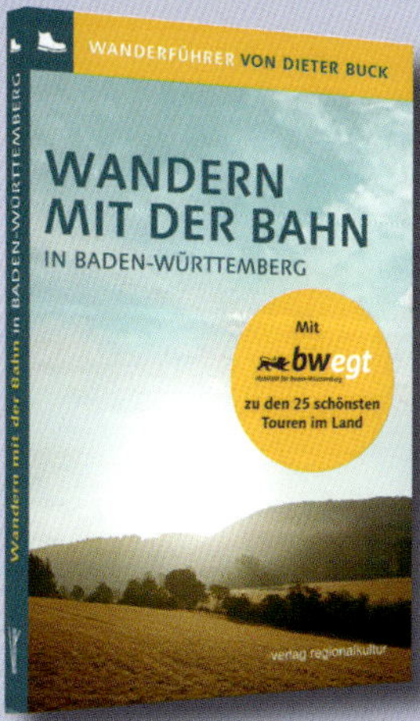

Auf 25 Rundwandertouren – allesamt bequem mit Bahn und Bus erreichbar – führt Wanderexperte Dieter Buck Sie durch die schönsten Landschaften Baden-Württembergs, von der Bergstraße im Norden bis an den Bodensee im Süden, von der Ortenau im Westen bis nach Oberschwaben im Osten.

Das Auto stehen lassen und stattdessen mit öffentlichen Verkehrsmitteln zum Ausgangspunkt einer Wanderung zu gelangen, liegt voll im Trend – nicht nur mit Blick auf den Umwelt- und Klimaschutz. Selbst bei einer etwas längeren Anfahrt sind alle Wanderungen an einem Tag zeitlich gut zu bewältigen.

160 S. mit 102 farbigen Abb. und 26 Karten, Klappenbroschur, handliches Taschenformat.
ISBN 978-3-95505-279-9. € 16,90

Dieter Buck

Genießertouren für Ausgeschlafene in der Region Stuttgart

24 entspannte Ausflüge mit dem VVS

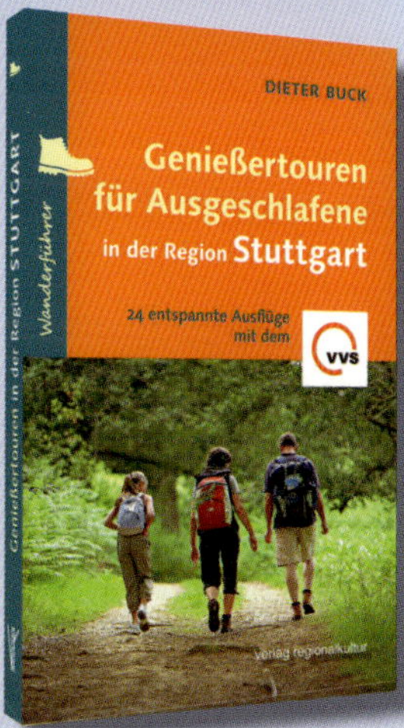

Vom Albtrauf bis an die Enz, vom Remstal bis ins Heckengäu – die 24 schönsten Halbtageswanderungen im Verbundnetz des VVS können allesamt mit dem ÖPNV angesteuert werden. Und das Beste: Weil die Touren maximal drei Stunden lang sind, kann man vor dem Ausflug gründlich ausschlafen.

Ob in der Landeshauptstadt oder in den Landkreisen Ludwigsburg, Rems-Murr, Esslingen, Böblingen oder Göppingen – mit den Bussen und Bahnen des VVS erreicht man schnell und zuverlässig auch ohne Auto den Ausgangspunkt seiner Wanderung. Und weil auch die Rückfahrt mit dem ÖPNV erfolgt, sind alle Touren abwechslungsreiche Streckenwanderungen – ein echter Pluspunkt.

152 S. mit 169 farbigen Abb. und Karten, Klappenbroschur, handliches Taschenformat.
ISBN 978-3-95505-232-4. € 16,90.

Wandern mit dem...

verlag regionalkultur